충남, 내포의 역사와 바다

• 윤용혁 尹龍爀

1952년 목포에서 출생하여 광주고등학교와 공주사대 역사교육과를 졸업하였다. 고려대학교 대학원에서 석사와 박사학위를 받았고, 일본 쓰쿠바(筑波)대학과 국립해양문화재연구소에 파견되어 각 1년간의 연구 경험을 가졌다. 1980년부터 공주대학교 역사교육과 교수로 재직하고 있으며, 공주대 박물관장, 도서관장, 대학원장 및 호서사학회장, 한국중세사학회장, 큐슈대학 객원교수를 역임하였다. 현재 공주대의 문화유산대학원장과 공주학연구원장을 겸하고 있으며 충청남도와 세종시 문화재위원이다. 저서로서는『공주, 역사문화론집』(2005),『충청 역사문화 연구』(2009),『가루베지온의 백제연구』(2010),『여몽전쟁과 강화도성 연구』(2011),『삼별초, 무인정권 · 몽골 · 바다로의 역사』(2014),『공주, '강과 물'의 도시』(2014),『한국 해양사 연구』(2015),『공주, 역사와 문화 콘텐츠』(2016) 등이 있다.

충남, 내포의
역사와 바다

초판발행일 2016년 5월 20일
초판2쇄일 2023년 9월 05일
지 은 이 윤용혁
발 행 인 김선경
책 임 편 집 김소라
발 행 처 서경문화사
주소 : 서울시 종로구 이화장길 70-14(204호)
전화 : 743-8203, 8205 / 팩스 : 743-8210
메일 : sk8203@chol.com
신 고 번 호 제1994-000041호
ISBN 978-89-6062-185-5 03900

정가 20,000

충남, 내포의 역사와 바다

윤용혁 지음

서경문화사

책 머리에

내포에서의 세월, 나의 23년

퇴임을 1년 남기고 있다. 앞으로 정상적이라면 햇수로는 공주대 재직 38년에 이른다. 한 마디로 말하면 운이 좋았던 것이다. 나보다 실력 있는 유능한 후배들이 여전히 제 자리를 찾지 못하고, 대학을 졸업하는 제자들이 취업 문제로 좌절감을 먼저 갖게 되는 현실을 생각하면, 그렇게 마음이 아플 수가 없다.

교수의 일은 강의를 포함한 대학에서의 활동, 전문 연구자로서의 연구 성과 생산, 그리고 지역사회에서의 전문가로서의 역할 등으로 구성된다. 이 세 가지 일들에 있어서 최소한의 나의 책임을 다하기 위하여 부족하지만 노력해 왔다. 나는 그 교수 생활 가운데 23년을 뜻하지 않게 예산에서 공주로 통근하였다. 그래서 어떤 이는 원래 고향이 예산이라도 되는가 생각하는 사람도 없지 않았다. 주말을 제외하면 거의 매일 공주로 출근하였기 때문에, 편도 55km 거리를 왕복하는 23년은 사실 간단한 것이 아니었다.

이 책은 예산을 비롯하여 홍성, 서산, 태안, 보령 등 내포지역 고려 역사에 대한 논문을 중심으로 모은 것인데, 2009년에 간행한 『충청 역사문화 연구』의 속편이라 할 수 있다. 내포의 중요 특징의 하나는 바닷길을 끼고 있다는 점이다. 그래서 이 책은 '내포의 역사와 바다'가 된 것이다. 제1장은 내포의 중심권인 예산과 홍성의 역사를 다룬 것이고, 제2장은 내포의 특징이 잘 드러나 있는 태안반도의 서산, 태안 지역 해양 문화유산에 대한 논의이다. 제3장은 고려 말 내포에 대한 왜구 침입 문제를 정리하였고, 그리고 제4장은 내포와 충남에 대한 콘텐츠 감각의 접근이라 할 수 있다. 연구 논문으로서는 부끄러운 수준이지만, 나의 예산 시절이 없었다면 이 책은 절대 태어날 수 없는 것이었다. 바로 그 점 때문에 이 책은 내 삶의 소중한 역사이기도 하다.

지리적으로 보면 내포는 가야산과 삽교천이 중심이다. 금강과 계룡산이 중심이 되는 동쪽 충남과 대비된다. 80년간 대전에 있던 충남 도청이 예산과 홍성 경계의 내포 신도시로 옮겨져 2013년부터 이른바 충청남도의 '내포시대'가 개시되었다. 같은 충남이지만 내포는 공주 부여와 같은 동쪽, 백제 도성이 있었던 충남과는 여러 면에서 같지 않다. 말씨도 그렇고, 음식이 그렇고, 정서상으로도 차이가 있다. 그러한 점에서 충청남도는 '하나의 충남'이 아니다.

내포의 역사와 바다, 나는 이 책을 예산에서 나와 함께 하였던 아내와 지현, 재각 자녀들에게 남기고 싶다. 그리고 일일이 거명하지는 못하지만, 내가 예산에서 각별하게 지냈던 예산 캠퍼스의 교수들, 그리고 신세를 졌던 그곳의 여러분들과 함께 나누고 싶다. 예산의 추사 선생은 만년의 글에서 세상에서 제일 좋은 반찬은 '두부나 오이 생강 나물', 그리고 최고가는 귀한 모임은 '부부 아들 딸과 손자'라고 하였다. 내 주변의 가장 평범한 것 같은, 일상의 중요성을 일깨우는 것이었다.

지나간 시간은 항상 아쉬움이다. 그러나 후회보다는, 그냥 그대로를 소중히 받아들이고 간직하는 것이 스스로의 삶에 대한 예의일 것이다. 그래서, 정말 감사드린다.

2016. 5.
공주 신관동 캠퍼스에서,
윤 용 혁

목 차

충남, 내포의 역사와 바다

총론

충남의 역사와 내포

충남 역사와 정신의 뿌리는 백제이다. 한강유역에 거점을 두고 있던 백제가 금강유역의 충남으로 그 중심을 옮긴 것은 475년의 일이다. 이후 660년 나당 연합군에 의한 부여 도성의 함락에 이르기까지 약 2백 년간, 백제는 공주와 부여, 금강유역을 새로운 터전으로 삼아 국가적 발전을 이룬 것이다. 이에 의하여 충남지역은 '동아시아 백제'의 중심, 그리고 백제문화의 터전이 되었다. 백제 이후에도 충남지역의 바탕에는 '백제'라는 정신적 유전자가 깔려져, 지역 발전과 '문화 융성'의 신화를 재현하는 인자로서 백제는 여전히 작동하고 있다.

1. 동아시아의 중심, 백제

백제는 기원을 전후한 시기 한성, 즉 오늘의 서울 강남지역에 자리를 잡으며 성립하였다. 7백 년 백제 가운데 서울에 도읍한 기간은 5백 년이나 된다. 그럼에도 불구하고 백제라고 하면, 충남의 공주와 부여를 사람들은 이야기 한다. 백제가 자랑하는 문화적 발전, 대외적 영향력이 바로 공주와 부여 도읍 시기에 발휘되었기 때문이다.

• 백제의 왕도가 자리하다

충남지역에서의 백제왕도의 기간은 475~660년에 이르는 2백 년 미만의 기간이다. 663년까지 새로운 왕을 중심으로 부흥전쟁이 이어졌기 때문에, 백제의 존속기간은 663년까지로 보는 것이 옳을 것이다. 그렇게 계산하면 188년이 된다.

고구려의 공격으로 한성이 함락되면서 개로왕을 비롯한 왕족, 귀족들이 거의 희생을 당한 상태에서 문주왕이 한강 이후 새로운 거점으로 공주를 택한 이유는 첫 번째는 방어상의 이점이고, 둘째는 내륙수로를 이용한 교통의 편의성이다. 거기에 공주는 육로 교통에 있어서도 남북을 연결하는 요

2015년 유네스코 세계유산으로 지정된 공산성(475년 백제천도에 의하여 조성된 새 왕도의 거점이다)

충이며 인접 지역에 넓은 평야가 분포하여 생산성 높은 지역을 배후로 하고 있다는 점에서 퍽 유리한 곳이기도 하였다. 방어와 교통과 생산성이라는 세 가지 요소가 만나는 공간인 것이다. 근년 수촌리유적의 발굴은 천도 이전 공주지역에 상당한 정도의 지방 세력이 실재하였다는 사실을 입증해주고 있는데, 천도 초기 왕실 유지와 도시 건설에는 이같은 공주지역 토착 세력의 도움이 필수적이었을 것이다.

475년 공주로 천도한 백제는 초기에 문주왕과 삼근왕이 비명에, 혹은 단명으로 사망하는 등 내분이 끊이지 않았다. 그러나 동성왕과 무령왕대에 이르러 국세를 회복하고 안정 기반을 구축하는데 성공한다. 특히 무령왕은 고구려에 대한 공세적 선제공격을 취하면서 방위를 공고히 하면서, 대규모 간척과 수리시설 건설에 의한 농지를 확대하는 등 경제적 안정 기반을 확보하였다. 남조 혹은 일본과의 활발한 교류에 의하여 백제 중심의 동아시아 세계를 구축할 수 있었던 것도 이같은 국내외 여건의 안정화를 기반으로 하는 것이었다. 1971년에 발견된 무령왕릉은 6세기 초 백제의 발전과 국제적 위상의 회복을 여실히 보여주는 생생한 자료이다. 538년(성왕 16) 성왕은 백제의 국호를 '남부여'로 칭하면서 부여로 천도하여 백제의 새로운 도약과 발전을 추구하게 된다.

• 동아시아 고대문화가 꽃피다

공주와 부여가 백제의 도읍이 됨으로써 충남지역은 백제 문화 발전의 터전이 되었다. 백제문화는 기본적으로는 토착문화와 외래문화의 결합이라 할 수 있다. 백제 지배층의 주류가 고구려 계통이었다는 점, 백제문화의 발전에 중국의 선진 문화가 크게 기여하였다는 점을 부정할 수 없기 때문이다. 토착문화의 고유성, 외래문화의 보편성을 결합하여 새로운 문화발전을 이룩한 것이 백제문화였다고 할 수 있다.

백제문화의 발전에는 불교의 영향이 매우 컸다. 대통사지, 정림사지, 왕흥사지, 군수리사지, 능사지 등 공주와 부여 시내 일대에서 발견되는 많은 백제시대 절터는 이 시기 백제의 불교문화와 선진 기술이 크게 발전되었던 사실을 입증한다. 또 무왕대(600~640)에는 익산에 미륵사와 탑을 짓는 등, 기왕의 사원과 비교되지 않는 거대한 규모의 가람을 운영하였다. 백제문화의 중심에 있는 백제 미술은 '자연미'를 특징으로 하며, 부드럽고 섬세한 백제인, 충청인의 심성(心性)이 반영된 것이었다.

한 가지 유의해야 할 것은, 백제시대 금강유역이 왕도로서 발전하였지만, 충남의 서부지역도 뛰어난 백제문화의 유산을 남겼다는 점이다. 특히 예산, 서산, 태안에 남겨진 백제 불상은 왕도에서 볼 수 없는 백제문화의 정수라는 점에서 큰 의미가 있다. 이같은 기반이 있었기에 부여가 함락되자 내포지역에서 조직적인 부흥운동의 추진이 가능하였던 것이다.

충남권의 백제에서 꽃피운 고대문화는 신라에도 영향을 주었다. 신라의 대표적 사찰이었던 황룡사의 9층탑 건설을 백제의 기술자 아비지가 주관하였다는 사실은 이를 단적으로 입증한다. 백제의 불교와 문화 전반은 일본으로 전수되어 일본 고대문화 개화에 절대적 기반이 되었다는 것은 잘 알려져 있는 바와 같다. 538년 성왕 때 백제의 불교가 일본에 전해지고, 588년 아스카에 세워진 일본 최초의 사원 법흥사(法興寺; 飛鳥寺)가 백제의 후원에 의하여 조영되었다. 593년에 조영된 오사카의 사천왕사는 부여의 사원과 동일한 구도로 되어 있다. 불교라는 종교만이 아니라 이를 바탕으로 한 최신의 문화와 기술, 예술이 그대로 전달되었기 때문에 일본의 고대 문화에서는 백제의 기술적 예술적 미감을 엿볼 수 있는 것이다.

• 수포로 돌아간 백제 부흥

660년 나당연합군의 공격으로 7월 13일 부여가 함락 당하고 의자왕은 공주에서 붙들려 종내 낙양 땅으로 끌려가고 말았다. 7백 년 백제가 종말을 고하게 된 것이다. 그러나 부여의 함락에도 불구하고 지방에서는 남은 군사력을 결집하여 백제 부흥을 도모하였다. 주류성과 임존성이 그 거점이었다.

임존성은 예산군 대흥면 일대로서, 부여 도성 함락 직후 흑치상지(黑齒常之)에 의하여 부흥운동의 봉화가 올려진 곳이다. 흑치상지가 봉기하여 임존성(예산군)에 의거하자 10일 만에 3만여 명이 모여들었다고 기록되어 있다. 소정방은 나당군을 동원하여 임존성을 공격 하였으나 실패하였다. 이에 소정방은 유인원으로 사비를 지키게 하고, 의자왕과 왕자들 및 대신 장사 88명, 백성 1만 2천 807명을 포로로 하여 뱃길로 귀국하였다.

661년 9월 왜에 머물던 왕자 풍이 귀국, 백제의 왕통을 이었다. 그러나 부흥군 내부에서는 복신이 도침을 살해하는 등 내분이 야기되었다. 복신과 풍왕의 갈등으로, 663년 6월 풍왕이 복신을 살해, 부흥군의 세력과 사기는 크게 떨어졌다. 풍왕은 고구려와 왜로부터의 원병을 요청하였다. 이때 임존성의 흑치상지는 풍의 복신 살해에 반발한 듯, 당(부여 륭)에 항복하고 말았다. 663년 7월, 신라는 문무왕이 직접 김유신 등 28장군을 거느리고 출발, 웅진에서 당의 유인원과 합세하였다. 당군과 문무왕의 신라군은 육군으로

백제 부흥운동의 거점, 임존산

진격하고, 유인궤, 부여 륭은 수군과 군량을 싣고 합세하였다. 한편 부흥운동을 지원하는 왜의 원병 1만은 '백강(백촌강)구'에 도달, 양측 수군이 백강구를 사이로 대치하였다.

8월 27~28일 왜의 선공에 의한 백강구 싸움은 썰물을 타고 당 수군이 협공하여 4회에 걸친 싸움 끝에 왜 선단 400여 척이 궤멸되고, 이어 주류성이 함락되었다. 주류성을 함락한 나당군은 10월 22일(663)부터 임존성(예산군) 공격에 나섰다. 지수신(遲受信)의 부흥군이 이를 격퇴하였지만, 11월, 임존성은 마침내 흑치상지에게 함락되고 말았다.

'백제 부흥'이 다시 추진된 것은 그로부터 240년이 지난 뒤의 일이었다. 경상도 문경 출신으로 전라도 서남해안에서 장교로 근무하던 견훤은 서기 900년 전주에 도읍하고 백제 부흥을 선언하였다. 백제를 부흥하여 "의자왕의 원한을 풀겠다"는 것이 그의 후백제 개창의 변이었다. 그러나 궁예를 무너뜨리고 정권을 장악한 고려 왕건과의 쟁패에서 밀려남으로써 견훤에 의한 백제 부흥은 수포로 돌아가고 말았다. 당시 후백제와 고려의 최후 전투 현장이 논산 개태사 일대였으며, 개태사는 태조 왕건이 후삼국통일의 기념으로서 사원을 창건한 것이었다. 아이러니칼하게도 견훤은 후백제 정벌전에 고려군의 앞잡이가 되어 참전하였으며, 후백제의 멸망에 울분을 참지 못한 견훤은 고려 통일 직후 바로 죽음을 맞게 된다. 견훤의 왕릉은 논산시 연무대, 멀리 전주를 바라보는 언덕 위에 만들어졌다.

2. 바다가 있는 충남의 역사

중앙 경주의 집권력이 무너진 통일신라 말, 충남 각 지역에서는 독자적 호족 세력이 성장하였다. 이러한 내륙에서의 정치적 움직임 이외에 해안 지역에서의 새로운 세력의 성장이 주목된다. 고려 초의 유력한 공신, 면천(당진)의 복지겸과 박술희의 등장은 신라 말 이후 태안반도 혹은 삽교천 하류 일대에서의 해상세력 성장이 그 배경이 되었다.

• 천안과 홍주가 등장하다

후삼국시대 후백제와 고려의 중요한 쟁패지의 하나가 홍주(홍성)이다. 운주로 불리었던 홍주는 처음 궁예의 수중에 있다가 후백제로 넘어가고, 934년(태조 17) 건곤일척의 대회전을 치르면서 왕건의 관리 하에 귀착하였다. 당시 홍주에는 긍준(兢俊)이라는 유력한 호족이 있었는데, 그는 왕건에게 딸(흥복원부인)을 시집보낸 홍주인 홍규와 동일인으로 추정되고 있다. 공주, 홍주를 비롯한 충남지역의 향배는 후삼국기의 정세를 결정짓는 역할을 하였다. 이같은 충남지역의 지리적 결정력 때문에 태조 왕건은 934년 예산에까지 직접 내려와 민심을 회유하는 조서를 발표하기까지 하였다.

같은 시기의 역사적 소용돌이를 배경으로 새로 태어난 도시가 천안이다. 천안은 태조 13년(930) 왕건이 후백제 공격의 전진기지로서 창설한 것으로, 대후백제전의 군사적 거점이었다. 태조산을 비롯하여 오늘날 천안에는 태조 관련의 지명들이 많이 남아 있으며, 천흥사, 홍경원, 개천사를 비롯한 많은 고려시대 절터가 남아 있는 것도 고려시대 천안의 독특한 위상을 반영하는 것이다.

고려의 통일 이후 충남지역 군현의 편제, 혹은 군현명에 있어서 많은 변화가 야기 되었다. 신라시대에 9주가 설치되면서 오늘의 충남지역이 웅주 관하로 편제 되었던 것과는 달리, 고려시대에는 웅주(공주) 이외에 홍주, 천안 등 여러 거점 지역이 새로 등장함으로써 행정의 거점이 다변화되었기 때문이다. 특히 고려 이후 충남의 주요 거점으로 등장한 신흥의 홍주, 천안은 모두 군사적 거점으로서 성장하였다는 점이 특징이다. 신라 말, 고려 초의 정치사회적 여건을 반영하는 것이라 할 수 있다. 고려 초에는 다수 군현들의 이름이 바뀌었다. 웅주가 공주로, 임성이 대흥으로 바뀌는 것이 그 예이다. 충남지역의 48개 군현 가운데 그 7할에 해당하는 32개 군현의 명칭이 바뀌었다는 것은 지명 개정이 얼마나 적극적으로 추진되었는가를 잘 말해준다. 신라적 요소를 배제하고 신왕조인 고려왕조의 집권 체제를 강화하려는 의도일 것이다.

공주 중심에서 공주, 홍주, 천안 등으로 분산 재편된 충남지역의 구도는 다소의 변화가 있기는 하였지만 조선조에 이르기까지 대체로 계승되었다. 995년(성종 14) 10도제의 실시에 의하여 충남지역은 하남도(河南道)로 분류되었다. 그 후 5도 양계제로 제도가 바뀌면서 충남은 양광도(楊廣道)에 속하게 된다. 이 양광도는 오늘의 경기와 충청도를 포괄하는 광역의 구역이어서 '양광충청주도'로 불리기도 하였는데, 이후 '충청도'라는 도명은 바로 여기에서 비롯된 것이라 할 수 있다.

• 서해 뱃길과 운하 굴착

충남 연해는 개경과 지방을 연결하는 연안 해로의 간선에 해당한다. 개경에 이르는 뱃길에서 태안 안흥량은 전남 울돌목[鳴梁], 강화의 손돌목과 함께 가장 대표적인 위험지구로 알려진 곳이었다. 이 때문에 안흥량은 원래 '난행량(難行梁)' 즉 '행선(行船)이 어려운 곳'으로 이름 붙여졌을 정도였다. 2008년도 고려청자 유물 2만여 점을 인양한 태안 대섬 앞바다가 이 안흥량의 지척이며, 최근 몇 년 동안은 안흥량의 마도(馬島) 주변에서 본격적인 해저 유물조사가 시행되어 다양한 유물과 고려 선박의 선체를 인양한 바 있다. 수중 문화재는 태안 해역 뿐만 아니라, 보령 해역에도 다수 매장되어 있는 것으로 확인되었다.

지방의 물자를 서울로 운송하는 조운(漕運)의 과정에서 해난 사고는 항상 국가적으로 크게 부담되는 사안이었다. 안흥량에서의 격한 물살, 자주 끼는 안개, 그리고 암초의 발달은 항해의 안전을 저해하는 요인이었다. 이 경로를 피하여 개경으로 들어가는 방법으로 착안된 것이 운하 개착이었다. 오늘의 서산시와 태안군의 경계지점은 외양으로 돌출한 태안반도의 중간지대

태안 안흥량의 바다

로 잘록하게 좁혀든 목이 가장 짧은 거리였다. 운하 개착의 논의는 12세기 초 숙종(1096~1105) · 예종(1106~1122) 대에 처음 이루어졌는데, 실제 운하 개착이 추진된 것은 1134년(인종 12)의 일이었다. 인종이 측근 신료인 정습명(鄭襲明)을 파견하여 공사를 감독케 하고 태안 및 인근 지역에서 수 천 명의 인력을 동원하였지만 이 시도가 성공하지는 못하였다.

중단되었던 운하 개착 공사는 공양왕 3년(1391) 다시 재개되었지만, 역시 성공하지 못하였다. 미완의 운하 개착 사업은 조선조에 이르러 여러 차례 다시 시도 되었다. 1412년(태종 12) 하륜(河崙)의 건의로 시작된 운하 개착의 논의는 종래의 관류식(貫流式)과 다른 일종의 갑문식(閘門式) 비슷한 형태를 채택, 2년 후에 일단 공사를 종료하였다. 도합 5개의 저수지를 만들어 물길을 연결시키는 것이었는데 실용성은 거의 없었다. 이 때문에 조선조 내내 운하의 재개착, 새로운 후보지 물색, 운하를 대신한 제3의 방안 등 고민스러운 작업을 거듭하게 되는 것이다. 고려 · 조선 두 왕조에 걸친 운하에의 꿈은 끝내 결실을 보지 못하였지만, 서산 · 태안 두 지역에 걸쳐 운하 굴착의 흔적은 지금까지 남겨져 있다.

조운로가 개경을 중심점으로 한 국내의 수로망이었다고 한다면, 중국과 연결되는 해로 역시 충남의 연해를 통하여 개경과 이어졌다. 고려시대 이러한 연안 해로의 편의를 위하여 설치된 것이 객관이었다. 전라도에는 선유도(군산정), 인천에는 영종도(경원정)에 설치되었는데 충남 연해에 설치된 것이 안흥정(安興亭)이었다. 안흥정은 원래 보령의 고만도에 설치되었던 것이 지형 조건의 변화에 의하여 옮겨지게 되었는데, 옮겨진 안흥정은 태안과 서산에 각각 기록이 남겨져 있다. 1123년 송 사신 서긍이 정박한 안흥정은 태안의 마도(馬島)였다고 판단되며, 인근에서 송, 원대의 시기에 해당하는 중국의 닻돌이 인양된 것도 이에 부응하고 있다.

• 홍산대첩과 진포대첩

13세기에는 몽골의 침입으로 미증유의 전란이 전토를 휩쓸었으며, 충남지역의 피해도 적지 않았다. 14세기 후반에는 금강 혹은 서해안을 타고 왜구들이 대거 밀려들어 충남 곳곳에 큰 피해를 입혔다. 최근 문제가 되었던 서산 부석사의 금동관음보살도 이 왜구들에 의하여 탈취된 것이었을 가능성이 높다.

고려 말 충남지역의 왜구 침입 내용을 검토하면 왜적의 가장 중요한 침입 경로는 금강과 아산만 연안이었다. 금강을 통해서는 공주, 논산, 회덕, 옥천 등 내륙 깊숙이 빠른 속도로의 진입이 가능하다는 이점이 있었고, 아산만 연안은 연안에 접한 경기 남부 및 충남 북부의 광범한 지역을 쉽게 공격할 수 있다는 장점이 있었던 것이다.

왜구 침입에 있어서 충남의 경우 가장 대표적인 전투는 역시 1376년(우왕 2) 최영의 홍산대첩과 1380년(우왕 6) 나세, 최무선 등의 진포대첩이었다. 1376년 왜구는 금강을 거슬러 올라 부여, 석성 등을 치고, 나아가 공주를 함락하고 연산 개태사를 도륙하는 등 금강 연안 지역에 큰 피해를 입혔다. 이 소식을 들은 홍성 출신의 최영 장군은 서둘러 출정하여 왜군을 홍산(부여)에서 대파하였다. 이 싸움은 나세(羅世) · 최무선(崔茂宣) 등의 진포싸움, 이성계의 황산대첩, 정지(鄭地)의 남해대첩과 함께 고려 말 왜구토벌의 가장 대표적인 승첩의 하나로 꼽힌다.

고려 말 우왕 6년(1380) 8월의 진포대첩은 최무선이 화약무기를 발명하여 이를 처음으로 전투 현장에 투입, 승리를 거둔 것이었다는 점에서 그 군사사적 의의가 크다. 이 전투에서 결정적으로 위력을 발휘한 것이 최무선이 발명한 화약무기이다. “나세 등이 진포로 가서 최무선이 만든 화포를 사용하여 적선을 불태웠다. 연기와 불길이 하늘을 덮었고 배를 지키던 적병은 거의 타죽었으며 바다에 뛰어들어 죽은 자도 적지 않았다”고 기록되어 있다.

최무선의 화약무기, 화포가 투입된 진포싸움의 현장은 금강의 하구이다. 금강 하구 일대를 특별히 ‘진포’라 한 것은 ‘장암진’에서 유래한 것으로 보인다. 이 장암진은 백제시대에 지벌포(기벌포)로 불리던 곳으로, 백제 최후의 의자왕이, 외국 군대가 쳐들어올 경우 수군을 기벌포 안으로 들어오지 못하게 하여야 한다는 그 기벌포이다. 현재 장항읍의 시가 지역 대부분은 고려 말 당시에는 진포구 바다의 일부였을 것이다. 한편 『고려사』에는 기록되어 있지 않으나, 보령지역은 김성우(金成雨)의 활약으로 왜구의 유린으로부터 지역을 보존하였다고 한다.

3. 선비문화의 전개, 그리고 내포

조선시대의 충남은 중부지역의 정치적 거점으로서의 의미와 함께, ‘유교문화의 본산’으로서의 역할이 두드러지고 있다. ‘충청도 양반’의 이미지가 만들어진 것이다.

• 계룡에의 꿈

조선왕조 건국 이후 이성계는 한양(서울)으로 천도 하였다. 그 한양은 6백여 년이 지난 지금까지 '서울'이 되어 있다. 그러나 한양 이전 원래에는 계룡산 기슭 '신도안'(현재 계룡시)을 천도지로 선포하고 공사를 시작하였다. 조선왕조의 개창 직후인 1393년(태조 2)의 일이다. 이 계획은 중도에 정지되고 말았지만, 한반도에서 서울 이외의 지역에서의 새로운 수도 건설 후보지를 가늠하는 지리적 인식을 깊이 각인시킨 것이었다. 그리고 이후 근세『정감록』의 계룡산 도읍설을 거쳐, 유신 말기 공주 장기지구에의 행정수도 건설 계획, 그리고 지금의 세종시에 이르기까지 끊임없는 천도론을 생산하여 왔다는 점에서 세인들의 관심을 끌고 있다.

1393년 2월 8일 태조의 계룡산 도착은 실질적인 천도 사업의 시발점이었다. 이태조는 신도안에 도착한 후 그 산수와 형세를 직접 살피면서 5일간을 머물렀다. 3월, 공사를 진행하던 기술자와 농민들은 농기를 고려하여 일단 귀향 조치되었다. 추수가 끝난 9월 이후 공사가 재개되었는데, 그 해 12월 11일자로 공사는 다시 중지 된다.『태조실록』에 의하면 이것은 경기도 도관찰사 하륜(河崙)의 신도안에 대한 반대론 때문이었다. 하륜의 논리는 계룡산이 지리적으로 남방에 치우쳐 있는 점과 호순신(胡舜臣)의 풍수 논리에 따르면 도읍으로서도 이곳이 길지가 아니라는 것이었다.

1393년 신도안 천도 논쟁은 외면상으로는 이곳이 풍수적으로 천도지로서 적합한가하는 문제였다. 그러나 실제에 있어서 당시 풍수 논쟁의 본질은 정치적 의도를 감춘 명분상의 논란의 성격이 강하였다. 이 사건은 시종일관 이성계의 주도에 의하여 추진된 것으로, 천도에 의하여 '천명'이 움직였음을 빨리 보여주고 싶은 이성계의 입장을 반영하는 것이었다. 한양으로의 천도 문제가 정체된 상태에서 천도 문제의 돌파구를 만든 것이 신도안 천도론의 제기였고, 1394년 한양에의 천도가 서둘러 가능했던 것은 이성계의 신도안 천도 추진이 하나의 지렛대가 되었던 것이었다.

신도안은『정감록』등의 영향으로 각종 참설이 들끓으면서 한동안 각종 종교의 메카와도 같은 공간이었다. 1984년 이후 군사도시 개발이 이루어져

신도안 궁궐터 유적

육해공의 3군 본부가 들어서고 '계룡'이라는 이름의 신도시가 조성되어 현재에 이른다. 그리고 이 신도안 가까운 곳에는 인구 150만 명을 헤아리는 대전시에 이어, 일종의 국가 행정도시인 세종시가 자리함으로써 수도에 준하는 새로운 '수도권'이 형성되었다. 계룡대의 구내에는 천도 공사시 운반된 석재들이 모아져 있지만, 지금까지 이를 체계적으로 조사하거나 자료화하지 못하고 있다. 따라서 이에 대한 자료 정리를 바탕으로 이 신도안의 역사적 자료들을 좀더 개방하고 활용할 수 있는 방안을 강구할 필요가 있다.

• 공주, 충청감영이 자리하다

충청감영 관할의 고을은 도합 54개 군현으로, 대략 오늘의 충청남북도에 해당한다. 조선 초 전국적 군현 통폐합 작업에 의하여 덕풍과 이산이 덕산현으로, 정해와 여미가 합하여 해미현이 되었다. 1413년(태종 13)에는 고려시대 군현 명칭중 '주'를 '산'이나 '천'으로 고쳤다. 그리하여 임주, 서주, 한주, 면주, 목주, 아주 등이 임천, 서천, 한산, 면천, 목천, 아산 등으로 바뀐다.

조선조 충청도는 충주, 청주, 공주, 홍주의 4개의 큰 고을로 구성되어 있었고, 도 이름도 이 고을의 이름을 딴 것이어서 실제 '충청도'라는 도 이름은 종종 바뀌었다. '충공도', '청공도', '공청도', '공홍도' 등이 그것이다. 충청도에 대한 별칭인 '호서'라는 지명은 조선시대부터 사용되었다.

공주의 감영 설치 필요성이 대두된 것은 임진왜란이 그 계기가 되었다고 볼 수 있다. 임진왜란시 호남, 호서의 방어에 공주의 중요성이 대두되면서 이에 대한 성곽의 재수축과 함께 공주에의 '설영(設營)'의 논의가 제기된 것이다. 이같은 논의와 관련하여 공산성의 증, 수축이 시작되었고, 이 일은 같은 해 충청감사로 부임한 유근(柳根)에 의하여 담당되었다. 1602년 유근은 재차 충청감사로 부임하여 감영 설치의 절차를 준비하여 1603년 공산성 안에 감영 건물을 세움으로써 충청감영의 설립은 일단락되었다. 감영의 입지는 그 후 여러 차례 바뀌었으며, 봉황산 아래의 현 공주대 부설고교 자리에 감영이 들어선 것은 1세기가 지난 1707년(숙종 33)의 일이었다. 공주의 충청감영은 근대에 충청남도의 도청으로 계속 이용되었으며, 1932년 대전으로 도청이 옮기기까지 2백 년 동안 충남의 중심 관청으로서 그 기능을 담당하

충청감영 동헌, 선화당

였다. 1866년 대원군 치하에서 병인사옥이 일어나면서 공주에서는 270여 명에 이르는 천주교 순교자가 나왔다. 군사권과 사법권을 함께 가진 공주 감영과 관찰사의 존재 때문이었다. 공산성 서측의 제민천변에 있는 황새바위가 바로 그 유적이다.

충청감영의 동헌인 선화당과 문루는 웅진동 공주박물관 옆으로 이전되어 있는데, 감영의 정문이었던 문루에는 '충청남도 포정사'라는 현액이 걸려 있다.

• 선비문화의 발달

조선왕조 5백 년을 사상적으로 지배한 것은 유교의 성리학이었다. 성리학이 발전하면서 우리나라에서는 지역을 기반으로 하는 두 개의 큰 학파가 성립하였다. 이퇴계를 정점으로 한 영남학파, 이율곡으로 대표되는 기호학파가 그것이다. 기호학파는 경기 및 충청지역을 지역기반으로 하는 일군의 학자들을 말한다. 이 기호학파의 핵심지역이 바로 공주·논산·대전, 충남의 동부 지역으로서 조선조 후기에 있어서 이들의 정치적, 문화적 파워는 실로 막강하였다. 16세기 이후 금강의 중상류를 배경으로 하는 공주·논산·대전 충남의 동부권은, 지식기반의 '트라이 밸리(Tri-Valley)'라 칭할 만한 곳이었다.

성리학은 14세기 고려 말에 지식인사회에 기반을 잡았다. 그것은 불교문화를 축으로 운용되어온 사회의 한계점에 대한 인식에서 비롯된다. 이같은 시대적 배경에서 성리학은 빠른 속도로 여말의 지식인사회를 점령하고 '성리학 혁명'을 일으켜 왕조 교체를 이루었던 것이다. 이 초기 성리학 시대에 기여한 인물로서 금강의 하류, 서천 한산을 지역기반으로 한 이곡(李穀), 이색(李穡) 부자를 들 수 있다. 이곡은 권부(權溥)의 제자이며, 이색은 이제현의 제자로서 고려 성리학의 학맥을 이었다. 한산 이씨 가문인 이곡, 이색 부자의 성리학은 기호학파의 시원을 조성하며 금강을 거슬러 올라 16세기 이후 금강의 중상류 지역에 성리학의 '트라이 밸리'를 성립시킨 것이다.

충남의 동부지역 공주, 논산, 대전지역은 조선 후기 성리학의 기라성 같은 학자들을 배출한 곳이다. 공주에서는 임진왜란 이전의 고청 서기(1523~1591)를 비롯하여, 공주시 상왕동 출신의 초려 이유태(1607~1684)가 공주의 성리학자로 저명한 학자이다. 회덕(대전)의 탄옹 권시(1604~1672), 동춘당 송준길(1606~1672), 우암 송시열(1607~1689) 등은 조선 후기 한국의 성리학 및 정치 일선에서 대단히 중요한 비중을 차지한 일련의 인물이다. 논산 역시 성리학의 한 거점이었다. 연산의 사계 김장생(1548~1631), 신독재 김집(1574~1656), 노성의 명재 윤증(1629~1714)이 그 예이다. 그 가운데 호서사림의 연원을 정리한다면, 그것은 이율곡의 문하인 연산의 김장생-김집을 근간으로 한다. 이들의 학문적 특성은 예학이었으며, 그들의 문하에서 송시열, 윤선거, 송준길 등 일련의 기라성 같은 학자들이 배출되었다. 그리하여 이 기호학파는 이퇴계의 영남학파와 더불어 조선 성리학의 두 줄기를 형성하였던 것이다.

송시열은 김장생의 문하로서 서인의 집권에 따라 중앙정계에서 커다란 영향력을 행사하였던 이른바 노론의 거두이다. 이들은 노성의 윤선거, 윤증

연산 노강서원

부자와 대립하며 노, 소론의 치열한 정쟁을 치르기도 하였다. 이상과 같은 일련의 내용은 조선조 후기에 있어서 대전, 논산, 공주 지역을 중심 거점으로 한 기호학파의 정치적 비중을 입증하는 것이라 할 수 있다. 성리학의 발달과 유교문화의 확산은 지방에서 서원의 건립으로 이어졌다. 논산에 남아 있는 돈암서원과 노강서원은 대표적 서원의 예이다. 연산의 돈암서원은 김장생의 문인, 후학이 중심이 되어 1634년에 건립되었고, 노성의 노강서원은 1675년 건립되어 소론계의 윤증 등을 제향하는 서원으로 발전하였다.

• 충청도의 내포

충남 동부지역의 성리학에 대비되어, 내포지역에서는 실학자 성호 이익(1681~1763) 계통의 학문이 자리를 잡았으며, 고증학의 선구자 추사 김정희가 배출되었다. 이와 함께 새로운 학문 사상으로서 천주교가 유포되면서, 서산, 당진, 홍성, 예산 등 내포지역은 우리나라 초기 천주교의 가장 핵심적 공간으로서 기능하였다. 서산 해미의 천주교 순교지, 혹은 한국 최초의 천주교 신부로서 순교한 김대건(1822~1846)이 당진 솔뫼, 신앙의 가문 출신이었다는 것도 결코 우연한 일이 아니었다.

내포지역은 내륙수로의 교통상의 기능 쇠퇴, 대전권의 발달 등에 의하여 근대 이후 지역발전이 늦어졌지만, 사람들의 거주 환경으로서는 일찍부터 높은 평가를 받았던 곳이다. '내포(內浦)'의 사전적 의미는 "바다나 호수가 육지로 후미진 부분"을 뜻하며, 우리말로는 '안-개'에 해당한다. 이중환은 내포지역을 대략 가야산을 중심으로 한 충남의 서북부 지역으로 파악하였다. 『택리지』에 나타난 '내포'의 지역적 범위는 가야산을 중심으로 서쪽의 보령, 결성, 해미, 북쪽의 태안, 서산, 면천, 당진, 동쪽의 홍주, 덕산, 예산, 신창 등이다.

그러나 '내포'의 지리적 개념은 이것이 행정구역으로서의 법제적 단위가 아니었기 때문에 시기와 사람에 따라 분류에 차이가 있고, 시간이 지날수

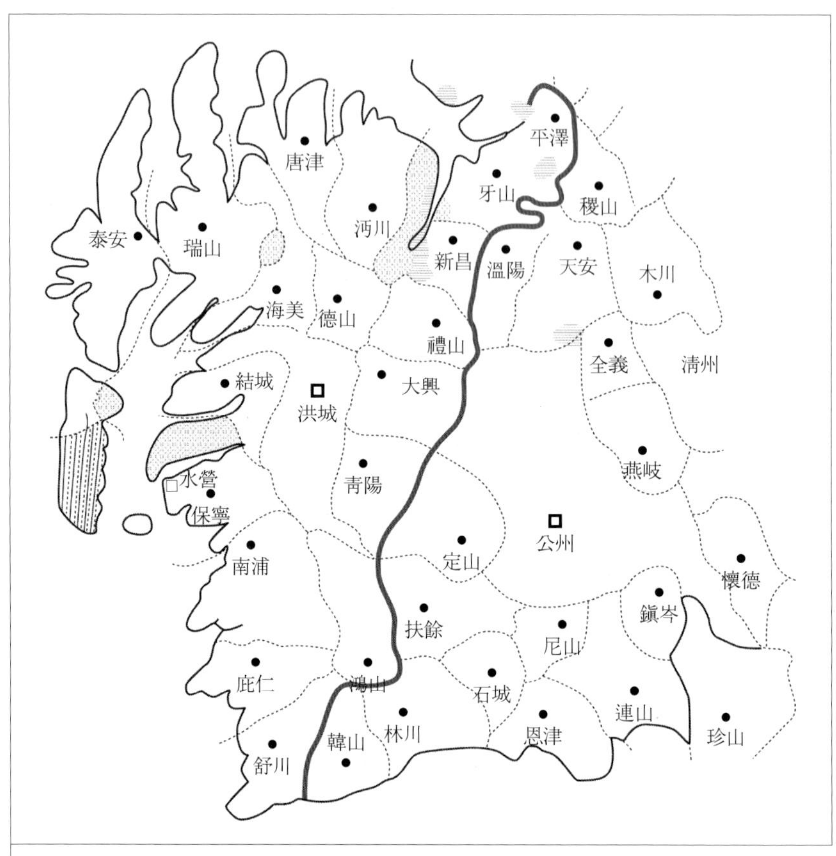

19세기 충남지역과 내포(대동여지도에 의거하여 작성함)

록 그 범위가 확대되어 간 경향이 있다. 가령 15세기인 『세종실록』 19년 11월에 "내포등처 10여관(官)"이라 한데 대하여, 18세기의 『영조실록』 13년 8월에는 "호서 내포 18읍"이라 칭하고 있다. '내포 18읍'은 대략 조선 후기 홍주 목사의 통제를 받는 홍주의 진관 18개 군현과 범위와 거의 일치하고 있다. 즉 『여지도서』에 의하면 18세기 홍주예하의 진관 18개 군현은 서천, 면천, 서산, 태안, 온양, 평택, 홍산, 덕산, 청양, 남포, 비인, 결성, 보령, 아산, 신창, 예산, 해미, 당진 등이다. 이상의 내용을 현재의 행정구역에서 본다면,

내포는 홍성 · 예산 · 당진 · 태안군, 서산 · 보령 · 아산시, 그리고 서천군과 청양군 일부가 그에 속하는 셈이다. 이를 다시 정리하면 오늘날에 있어서 '내포지역'의 범위는 홍성, 예산, 당진, 서산, 태안, 보령의 6개 시군에 필요한 경우 서천군, 청양군이 포함될 수도 있을 것이다. 아산시의 경우는 원래 내포에 포함되는 지역이라 할 수 있지만, 현재에 있어서는 천안시와 묶어 충남의 북부권으로 별도 구분하는 것이 적절할 것이다.

4. 다시 '백제 부흥'을 꿈꾸며

1876년 조선은 강화도조약에 의하여 문호를 개방한다. 이로부터 근대화에의 여정이 시작되었지만, 그 결말은 1910년 일제강점이었다. 1945년 일제로부터 해방되고 1948년 대한민국 정부가 수립되어 오늘에 이르고 있다. 근대 지방제도의 변화와 관련하여 두 가지 중요한 시점이 있다. 1897년과 1914년이다. 1897년은 13도제의 채택에 의하여 '충청남도'가 등장한 해이며, 일제하인 1914년은 전국 행정구역의 전면적 통폐합 작업이 이루어진 때이다.

• '충청남도'와 충남도청

1914년 충남에서는 기존 37개 군이 14개 군으로 통폐합 되었다. 이후에도 행정구역의 변화는 진행되었지만, 13도제와 군 통폐합 작업의 결과가 지금도 큰 윤곽으로 살아 있다는 점에서 1914년의 행정구역 통폐합은 중요한 의미를 갖는다. 이에 의하여 충청남도는 공주군, 홍성군, 보령군, 서천군, 서산군, 당진군, 예산군, 아산군, 천안군, 논산군, 부여군, 청양군, 태안군, 연기군 등 14개 군으로 구성된다. 2014년은 이들 통합군이 출범한 지 꼭 1백 년이 되는 해이다.

내포 충남도청 신청사 개청식(2013)

1905년 경부선 철도 전구간이 개통되고, 1914년에는 대전에서 목포까지의 호남선이 개통하였다. 1919년에 착공한 장항선은 1923년 광천까지, 이어 1931년 장항까지의 전구간이 완공되었다. 이같은 철도 교통의 개통은 교통체계의 육로화에 결정적 전환점이 되었으며, 충남의 지역별 여건에 커다란 영향을 미쳤다. 가장 큰 변화는 철도 교통의 중심지로서 신도시 대전이 부각되면서 충청남도의 중심축이 동쪽으로 이동한 점이다.

조선총독부는 식민지 개발 과정에서 경기도청(1910), 함북도청(1920), 평북도청(1923), 경남도청(1925) 등을 차례로 옮겼다. 1932년에는 드디어 충남도청이 대전으로 옮겨졌다. 대전으로의 도청 이전은 철도 부설과 함께 초래된 신흥도시 대전의 급격한 성장에 의한 것이었다. 1932년 대전의 인구는 공주의 3배까지 성장해 있었다. 대전은 2012년 말 충남 도청이 내포지역으로 옮겨지기까지 이후 80년간 충남도청의 소재지가 되었다.

• 백제문화권과 내포문화권

1971년 7월 공주 무령왕릉의 발굴은 백제문화에 대한 재인식의 계기를 마련한 획기적 사건이었다. 이에 의하여 조성된 백제에 대한 관심은 경주의 신라문화권 개발에 이어 백제문화권 개발이라는 지역발전 사업으로 이어지게 하였다.

백제문화권 개발 사업은 1978년부터 시작되어 오늘에 이른 장기적인 과정이었다. 제1단계(1977~1993)는 문화권 개발 사업의 기초 단계로서 문화재의 조사와 정비 등에 초점이 있었던 시기이다. 서울의 백제문화 유적이 중점 정비되었다. 제2단계(1994~2005)는 문화재 정비와 함께 공주, 부여의 관광단지 조성이 주요 사업으로 부상된 시기이다. 제3단계(2006~2010)는 사업의 미진한 부분을 보완하여 사업을 완성하는 단계이다.

1980년대 이후 백제문화권 사업은 고도 지역에 소재한 여러 문화재의 조사와 정비 등에 집중되었다. 그러나 이같은 문화권개발 사업은 공주, 부여 등지에 소재한 특정의 문화재 정비에 국한됨으로써 지역민이 기대하는 지역개발의 요구에는 거의 부응되지 못하였다. 공주, 부여 지역의 문화재 정비는 단위 문화재의 정비만으로는 일정한 한계가 있었다. 주변 환경을 그대로 보존할 수 있는 보다 광역적인 문화재보존의 방안이 반드시 요구되는

백제문화제, 백제 부흥의 상징

것이었다. 2004년에 제정 공포된 '고도보존에 관한 특별법'은 이같은 문화재보존 정비의 한계점 극복을 위하여 마련한 법령이었다. 그 대상지역은 경주 이외에 백제문화권의 공주, 부여, 익산 등을 포함하고 있다. 고도보존법의 제정은 백제문화권의 여러 고도에 대한 정비를 보다 현실성 있게 추진할 수 있는 제도적 장치라는 점에서 중요한 의미를 갖는다. 그러나 세련된 사업 추진, 민원사항의 조절, 예산의 지속적 확보 등 현실적 여러 문제를 안고 있다는 점도 사실이다.

같은 충남지역에서도 백제문화권 개발 계획의 범위에 벗어나 있는 여러 지역에서는 백제문화권에의 편입, 혹은 독자적 차원의 중점적 지역 개발이 오랫동안 요구되어 왔다. 그 결과 예산, 서산을 중심으로 홍성, 태안, 당진 등 충남 서부의 문화재 중요 분포지역이 내포문화권이라는 독립적인 문화권개발 지역으로 거론된 것이다. 내포문화권 개발계획은 2004년 정부에 의하여 중점개발을 위한 특정지역으로 지정되었다. 내포문화권 개발 사업은 서천군 일부지역이 늦게 포함되었는데, 실제 추진 상황은 지역의 기대에 크게 미치지 못하다는 평가를 받고 있다. 그러나 2012년 말 대전에 있던 충남도청이 홍성, 예산군의 내포지역으로 옮기게 됨에 따라 내포문화권의 개발은 새로운 국면을 맞게 된다.

• '행복 충남', 내포시대를 열다

육로 중심의 교통 체계 재편, 해방 이후 서해 연안의 쇠퇴 등의 여건으로 충남은 대전을 중심으로 한 지역발전이 이루어졌고, 결과적으로 내포지역은 오랜 기간 지역발전이 퇴보하였다. 그러한 가운데 충남 서부지역에서의 큰 변화는 하천 유역 개발 및 대규모 해안 간척 사업의 추진이었다. 1979년 10월 완공된 삽교천지구 종합개발사업은 방조제 3.4km, 24,700ha의 농경지를 확보한 대규모 국토 개발 사업이었다. 해안 간척 사업으로서 대표적인 것이 1995년에 준공한 서산 A, B지구이다. 15년이 소요된 거대한 개발 사업이었는데, 방조제의 길이 A지구 6.5km, B지구 1.2km, 도합 7.7km 규모에, 매립면적은 15,000ha에 이른다. 그 밖에도 서산, 당진의 대호지구 종합개발사업, 혹은 홍성과 보령에 걸치는 홍보지구 등이 대규모 개발사업의 예이다. 이같은 해안 간척은 천연적 자원인 갯벌의 면적을 축소시키고, 어업환경 혹은 주변 지역 환경에 부정적 영향을 미친 것이었지만, 충남의 면적을 확대 시키고 해안선을 변경시킨 것이었다는 점에서 중요한 사건으로 평가된다.

충남의 근대 역사에서 중요한 사건 한 가지는 근대 충남 발전의 중추 도시였던 130만 명 규모의 대전이 '광역시'로서 1995년 충남에서 분리되고, 2012년 연기군이 세종특별자치시로 독립한 점이다. 대전시의 분리에 의하여 약 3백만 명에 육박하였던 충남의 인구는 크게 감소하였으나, 1990년대 후반 이후 반등세를 보여 2008년 2백만 명을 넘어서게 되었다. 충남지역 인구의 전체적 감소세에도 불구하고 대전 분리 이후 인구의 반등을 가져온 것은 천안, 아산 등 수도권에 근접한 북부지역의 발전이었다. 1980년 인구 23만 명의 천안시 경우는 2015년 현재 62만 명, 16만 명이었던 아산은 30만 명을 넘어서는 성장이 있었기 때문이다.

내포시대를 맞은 21세기의 충남의 발전은 다음과 같은 몇 가지 전략이 필요하다고 생각된다. 수도권 근접지역으로서의 위치를 충분히 활용하는 일이다. 충남의 바다 자원을 극대화하는 일이다. 그리고 '한국의 충남'이 아니라 '아시아의 충남'으로 발돋음 하는 일이다. 이것은 한마디로 1천 5백 년 전 백제의 영광을 회복하는 일이기도 하다. 왕도로서 해양강국을 달성하고 중국과 일본, 동아시아 세계를 무대로 활동했던 백제의 기상을 다시 되살리는 일이다. 60주년을 넘긴 축제, 백제문화제의 의미도 이같은 충남인의 다짐이라 할 수 있다.

* 이 글은 충청남도 『충남학』(2014)에 게재된 「한눈으로 보는 충남의 역사」를 기본으로 하여 재정리한 것이다.

제1부
내포의 역사와 유적

제1부 내포의 역사와 유적

제1장
내포지역에서의 전투와 예산산성

1. 머리말

예산지역은 내포지역의 중요한 중심축이다. 조선조 이후 이 예산은 예산, 덕산, 대흥의 3개 지역으로 구성된 것인데, 그 중심점에 예산산성, 덕산읍성, 대흥읍성 등이 있다. 이들 유적은 오랫동안의 무관심과 도시화의 진행에 의하여 대부분 훼손된 상황에 있다. 다행히도 도심에서 약간 떨어진 위치의 예산산성만은 어느 정도 유적의 상태가 보존되어 있어서 향후 중요한 역사적 공간으로 개발할 수 있는 가능성을 내포하고 있다.

아마도 예산산성은 백제 이래의 중요한 성곽이며, 근세에 이르기까지 행정적 혹은 군사적으로 중요한 공간이었다. 백제부흥 전쟁기에는 임존성에 연결되는 중요한 노선에 위치한 지리적 특성 때문에 백제 부흥운동의 역사와도 연계될 가능성이 높다. 이러한 점에서 다소 늦은 감은 있지만 예산산성의 역사적 현황을 정확히 파악하고, 아울러 향후 공간의 활용과 정비 및 유적 주변의 개발 방안을 고민하는 등 폭넓은 검토와 계획이 절실히 요구된다.

예산산성은 무한천에 위치하여 있기 때문에, '무한성' 혹은 '무한산성' 더욱 친근한 이름이다. 예산산성에 대한 역사 고고학적 기초 정리는 심정보 교수에 의하여 이루어진 바 있다.[1] 그러나 개략적 수준의 것이어서 보다 구체적 현지 조사가 시급한 실정이었다. 본고는 예산산성의 역사성을 정리함으로써 향후 관련 조사의 진척에 일정한 기여를 도모 하고자 한다.

2. 예산과 그 주변 -예산, 이산, 덕풍, 대흥

예산군은 1914년 행정구역 조정에 의하여 예산, 대흥, 덕산을 통합하여 예산군으로 한 것이 그 출발이다. 즉 예산은 원래 예산, 대흥, 덕산의 3개의 독립적 군현이 근대에 이르러 통합된 것이다. 그러나 3개 군현 중 덕산은 백제 이래 조선 초에 이르기까지 덕풍(德豊)과 이산(伊山)의 2개 군현으로 되어 있었다. 따라서 예산의 전통적 행정상 골격은 예산, 대흥, 이산, 덕풍의 4개 군현으로 구성된 셈이다.

예산을 구성하는 3개의 지역 가운데 1914년 이후 현재 예산군청이 있는 예산현은 백제시대 오산현(烏山縣), 통일신라시대 고산현(孤山縣)이었고, 고려 태조 2년(919) 지금의 이름인 예산현으로 개칭되었다. 2019년에 '예산'이라는 이름이 쓰인지 꼭 1100년이 되는 셈이다. 원래 예산은 삽교천의 중류에 위치한 군사 거점으로 중요시되어 예산진이 설치되어 있었다. 통일을 눈앞에 둔 시점인 고려 태조 17년(935) 태조 왕건이 신하들을 대동하여 예산에서 유명한 대민(對民) 조서를 반포하는 것도 예산이 갖는 전략적 효용성과 밀접한 연관을 갖는다. 이 시기 무한천변의 예산산성(무한성)은 군사적으로 매우 중요한 의미를 가지고 있었다.

대흥현(大興縣)은 백제시대의 임존성으로서 660년 유명한 백제 부흥운동

1) 심정보, 『한국 읍성의 연구 -충남지방을 중심으로』, 학연문화사, 1995, pp.151~158, pp.207~213, pp.214~218 참조.

조선시대 예산지역(예산/덕산/대흥현)과 그 주변(신증동국여지승람)

의 시발지이며, 4년간 치열한 항쟁을 전개한 부흥운동의 거점이다. 신라 때 임성군(任城郡), 고려 태조 때에 대흥현으로 고쳐졌다. 고려의 통일전쟁시 후백제 영역이었던 임존성(봉수산성)은 3천 명이 죽거나 포로로 잡히는 치열한 전투 끝에 고려에 의하여 함락됨으로써 그 전략적 중요성이 다시 입증되었다.

도청지역의 북쪽, 삽교읍에 해당하는 지역 일대는 조선시대의 덕산현 지역이다. 덕산현은 고려시대 덕풍현과 이산군이 조선왕조 태종 5년(1405) 병합된 것이다. 덕풍은 현재의 고덕면 일대이며 덕산면 지역이 이산군이었던 셈이다. 덕풍현은 원래 백제시대 금물현(今勿縣), 신라 때는 금무현(今武縣)이었다. 이산현은 백제시대 마시산군(馬尸山郡), 신라 때 '이산'이라는 이름으로 고쳐 고려에 이어진 것이다.

덕풍과 이산, 두 군현 통합의 이유는 "이산의 인물이 크게 감소"한 때문이었다. 그렇다면 당연 통합 현의 치소는 덕풍이어야 할 것인데, 이후 덕산의 치소는 덕풍이 아닌 이산에 두어졌다. 그 이유는 이산이 갖는 특수한 기능과 성격 때문이었다.

이산은 고려 말 왜구가 창궐할 때 이에 대비하여 최영 장군이 도절제사의 영(營)을 설치토록 하였던 곳이다. 이에 의하여 이산의 군영은 서해 연안 왜구의 침입에 대비하는 중요한 군사 거점 역할을 하였던 것이다. 조선 초 왜구에 대한 정책이 보다 적극적으로 대응으로 전환하면서 연안 여러 지역에는 읍성이 구축되었다. 동시에 군영도 더 해안 쪽으로 이동하였다. 이산은 해안에서 가야산의 산맥을 넘어 그 안쪽에 위치하기 때문에 방어에는 유리한 점이 있지만, 해안으로부터 침입하는 왜구에 대한 대응을 적극적으로 전개하기에는 어려운 입지였다. 이 때문에 조선조 태종 16년(1416) 이산의 군진을 가야산 너머 해미현으로 이전하도록 하였다. 말하자면 해미읍성의 전신의 기능을 한 것이 이산진의 군영이었던 것이다.

이산(마시산)은 가야산을 배경으로 설치되어 있는 군현이다. 이산의 옛이름 '마시산'은 어쩌면 가야산의 원이름이었는지도 모른다. '이산'이라는 이름도 아마 가야산을 지칭하는 '이 산'이었을 것이다. 가야산이 갖는 의미는 각별한 점이 있었기 때문이다. 이산(마시산)의 가야산은 통일신라 이후 국가의 주요 제사처로 지정되어 그 국가 제사의 전통이 조선조 말까지 1천 5백년간 지속되어 왔기 때문이다. 금강권의 계룡산에 해당한다고 할 수 있는데, 계룡산의 경우가 그러하듯 가야산의 국가제사 전통 역시 신라시대부터가 아니고 그 이전 백제시대부터라고 해야할 것이다. 이산의 구 병영이 폐지되고 해미로 이전함에 따라, 이산진은 통합 덕산현의 치소로 사용하게 되었다. 이같은 전략적 조치는 조선조 태종이 태안에 행차하였을 때 직접 지시하여 실행에 옮겨졌다.

한편 『신증동국여지승람』에 의하면 원래의 덕산은 "지금의 관청 북쪽 13리 지점"에 있었다고 한다. 이 '옛 덕산[古德山]'이 덕풍현을 지칭하는 것이다.

내포의 중심 가야산 : 덕산의 옛 이름(마시산, 이산)은 가야산에서 기원한 것 같다

북으로 13리 지점이라 하면 현재의 고덕(古德)에 해당한다. '한내(대천)'라는 지명에서 보는 것처럼, 덕풍현은 옛날에는 삽교천의 지류에 직접 연결되어 교통상으로도 중요한 지점이었던 같다. 백제시대 '금물'이라는 지명도 혹 '큰물'의 의미가 아니었나 생각된다. 현재의 지명인 '큰내[大川]'와 같은 뜻인 것이다. 현재 대천리의 '잣골'(재골, 城洞)은 덕풍현의 치소가 있었던 곳으로 알려져 있다.[2] 아마 백제시대 금물현의 치소도 같은 자리였을 것이다. 지표조사에서는 이 성을 '금후산성(金後山城)'이라 하였다. 둘레 약 380m의 토성이다.[3] 금후산성의 '금후'는 아마 덕풍의 옛 이름 '금물', 혹은 '금무'에서 비롯된 것일 것이다.

고덕면에 인접한 봉산면 화전리에 백제시대의 뛰어난 불교조각인 사면불상이 위치해 있는데, 이 역시 덕풍현, 백제시대의 금물현에 해당하는 지역

2) 한글학회, 『한국지명총람』 4, 충남(하), 1974, p.239.

3) 고덕면지 편찬위원회, 『고덕면지』, 2006, pp.261~262.

이고 관아에서 멀지 않은 곳이다. 이 사면불이 당시의 물길에 가까운 지리적 위치에 입지하였다는 점에서 생각하면 이산(마시산)의 수덕사 혹은 가야사와 같이, 사면불은 곧 덕풍(금물현)의 현치에 인접한 중요한 종교적 공간이었다고 할 수 있다.[4)]

이상의 내용을 정리하면 오늘의 통합 예산군은 100여 년 전인 1914년부터의 체계이며, 원래 예산은 예산 이외에 대흥, 이산, 덕풍 등 4개 군현의 조합이었다. 삽교천(무한천)의 물길이 닿는 곳이라는 공통점이 있으며 향천사, 수덕사, 사면불 등 불교적 공간이 치소와 함께 조합을 이루고 있었다.

3. 예산산성과 백제부흥 전쟁

예산산성은 백제시대 오산현(예산)의 치소가 소재한 곳으로 추정된다. 동시에 백제 멸망 이후 전개된 백제 부흥운동에서 임존성의 외곽성으로서 중요한 역할을 수행한 것으로 추정된다.

잘 알려진 바와 같이 660년 7월 나당군에 의한 부여 함락 이후 최초의 본격적 백제 부흥운동이 전개된 거점은 대흥의 임존성(봉수산성)이었다. "흑치상지가 좌우의 추장 10여 인과 더불어 흩어져 도망한 사람들을 불러 모아서 함께 임존산에 의거하여 스스로를 굳게 지킨 지 열흘이 되지 않아 귀부해 온 자가 3만이었다."[5)] "가짜 승려 도침과 가짜 한솔 귀실복신이 있었는데 항려 출신으로 괴수가 되었다. 미치고 교활한 무리를 모아 임존을 근거로 하니 벌처럼 모이고 고슴도치처럼 일어나 산과 골짜기에 가득찼다."[6)]

---

4) 예산사면불이 금물(덕풍) 관아 및 물길과 밀접한 연관이 있다는 점에 대해서는 최완수, 「總史」『고덕면지』, 2006, p.51 참고.

5) 『삼국사기』 44, 흑치상지전.

6) 「당유인원 기공비」(한국고대사연구소 편, 『역주 한국고대금석문』 1, 1992).

당의 소정방은 임존성 공략을 위하여 대군을 이끌고 성을 위협하였다. 임존성에 대한 공격은 8월 26일 개시되어 대략 1주일을 지속하였다. "26일 임존성의 대책(大柵)을 공격하였다. 군사도 많고 지형도 험하여 이기지 못하고 다만 소책(小柵)만을 격파하였다."[7] 이에 의하면 나당군은 임존성의 '대책'을 함락하는 데 실패하였다. 그러나 '소책'들은 이들에 의해 격파되었다. '대책'은 아마도 대흥의 진산인 봉수산의 산성일 것이다. 그리고 '소책'은 봉수산성 주변, 혹은 진입로에 위치한 규모가 작은 전략적 시설이었을 것이다. 대흥면과 광시면에 걸쳐 솟아 있는 봉수산을 임존성의 거점성으로 생각하는 견해는 매우 오래된 견해이다. 『신증동국여지승람』에서 "임존성 : 즉 백제 복신, 지수신, 흑치상지 등이 유인궤를 막은 곳이다. 지금 현의 서쪽 13리에 옛 석성이 있어 둘레는 5,194척이고 안에는 우물이 셋이 있는데, 이 성이 아닐까 한다"[8]고 한 것이 그것이다. '둘레 5,194척'의 산성이 봉수산성을 지칭한 것임은 『대동지지』에서 "임존성 : 봉수산에 있다. 둘레는 5,194척이고 우물이 셋이다. 백제 고복신과 흑치상지가 유인궤를 이곳에서 막았다"[9]고 한 것에서 확인된다.

혹자는 봉수산이 아닌 다른 성을 부흥운동의 거점성으로 비정하는 경우가 있다. 가령 임존성의 봉수산성설을 부인하고, 대흥면 신속리의 신속리산성[10] 혹은 홍성군 장곡면 산성리의 학성산성을 임존성의 중심성으로 비정한 예가 있다.[11] 조선조의 〈해동지도〉에 봉수산과 별도로 그 좌측에 '임존성'이 표시되어 있는 것도 그 근거의 일부로 들어진다. 그러나 해발 120m

7) 『삼국사기』 5, 신라본기 태종무열왕 7년.

8) 『신증동국여지승람』 20, 대흥현 고적.

9) 『대동지지』 6, 충청도 대흥 성지.

10) 정해준, 「예산지역 백제산성의 특징」 『역사와 역사교육』 5, 2000, pp.53~55.

11) 서정석, 『백제 성곽 연구』, 학연문화사, 2002, pp.271~283.

백제 부흥운동과 고려 통일전쟁에서 큰 전투가 있었던 예산 봉수산성

에 둘레 668m 규모의 신속리성을 임존성의 중심성, '대책'으로 비정하는 것은 납득하기 어렵다. 임존성의 주 영역인 대흥 지역에서 한참 떨어진 위치의 학성산성(높이 212m, 둘레 1,156m)을 임존성으로 비정하는 의견 역시 공감하기 어려운 견해이다. 훨씬 많은 조선조의 지지류에 임존성은 봉수산에 표시되어 있다. 가령 조선조 예산현지도에도 '봉수산 임존성'으로 표시되어 있는 것이다. 이는 조선조 봉수산성 관련의 지엽적인 기록상의 문제점을 지나치게 확대 해석한 것이며, 특히 봉수산성의 임존성설을 부정적으로 생각하는 데서 도출된 무리한 견해라고 생각된다.

임존성의 위치와 관련하여, 이 성이 고려 초 태조 왕건의 통일전쟁에서 내포지역의 주요 거점으로 주목된다. 고려 태조 8년(925) 10월 고려 정서대장군(征西大將軍) 유금필(庾黔弼)은 임존군(예산군 대흥)을 공격, 3천여 명을 죽이거나 사로잡는다. 당시 고려는 예산진을 교두보로 하여 홍주(운주, 홍성)에 대한 지배권을 명확하게 하고자 하였다. 대흥 지역 장악은 말하자면 홍주 공격의 전초전이었던 셈이다. 이때의 기록에 등장하는, '3천여 명'을 죽이거나 사로잡았다는 격전의 현장 '임존성'은 아무래도 대흥 봉수산의 산성이었을 것이다. 전투의 중요한 요소가 되는 지형적 특성은 시대의 차이에도 불구하고 동일하게 작용하는 경우가 많다. 백제 부흥전쟁과 고려 왕건은 통일전쟁은 모두 대규모 병력이 동원된 격렬한 전투였다는 공통점이 있다. 660년대 백제 부흥운동의 거점이었던 '임존성'과, 920년대 고려 통일전쟁 때의 '임존성'을 다른 지역으로 비정하는 것은 아무래도 인정하기 어렵다.

여러 기록에 흑치상지의 부흥운동 거점에 대해서 '임존성' 대신 '임존산'이라 칭하고 있음이 주목된다. 이는 임존산에 아직 본격적인 축성이 이루어져 있지 않았다는 것을 암시한다. 이 임존산에 흑치상지는 당군에 저항하기 위한 '대책(大柵)'을 긴급 축성하고, 아울러 이를 보호하기 위한 요로의 토성을 보강한 것이 '소책(小柵)'이었던 것이다. 이점에서 백제 당대에는 축성이 없었던 곳이지만 부흥운동 기간에 임존성을 쌓은 것이라는 향토사학자 성부재의 지적이 사실에 부합하는 것이라 생각된다.[12] 축성이 없는 곳을 거점으로 삼는다는 것은 다소 상식적이지 않은 점은 있지만, 나당군의 대규모 공격이라는 당시 상황이 전혀 예상할 수 없었던 사태였다는 점에서 이같은 비상적 조치가 가능하였다는 생각인 것이다.

'소책'은 '대책'을 보호하고 뒷받침하는 성격을 가졌다는 점에서 아마 하나가 아닌 몇 개의 성으로 구성되었을 것이다. 임존성 주변에는 봉수산성 이외에 신속리, 장전리, 상중리, 건지화리 등의 성이 있다. 그 가운데 일부가 이른바 '소책'에 해당하는 것일 것이다. 예산현에 위치한 예산산성(둘레 658m)은 임존성에서 다소 거리가 떨어져 있기는 하지만, 필시 이 '소책' 중의 하나일 것으로 추정된다. 삽교천을 통하여 임존성에 이르는 당군의 진로상

12) 성부재, 「임존성의 여러 문제에 대한 종합연구」『예산 대흥 임존성』, 예산문화원, 2008, p.96.

에서 예산산성은 가장 중요한 관문에 해당하기 때문이다.

660년 8월 임존성을 공격한 소정방의 당군의 진로가 삽교천을 이용한 접근이었다는 것은 구체적인 기록이 남아 있지 않다. 백제를 공격한 소정방의 당군 규모는 13만 명이었다. 당군은 부여와 공주 등지에 진출, 주둔하고 있었기 때문에 임존성을 공격한 당군은 13만 명 중의 일부였을 것이다. 그러나 소정방이 직접 지휘한 부대였다는 점에서 상당한 규모의 공격군이었을 것으로 추정된다. 이들이 백제를 공격할 때 선편으로 접근하였다. 따라서 임존성 공격에도 이들 선단이 해로와 수로를 이용하였을 가능성이 매우 높다. 8월 26일 임존성을 공격하였던 소정방의 당군은 9월 3일 당으로 귀환하였다. 이점에서 당시 소정방은 임존성 공격 직후 바로 당으로 귀환한 것이며, 따라서 임존성의 공격에도 선단을 이용한 것임을 짐작할 수 있다.

지리적으로 볼 때 임존성에 대한 접근은 역시 해로와 삽교천으로 이어지는 내륙 수로를 이용하는 것이 가장 순조로운 길이다. 나당군이 임존성을 공략할 때 삽교천을 이용한 것에 대해서 문헌 기록은 없지만 이에 대한 구전은 지금까지 잘 전해진다.

> 인저 소정방이 어떻게 해서 웬수봉으로 갔느냐하면, 당나라 군사가 군사를 풀었대요. 예산읍 주교리에 벼룩불이라고 있어요. 대흥면하고 경계인디, 왜 그렇게 부르냐하면, 당나라 군사가 거기까지 들어왔다고 해요. 군선을 정박시키려면 배에서 땅으로 집어던지는 게 있잖아요. 그게 '벼루'에요. 그래서 그것을 지금도 '벼룩불이'라고 불러요. 소정방이 임존성을 치려고 군선을 타고 와서 정박시켜놓고, 작은 배로 군사를 나누어서 예당저수지 앞에 있는 창들까지 왔답니다. 야밤에 거기다 군대를 집결시켜 놓구, 무한천을 따라 산 뒤로 넘어간 거예요. 봉수산은 지세가 험하니까 뒤로 돌아가서 원수봉 줄기를 타고 임존성을 공격해서 함락을 시켰다고 합니다. (동서리 이수 증언)[13]

---

13) 강성복, 「무한천변에 수놓은 오랜 삶의 자취」『예산 동서 · 상중리(상) -임존성이 품은

663년 임존성 함락시에 소정방이 공격하였다는 것은 정확한 이야기가 아니지만, 당시 당의 수군이 '벼룩불이'에 군선을 정박시키고 다시 작은 배에 분승하여 저수지 앞의 '창들'에 이르렀다는 것은 상당히 흥미 있는 구전이라 하지 않을 수 없다. 예당저수지의 물막이댐 부분에 위치한 '딴산'은 나당연합군이 배를 타고 와서 진흙을 털어 모인 것이라는 구전도 있다.[14)]

삽교천의 하구에 이르면 남으로 임존성의 봉수산성이 눈에 들어온다. 삽교천을 거슬러 남으로 접근하면 임존성 가까운 지점에까지 이르는 것이 가능하다. 원래 임존성이 백제 부흥운동의 거점성이 되었던 데에는 이 성이 백제 서부의 대표적 거점성이었기 때문이다. 임존성은 서부지역의 내륙 깊숙이 들어 있지만, 내륙 수로에 의하여 해로와 연결되어 있다. 이같은 자연조건에 의하여 군의 이동과 출입이 자유로웠으며, 동시에 성 입구에는 몇 개소의 관문이 있어서 외적의 침입시 이를 차단할 수 있는 조건이 되었다. 현재 예당저수지의 댐 설치 지점은 임존성에 이르는 좁은 목이 되어서 외부의 침입을 쉽게 차단할 수 있는 천혜의 관문이다. 이와 관련, 예산산성은 삽교천(무한천)의 중로에서 임존성으로의 출입을 점검하거나 방어하는 핵심적 관문이 된다.

소정방의 당군이 수로를 이용하여 접근한 것에 대해서는 현지 구전이 있다. 그 하나는 상중리의 오래된 느티나무이다. 소정방이 임존성을 치러 왔을 때 이 느티나무에 배를 매었다는 전설이 전하고 있다.[15)] 성부재는 느티

대흥의 읍치마을』, 충남대 마을연구단 편, 민속원, 2009, pp.69~70.

14) 예산군, 『예산군지』(하), 2001, pp.1496~1497.

15) "상중리는 봉수산 임존성 밑에 위치한 마을이다. 마을 뒤편에는 해묵은 느티나무 한그루가 있는데 소정방의 나당연합군이 임존성을 침입해 올 때 배를 맸던 나무라고 한다. 옛날에는 느티나무 밑까지 바닷물이 들어왔는데, 샘을 파면 곳곳에서 시커먼 갯벌의 흙과 짠물이 섞여 나온다."(상중리 강창순 제보) 강성복, 앞의 글, p.69에 의함. 김복환의 증언도 이에 부응한다. "그런데 사실은 저 요서내까장 배가 들어왔다는디요. 배가 들

봉수산에서 내려다 본 예당저수지

나무의 위치 등으로 보아 이 전설이 역사적 사실과 연계될 수 없다고 단언하고 있다.[16] 전설처럼 이 나무에 배를 매었다고 볼 수 없는 것이지만, 그러나 중요한 것은 이 전설이 소정방이 군선을 이용하여 접근하였다는 점을 암시하고 있다는 점이다. 당의 장수 소정방의 사당이 뒤에 임존성 부근에 설치 되었다. 그 위치에 대해 『고려사』에서는 대잠도(大岑島)라 하였고, 『신증동국여지승람』에서는 봉수산의 성황사가 그것이라 하였다. 대잠도는 아마 봉수산과 대흥 관아 가까운 무한천 상류(无川)에 자연적으로 조성된, 섬 같은 지점일 것이다.[17]

어왔다는디, 우리는 믿지 않거든요.그런데 한 십 오륙년 전에 우물을 파느라고 한 두질 이상을 팠는디, 게서 그 논둑 무너지믄 아렇게 말 막구서 서까래 같은 거 그 방천말이 두질 밑에서 나왔시유. 아하 옛날이 여기서 낚시질 했다더니 그 말이 옳구나 하는 걸 그제서야 인제 저희덜은 시인하게 됐시유."(예산군, 『예산군지』(하), 2001, p.1498)

16) 성부재, 「임존성의 여러 문제에 대한 종합연구」 『예산 대흥 임존성』, 예산문화원, 2008, p.113.

17) 대잠도의 위치를 강성복은 상중리 중당마을 맞승편 '송지연(宋池淵, 송지못)' 주변으

소정방의 군이 삽교천을 이용하여 임존성에 접근할 때 예산산성이 그 뱃길의 관문이 되었기 때문에 군사적으로 중요한 기능을 하지 않을 수 없다. 말하자면 임존성의 '대책'을 방위하는 '소책'의 하나가 예산산성이었던 것이다. 예산산성의 이같은 특별한 방어적 기능은 백제 이후에도 지속되어 예산은 군사적 거점지 성격의 '예산진'으로 발전하였다. 그 치소가 바로 예산산성이었으며, '예산진'의 설치가 가능한 지리적 요건이 예산산성에 의하여 마련된 것이다. 예산현의 치소가 고려 말 혹은 조선조에 금오산으로 옮긴 것은 군사 요충으로서의 예산산성의 기능이 약화한 결과라 할 수 있다. 이러한 점에서 예산산성은 예산의 가장 오래된 핵심적 상징 공간이라 할 수 있다. 이같은 예산산성의 역사성은 삽교천(무한천)이 갖는 군사적, 경제적 기능에 의한 것이었다. 삽교천이 갖는 기능이 쇠퇴하게 되면 예산산성의 기능과 상징성 역시 함께 쇠퇴하게 된 것이다.

4. 고려 태조 왕건과 예산산성

후백제 견훤과 후고구려(태봉) 궁예가 각축을 벌이던 10세기 초 당시 충남 지역은 후백제와 후고구려, 남북 쟁패의 각축장이었다. 이러한 이유로 내포 지역 호족의 향배는 당시 정국의 흐름을 좌우할 만큼 매우 예민한 것이었다. 918년 왕건에 의하여 궁예정권이 전복되자, 상황은 견훤 측에 크게 유리하게 되었다. 궁예의 실각이라는 후고구려(태봉) 내부의 정변과 혼란이 이들 변경지역 호족들을 동요시켰던 것이다. 즉 후고구려의 붕괴에 의하여 후

로 비정하였다. 섬처럼 솟은 봉우리, 또는 '물에 잠겨서 일시적으로 섬처럼 보이는 고립된 지형'이라 하였다(강성복, 「무한천변에 수놓은 오랜 삶의 자취」『예산 동서 · 상중리(상) -임존성이 품은 대흥의 읍치마을』, 충남대학교 마을연구단 편, 민속원, 2009, pp.78~81).

백제의 군사적 위협을 염려한 이들 지역 세력들은 자기 보호책의 일환으로 후백제에 집단 귀부하였다. "웅주, 운주 등 10여 주현이 배반하여 백제에 귀부하였다"[18]고 한 것은 충남의 여러 지역이 후고구려에서 후백제 쪽으로 돌아선 정국 변화를 설명해준다.

충남지역의 대부분이 고려 건국과 함께 견훤에게로 돌아선 것은 왕건에게는 커다란 위기였다. 태조 왕건은 시중을 지낸 김행도(金行濤)를 곧바로 동남도초토사(東南道招討使) 지아주제군사(知牙州諸軍事)로 삼아 이에 대처하였다.[19] 이듬해인 919년(태조 2) 8월, 오산현(烏山縣)을 예산현(禮山縣)으로 이름하고 대상(大相) 애선(哀宣)과 홍유(洪儒)를 파견, 예산 지역 유민(流民) 5백여 호를 다시 모아 살게 하였다.[20] 이것이 '예산'이라는 지명의 시작인데, 이는 후백제에 전향하였던 예산현을 고려측이 다시 회복하고 이를 내포지역의 고려 거점지로서 주목하였던 사실을 말해준다. 왕명에 의해 예산에 파견된 홍유는 복지겸 등과 함께 정변을 일으켜 왕건을 즉위케 한 혁명의 1등공신이다. 아산에 김행도를 보낸 이후 이듬해 홍유 등으로 예산민을 수습하게 한 것은 태조 왕건의 내포지역에 대한 집념을 보여주는 대목이다. 태조는 예산의 회복을 내포지역 회복의 견인차로 활용하고자 하였던 것이다.

대신라 전선에서 후백제와 여러 차례 부딪힌 왕건은 몇 년 후 내포지역으로 다시 전선을 옮겼다. 태조 8년(925) 10월 고려 정서대장군(征西大將軍) 유금필(庾黔弼)은 후백제의 연산진(충북 문의)을 친 다음 임존군(예산군 대흥)을 공격, 3천여 명을 죽이거나 사로잡는다. 즉 예산현까지 진출해 있던 고려군은 이때 남쪽으로 진출하는 관문인 임존군 공략에 성공한 것이다. 임존군은 7세기 백제 부흥운동군의 중심 거점으로서 유명한 임존성이 소재한 곳이다. 이때

---

18) 『고려사』 1, 태조세가 원년 8월 계해.

19) 위와 같음.

20) 『고려사절요』 1, 태조 2년 8월; 『고려사』 92, 홍유 열전.

임존성은 고려의 남진을 저지하고 삽교천의 내륙수로를 아우를 수 있는 후백제의 교두보로서 고려는 이를 돌파하는데 7년의 세월을 소요한 셈이다. 고려군이 후백제 견훤의 군사 3천 명을 죽이거나 사로잡았다는 것은 당시 이 전투가 얼마나 크고 치열하였는가를 말해준다. 임존성은 홍주에 근접한 요충이다. 임존성 함락은 사실상 고려가 내포지방에서 주도권을 장악하는데 성공하고, 홍주 또한 고려 측의 영향 하에 들어갔음을 의미한다.[21] 태조 13년(930) 8월 태조는 후백제 공략의 군사적 거점으로서 천안도독부를 설치한다. 오늘날 천안시의 출발이다.

태조 왕건이 대흥 임존성을 장악하는 데는 예산진, 즉 예산산성이 그 교

예산산성 원경(남측)

21) 이에 대해서는 김갑동, 「백제 이후의 예산과 임존성」『백제문화』 28, 1999, pp.236~237 ; 김갑동, 「예산지역」『고려의 후삼국통일과 후백제』, 서경문화사, 2010, pp.176~178 참조.

두보가 되었다. 그리고 대흥지역의 장악은 바로 홍주에 대한 지배로, 그리고 내포지역 장악으로 이어져, 고려 태조가 후백제와의 경쟁에서 승리할 수 있었던 디딤돌이 되었다. 이러한 점에서 예산산성은 936년 왕건의 고려통일이라는 역사적 사건의 중요한 지렛대의 역할을 담당한 공간이었던 것이다. 예산진과 산성의 이같은 역사적 기능을 잘 말해주는 것이 태조 16년(934) 5월, 왕건의 예산진 행차이다.

예산진에 행차한 태조 왕건은 여기에서 대민교서를 발표하였다. 다소 길기는 하지만, 교서의 내용을 옮기면 다음과 같다.

> "지난 날에 신라의 정사가 쇠하여지니 뭇도둑이 다투어 일어나 백성이 사방으로 흩어져 빈들에 해골을 드러내게 되었다. 앞의 임금(궁예)이 분쟁하는 무리를 굴복시켜서 나라의 터전을 열더니 말년에 이르러 해독을 백성에게 끼치고 사직을 전복시켰다. 내가 그 위태로운 뒤를 이어받아 새 나라를 이룩하였으니 상처받은 백성을 노역하게 함은 어찌 나의 본뜻이리오. 다만 나라를 창건한 때인지라 부득이한 일인 것이다. 풍우를 무릅쓰며 주진을 순찰하고 성책을 수리하여 백성들로 하여금 도적의 난을 면하게 하려는 것이라. 이러므로 남자는 다 전쟁에 종사하고 부녀도 오히려 공역에 나아가게 되니 노고를 참지 못하여 혹은 산림에 도망쳐 숨고 혹은 관부에 호소하는 자가 얼마나 되는지를 알 수 없도다. 왕의 친족이나 권세가들이 어찌 방자하고 횡포하여 약한 자를 억눌러서 나의 백성을 괴롭게 함이 없다 할 수 있으랴.
>
> 내 한 몸으로 어찌 능히 집집마다 가서 눈으로 볼 수 있겠는가. 어린 백성들은 호소할 방도가 없으니 그저 하늘을 바라보고 울부짖을 뿐이다. 마땅히 너희들 공경장상으로 국록을 먹는 사람들은 내가 백성 사랑하기를 아들같이 여기고 있는 뜻을 잘 알아서 너희 녹읍의 백성들을 불쌍히 여겨야 할 것이다. 만약에 가신의 무지한 무리를 녹읍에 보내면 오직 취렴만을 힘쓰고 마음대로 빼앗아간다면 너희들이 또 능히 이를 알 수 있겠는가. 비록 혹은 이를 안다 하더라도 금제하지 않고 백성 중에 논소하는 자가 있는데도 관리가 사정에 끌려 숨기고 두호함으로써 원

망과 비방하는 소리가 일어남이 주로 이에 말미암는 것이다.

내가 일찍이 타이른 것은 이런 줄을 알고 있는 자에게는 더욱 힘쓰게 하고 알지 못하게 하는 자는 잘 경계하고자 한 것이다. 그 영을 어긴 자는 따로 연좌로 죄를 물을 것이로되 오히려 타인의 허물을 숨기는 것을 현명한 짓으로 생각하여 일찍이 들어 아뢰지 않으면 선악의 사실을 어찌 들어 알 수 있으리오. 이와 같으니 어찌 절개를 지키고 허물을 고친 자가 있겠는가.

너희들은 나의 훈계하는 말을 잘 준수하고 나의 상벌을 잘 청종하도록 하라. 죄 있는 자는 벌이 자손에게 미칠 것이며 공이 많고 죄가 적으면 상벌을 헤아려 행할 것이다. 만약 잘못을 고치지 않으면 그 녹봉을 추탈하고 혹은 1,2,3,5,6년으로부터 종신토록 반열에 참여하지 못하게 할 것이며 만약에 뜻이 봉공에 간절하고 시종토록 허물이 없으면 살아서는 영록을 누리고 사후에는 명가라 일컫게 될 것이며 자손에 이르기까지 우대하여 상을 가할 것이다. 이는 다만 오늘 뿐 아니라 만세에 전하게 할 것이며 규범을 삼게 할 것이다.

백성을 위하여 진소하는 자가 있는데 소환하여도 오지 않으면 반드시 재차 소환하여 먼저 장 10대를 쳐서 영을 어긴 죄를 다스리고 나서 바야흐로 범한 죄를 논하도록 하라. 만약에 관리가 일부러 미루거든 날짜를 계산하여 벌책할 것이며, 또 위세를 믿고 권력을 믿어 그들을 접촉하지 못하게 하는 자가 있으면 그 이름을 아뢰도록 하라" 하였다.[22)]

태조 16년(934) 5월이라면, 고려의 후삼국 통일 1년을 앞둔 시점이다. 왕건은 예산진에 직접 행차하여 대민교서를 발표함으로써 통일을 앞둔 향후의 민생 비전을 제시한다. 예산에서 발표한 것이지만 그것은 고려 전 국민에 표방하는 태조의 대민책을 정리한 것이라 할 수 있다. 무엇보다 이 태조의 대민 교서는 오랫동안 전란과 노역, 가혹한 세금으로 끝없는 고통의 굴레를 벗어나지 못했던 백성들에게 새 시대에 대한 꿈과 희망을 갖게 하는

22) 『고려사』 2, 태조세가 17년 5월.

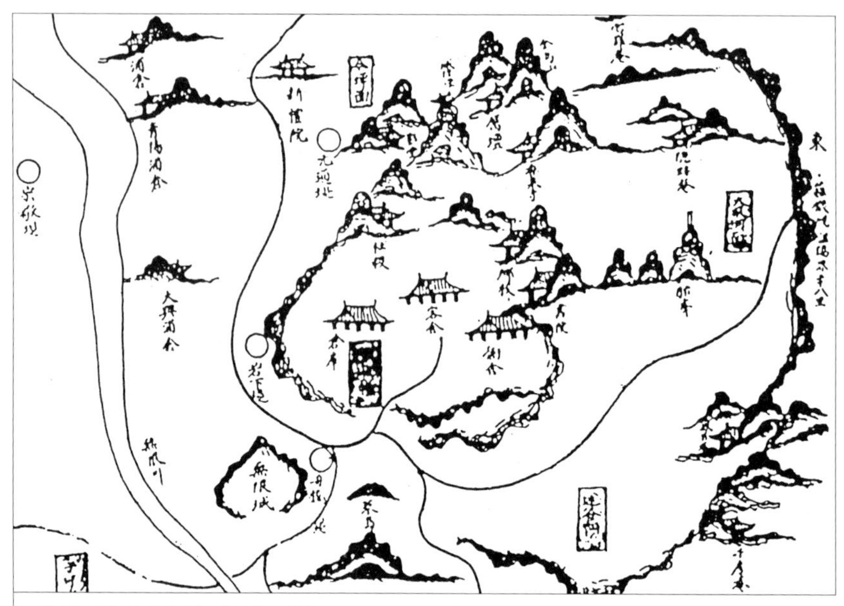

예산산성의 옛이름은 '무한성'이다(『여지도서』 예산지도)

것이었다. 백성들에 대한 새 시대의 희망의 메시지를 무엇보다 예산진에서 발표하였다는 것은 각별한 의미를 갖는 역사적 사건이다. 고려 초의 기록에 등장하는 '예산'을 충남 예산이 아닌 평안도의 '용강'을 지칭한 것이라는 주장이 제기된 바 있지만,[23] 이같은 견해를 뒷받침할 만한 근거는 매우 미약하다. 후백제와의 결전을 불과 2년 앞둔 긴장된 시점에서 대민 교서를 평안도의 북변지역에서 발표한다는 것도 전혀 상황에 부합하지 않을뿐더러, 여기에서 등장하는 '예산'이 용강이라는 근거도 일종의 억측이다.[24]

23) 윤경진, 「고려 태조대 진 설치에 대한 재검토 -예산진·신광진을 중심으로」 『한국사학보』 40, 2010, pp.10~25 참조.

24) 용강의 별호가 '오산성'이기 때문에 919년 예산으로 명칭 변경한 '예산'이 용강이라는 것은 논리적으로 매우 무리하다. 용강의 별호가 '오산성'이었다 하더라도, 용강이 '예산

6월(934) 예산진에서의 교서 발표 이후 곧 바로(9월) 태조 왕건은 홍주를 쳐서 완전히 그 지배하에 두었다. 이에 의하여 내포지역에 대한 고려의 작전은 종료하였고, 이 성공은 2년 후 936년 일리천과 개태사에서의 전투에 의하여 후백제를 마지막으로 제압하고 삼한 통일의 대업을 완수하는 기초가 되었던 것이다. 통일 이후 대체로 고려시대 예산현의 치소는 그대로 예산현의 거점인 예산산성에 두어진 것으로 보인다. 후대의 기록이기는 하지만 『대동지지』에서 '지금 치소의 서쪽 6리 지점에 있는' 오산성(烏山城)이 예산현의 '고읍지(古邑址)'라 한 것도 이같은 추정을 뒷받침한다.[25] 금오산 아래로 새로 치소를 건설하게 된 것이 어느 때였는지 정확히 알려져 있지 않다. 그러나 아마 고려 말 이후의 일이었을 것이며, 그 이전 예산현의 치소는 예산산성에 두어졌던 것이다.

예산산성은 태조 왕건의 방문 이외에도 조선조 태종이 들른 곳이기도 하다. "(태종이) 예산현의 무한성에서 머물렀다. 유습(硫濕)에게 내구마(內廐馬) 1필을 내려 주었다"[26]라 한 것이 그것이다. 태종이 예산산성에 머물게 된 것은 태안에서의 강무(講武), 즉 군사훈련 참관 때문이었다. 며칠 전 2월 4일 태안에서 충청도의 군사 7천여 명이 동원되어 강무가 있었으며, 충청도병마도절제사 유습이 말 1필을 하사받은 것도 그 노고에 대한 격려 차원 포상이었다. 예산산성에서의 1박은 귀로에 머문 것으로, 아마 여기에서 태종은 선편을 이용하여 서울로 돌아갔을 것이다.

(진)'으로 불렸다는 근거는 어디에도 없다. 919년 '예산'으로의 지명 개정은 분명한 기록적 근거를 가지고 있고, 935년 '예산 교서'는 홍주 등 내포지역을 둘러싼 당시 상황에 전적으로 부합하는 바가 있다는 점에서 태조의 '예산진'이 현재의 예산읍 지역을 지칭하는 것이라는 점은 의심하기 어렵다.

25) 烏山城 : 卽古邑址 在今治西六里 孤起平郊 故曰孤山 又云烏山城 周二千二尺 有一井(『대동지지』)

26) 『태종실록』 31, 16년 2월 경진(17일).

5. 동학농민전쟁과 예산산성

1894년 전봉준에 의한 동학농민전쟁이 전북지역에서 발발하여 큰 동란으로 발전하였을 때, 내포지역의 동학도 이에 호응하였다. 그리고 예산산성은 이 동학전투의 와중에 전략 요충의 하나로 이용되었다.

전북지역에서 동학군이 봉기하자 내포지역의 동학도 동요하였다. 4월 8일 홍주 원벌(서산시 운산면 원벌리)에서 대규모 집회를 열었고, 7월에는 홍주 경내에 "동학 경문을 외는 소리가 밤다 점치(漸熾)하고 있으며, 이교(吏校)와 노령(奴令)들까지 추염(推染)되지 않은 자가 없다"[27]고 할 정도였다. 8월에는 선무사 정경원(鄭敬源)이 홍주에 파견되어 일대의 동학 접주를 회유하였다. 당시 예산에서는 박덕칠(朴德七), 박도일(朴道一), 덕산의 이춘실(李春實), 대흥의 유치교(兪致敎) 등이 저명하였다. 예산은 초기 동학의 거두인 천도교 4대 교주 박인호(朴寅浩)의 출신 지역(삽교읍 하포리)으로서 깊은 뿌리를 가지고 있었다.[28]

봉기는 10월 1일 서산, 태안에서부터 시작되었다. 봉기의 여파는 곧 내포지역 일대에 확산 되었다. 농민군은 해미를 함락시키고 10월 5일 덕산 관아를 파괴하고 무기를 탈취하였다. 10월 하순 신례원과 예산산성에서 전투가 벌어졌다. 10월 26일(음력) 홍주 목사 이승우가 파견한 관군과 유회군(儒會軍) 4, 5천 명이 신례원의 빙현(氷峴) 상봉에 진을 설치하여, 27일 미명에 대포 수 십 문을 일시에 발사하는 등 공격을 개시하였다. 그러나 일시 흩어졌던 농민군은 전열을 정비하여 반격, 관군을 격파하는 데 성공하였다. 이 전투는 내포 농민군의 최대 승전으로 평가된다.[29] 박인호의 기록에 의하면 당

27) 洪健 <洪陽紀事> 7월 9일.

28) 이도행, 「충남 서북부 지역의 동학농민전쟁」 『역사와 역사교육』 1, 웅진사학회, 1996, pp.29~32, pp.34~36.

29) 이진영, 「동학농민전쟁기 충청도 내포지역의 반농민군 조직과 활동」 『충청남도 내포지역

신례원 관작리에 조성한 동학 전적지(장선애 사진)

시 관군의 거점은 예산산성으로서, 대포까지 설치하고 동학군과의 전투에 대비하였다고 한다.

동학군은 관군이 예산산성에 매복한 것을 알고 산성을 수십 겹으로 포위하여 공격하였다. 갑작스러운 동학군의 기습에 산성 안에 있던 관군은 대포도 제대로 쏘아보지 못한 채 지휘관이 전사하였다. 예산산성을 점령한 동학군은 관아가 있는 읍내로 진입하여 치소를 장악한 다음, 홍주로 향하였다. 이 무렵 직접 교전을 벌이지는 않았으나 아카마쓰[赤松國封] 지휘의 일본군도 인근에 주둔하고 있었다.[30] 관군의 전사자는 1백여 명, 동학군의 집은 관군이 불 지르고 민가는 동학군이 불 질러 그 참상이 차마 볼 수 없을 지경이었다고 한다.

1894년 신례원 전투의 현장은 관작리로서 2010년에 동학농민혁명전적지

지역엘리트의 재편과 근대화』(Ⅳ), 충남대학교 인문과학연구소, 2004, pp.170~172.

30) 이 전투에서 동학군의 선봉에 선 사람은 12세 성명 미상의 서산에서 온 소년이었다고 한다. 이 소년은 포연을 무릅쓰고 산성을 먼저 올라가 칼로 관군 수십 인을 참살 했다는 것이다. 이도행, 앞의 논문, pp.44~45 참조.

를 조성하여 관리하고 있다. 당시의 예산산성은 관군이 목을 지킨 거점이었으며, 동학군에 의하여 함락된 근대사의 현장이기도 하였던 것이다. 예산 동학의 기포지(起包地)는 고덕면 구만리이고, 삽교읍 성리는 동학의 본부인 예포대도소(禮包大都所)가 설치되었던 곳이다.[31)]

예산산성은 1982년(8.3)에 충청남도 기념물로 지정되었다. 이에 의하여 '예산산성'이 공식적 이름이 되었다. 그러나 예산산성의 원래 이름은 '무한성(無限城)'이었다. '무한성'이라는 이름은 '무한천'에서 유래한다. 무한천은 삽교천의 지류로서 청양군 화성면 산정리 월산(月山)에서 발원하여 홍성과 예산을 거쳐 아산, 당진을 경유하는 짧지 않은 내륙의 중요한 수로이다. 앞에서 언급한 백제 부흥운동의 거점 임존성이 바로 이 수로와 연계된 공간이라는 점에서도 교통상의 중요도를 짐작할 만하다. 청양의 상류에서는 반계천(磻溪川), 예산군 광시면부터 내천(柰川), 다음에 경결천(京結川), 예당저수지를 거쳐 예산읍내에서 무한천이 되는 것이다. 무한천은 예산 신암면과 아산 도고면 경계에서 삽교천과 합류하여 아산만으로 유입된다. 길이는 53.9km이다.

무한천의 내륙수로로서의 중요성을 입증하는 자료의 하나는 무한천을 따라 연변에 주변 대흥, 청양현 등의 포창(浦倉)이 위치해 있는 점이다. 조선조에 이르러 선박의 왕래가 불편하게 된 상류의 지역, 청양과 대흥은 무한천의 하류에 포창을 설치하여 세곡 등 대외적 물류의 편의를 도모하였던 것이다. 이러한 점에서 예산산성은 무한천의 교통로를 장악할 수 있는 중심 거점의 기능을 가지고 있었고, 이 때문에 '무한성'으로 불렸던 것이다.

예산산성의 원래 이름이 '무한산성' 혹은 '무한성'이었음은 15세기 『세종실록지리지』 이래 수백 년간 문헌기록에서 일관되고 있다.[32)] 1979년 간행

---

31) 박성묵, 『예산 동학혁명사』, 화담, 2007, pp.24~27.

32) "無限山石城 : 在縣西七里 石築 周回四百二十八步 險阻 內有井一 冬夏不渴 有軍倉 西壓大川

예산산성 내부

의 자료에도 '무한산성'으로 기재하고 있는 것을 보면[33] '예산산성'이라는 이름이 '무한성'을 대신하게 된 것은 1982년 도기념물 지정에 의한 것이었음을 알 수 있다. 따라서 '무한성' 혹은 '무한산성'이라는 고유의 이름을 회복해야 할 것이다. 기회가 될 때 성(城) 이름에 예산이라는 지명을 붙여 '예산 무한성' 혹은 '예산 무한산성'으로 지정 명칭을 변경할 필요가 있다는 점을 지적하여 둔다.

常有毒蛇 値水漲爲害" (『세종실록지리지』 예산현), "無限山城 : 石築 周二千二尺 內有一井 今廢"(『신증동국여지승람』 20, 예산현 고적), "無限城 : 在縣西九里 有獨隴 臨柰川 城緣其上 今廢"(『동국여지지』 고적), "無限城 : 在縣西九里 周回二千二尺 今廢"(『여지도서』 예산현 고적), "無限城 : 在縣西九里 周回二千二尺 中有一井 今廢 古有巨蛇 每水漲時出爲人畜患 今無"(『호서읍지』 예산현, 1871), "無限城 : 周回五百步 距官門七里"(예산현 지도)

33) 충청남도지편찬위원회, 『충청남도지』 하, 1979, p.684.

6. 맺음말

본고에서는 예산산성을 중심으로 이 산성이 갖는 역사성을 강조하였다. 예산산성은 660년부터 663년까지 임존성을 거점으로 전개된 백제 부흥전쟁에서 대단히 중요한 전략적 요충으로 이용된 것으로 추정된다. 그 이유는 나당군이 삽교천의 내륙 수로를 주로 이용하여 임존성을 압박하였고, 임존성에 이르는 가장 중요한 중간 거점이 예산산성이기 때문이다.

예산산성은 고려 초의 통일전쟁에서도 중요한 전략적 기능을 가지고 있었으며, 특히 고려 태조 16년(934) 태조 왕건이 직접 예산진에 이르러 대민교서를 발표한 중요한 역사적 공간이 되었다. 이는 936년 후삼국 통일에 이르는 실질적 분수령이었으며, 예산진이 그 결정적 시기의 공간으로 선택되었다는 점에서 중요한 의미를 갖는다. 여기에서의 예산진(현)의 치소는 예산산성이었을 것이 거의 틀림 없는 것으로 생각된다. 따라서 앞으로 산성에 대한 고고학적 조사를 진행하여 중요 유적을 확인하는 한편 이를 근거로 예산의 정체성을 상징하는 역사 공원으로 개발하는 것이 반드시 필요할 것이다. 발굴 조사의 결과에 따라서는 도 지정문화재에서 국가지정 사적으로의 지정도 충분히 가능할 것으로 생각된다.

예산산성은 조선조의 여러 문헌에 '무한성', 혹은 '무한산성'으로 기록되어 있다. 이는 이 성이 무한천에 위치하여 이 수로를 장악하는 중요 거점이었기 때문이다. 이러한 점에서 '예산산성'보다는 '무한성'이 이 성곽의 역사성을 보다 잘 보여주는 이름이라 할 수 있다. 향후 국가사적 지정을 신청할 경우, '예산 무한성'이라는 이름을 다시 회복하는 것도 필요하다고 생각된다. 향후 2019년은 '예산' 지명 1100년이 되는 해이다. 2019년을 목표점으로 예산산성의 역사성을 정리하고, 이러한 역사성을 바탕으로 한 근린공원으로의 개발 및 '예산 1100년' 사업에의 적극적 활용을 아울러 제안하고자 한다.

제1부 내포의 역사와 유적

제2장
고려시대 홍주의 성장과 홍주읍성

1. 머리말

충남도청이 홍성 · 예산으로 이전하였다. 1932년 충남도청이 공주에서 대전으로 이전한 후 실로 80년만의 괄목할 변화이다. 주지하다시피 충남은 차령산맥을 경계로 공주 · 부여 등 금강문화권과 홍성 · 예산 등 내포문화권으로 양대분 할 수 있다. 그러나 실제 금강권이 충남의 중심을 형성해왔던 역사적 배경에 비추어 볼 때, 내포지역으로의 도청 이전이란 충남권의 발전과정에서 하나의 획기적 사건이라고 할 수 있다. 동시에 내포지역에서 홍성 · 예산 지역이 도청의 입지가 된 데에는 홍성이 고려 이후 내포문화권의 거점으로 부각되었던 역사적 전통과 무관하지 않다.

고려시대는 홍주가 공주에 비견하는 충남의 거점도시로 부각된 시기라는 점에서 중요한 의미를 갖는다. 특히 나말여초 호족 긍준의 등장은 고려조의 성립과 연계되어 홍주를 일약 중부지역의 거점 도시로 부상시켰다. 고려 조선 1천 년을 거쳐 홍주의 지역적 비중이 지금에 이르는 데에는 '운주성주 궁준'이 만든 토대가 그 기반이 되었다고 할 수 있다.[1] 그럼에도 불구하고 홍주의 등장을 나말여초 궁준으로부터 정리하기에는 한 가닥 의문이 남는다. 즉 궁준에 이르기까지의 성장의 전단계가 있었을 것이기 때문이다. 한편 내포 거점도시로서의 홍주의 위상을 상징하는 것이 홍주읍성이거니와, 다른 지역의 읍성과 달리 홍주읍성은 그 조성 시기가 밝혀져 있지 않다.

이상과 같은 배경에서 본고는 내포지역의 거점도시로서의 홍주의 등장과 변천을 홍주읍성과의 관계 속에서 정리해보고자 한다. 그리고 이러한 홍주의 도시발전을 논의하는 과정에서 공민왕대 홍주목 승격과 관련한 보우대사와 홍주와의 관계 혹은 읍성 인근에 조성되었던 홍주 미륵사의 문제 등에 대해서도 함께 검토하고자 한다.

2. 나말여초 홍주의 등장

홍주는 고려 이전의 행정구역 편제를 잘 알 수 없다. 홍주는 신라 말 고려 초, 대략 10세기에 들어서 돌연 역사 기록에 등장하고 있다. 이 때문에 『삼국사기』 지리지에는 홍주지역에 해당하는 지명이 나타나 있지 않고, 『고려사』의 지리지나 『동국여지승람』과 같은 이후의 지리서에서도 홍주의 건치연혁은 고려 초의 '운주(運州)'로부터 시작한다. 『세종실록』 지리지에서는 이에 대하여 "백제 때 이름은 알 수 없고, '김씨의 지지(地志)'(『삼국사기』의 지리지)에서도 역시 실려 있지 않다"고 적고 있다. 이것을 기록의 인멸에 기인한 것으로 생각할 수도 있지만, 원래 홍주의 등장 자체가 신라 이후였을 가능성

---

1) 필자는 나말여초 홍주의 등장에 대하여 「나말여초 홍주의 등장과 운주성주 궁준」(『한국중세사연구』 22, 2007; 『충청 역사문화 연구』, 서경문화사, 2009 재수록)이라는 논문을 발표한 바 있다. 본고는 여기에서 충분히 검토되지 않은 문제를 그 보완적 차원에서 다시 보충하는 것이다.

을 말해주는 것이다. 설령 오늘의 홍성읍치에 치소가 설치되어 있었다 하더라도 적어도 고려 이전의 홍주는 내포지역에서 비중 있는 지역이 아니었던 것만은 분명하다.

기록상 홍주의 최초 이름은 운주이다. '운주(運州)'라는 이름은 새로운 시대의 '운'을 맞이한 홍주의 시대성을 반영하는 것 같기도 하다.[2] 운주라는 이름의 홍주가 역사의 무대에 등장하는 것은 10세기 초, '운주성주' 긍준(兢俊)이라는 인물에 의하여 비롯된 것이다. 이러한 의미에서 운주성주 긍준은 홍주의 '개조(開祖)'라고 할 수 있다. 그는 내포지역에 대한 지배권을 도모하고 남진한 태조 왕건과의 대결을 통하여 자신의 존재를 부각하는 한편 왕건과의 타협을 통하여 새 왕조 고려 건국기에 일정한 자기 지분을 갖게 되었다. 긍준은 936년 고려의 통일전쟁에 대상(大相)의 관등을 띠고 중군의 주력 '마군(馬軍)'의 지휘관으로 등장하고 있다. 태조 왕건의 제12비 흥복원부인(興福院夫人) 홍씨가 홍주 출신 홍규(洪規)의 딸이라는 사실은 다름 아닌 긍준과 태조 왕건과의 혼인에 의한 결합을 말해주는 것으로 필자는 생각하고 있다. 긍준과 홍규가 동일인물이라고 보는 것이다.[3]

필자는 기왕에 긍준으로 대표되는 나말여초의 홍주세력 등장을 주목한 바 있다. 그런데 신라 말 운주의 등장이 괄목한 것이기는 하지만 전혀 아무런 기반이 없는 제로베이스에서의 돌연한 등장이라 보기도 어렵다. 한 시기 유력한 지역 세력의 등장에는 그 이전 지역 세력의 일정한 성장 과정이 전

---

2) 김갑동 교수는 신라 말 '운주'의 이름이 고려 건국(918) 이전, 궁예에 의하여 내려진 것일 것으로 추정하였다. 김갑동, 「고려초기 홍성지역의 동향과 지역세력」『사학연구』 74, 2004, p.135.

3) 윤용혁, 「나말여초 홍주의 등장과 운주성주 긍준」『한국중세사연구』 22, 2007, pp.18~21. 필자의 이러한 견해는 「지방제도상으로 본 홍주의 역사적 특성」『홍주문화』 13, 1997에서 처음 제안되었으며, 이후 김갑동(위의 논문, p.152), 김명진이 이에 동의하였다. 김명진, 「고려 태조 왕건의 운주전투와 긍준의 역할」『군사』 96, 2015, pp.188~189 참조.

홍주성에서 출토한 신라 말 고려 초의 유물(백제문화재연구원)

제될 것이기 때문이다. 따라서 신라 말 이후 운주의 등장이 획기적인 사건이기는 하지만 운주가 등장하기까지의 전 단계 지역 세력의 성장은 별도로 추구해야할 문제가 되는 것이다. 여기에서 운주 이전, 통일신라기에 이 지역에 '해풍향(海豊鄕)'이 존재하였다는 견해를 주목하게 된다.[4]

『고려사』 지리지에는 홍주의 별호(別號)로서 '해풍'이라는 지명이 등장하거니와, 『삼국사기』 지리지 중에 '미상'으로 분류된 지명 중 '해풍향'이 존재한 것[5]에 착안한 것이다. 여기에서 나아가 조원찬은 해풍향의 설치 시기를 신라 통일 직후, 특히 신문왕 6년(686)을 지목하고 있다. 이 시기에 석산(부여 석성), 마산(서천 마산), 고산(예산), 사평(당진 신평) 등 홍주 주변 지역에 치소가 설치되고 있기 때문이라는 것이다.[6] 고려 이래 조선조의 지리서를 비롯한 각종 자료에서 '미상'으로 처리되어 있는 운주 이전의 홍주에 대하여 그 존재를 구체적으로 제안하였다는 점에서 우선 이 '해풍향'설은 주목할 만한 것

---

4) 조원찬, 「신라시대」 『홍주대관』 상, 2002, pp.243~245.

5) 『삼국사기』 37, 지리지.

6) 조원찬, 「신라시대」 『홍주대관』 상, 2002, pp.243~245.

이다.[7] 그러나 이것이 만일 통일 직후에 설치되었다면 왜 『삼국사기』 군현 관련 기록에 홍주만 완전히 누락된 것인지 이해하기 어렵다.

『삼국사기』에 의하면 경덕왕 16년(757) 9주 5소경 제도의 실시와 함께 웅주(웅천주) 관하에 9군 25현을 편제한 것으로 되어 있는데,[8] 같은 책의 지리지에는 웅주 관내 13군 27현 군현명이 구체적으로 열거되고 있다.[9] '9군 25현'과 '13군 27현'의 차이는 경덕왕 16년(757) 이후 웅주를 포함한 신라지역에서 군현이 지속적으로 증설되었음을 말해주는 것이라 할 수 있다. 따라서 운주(홍주)의 경우 역시 8세기 후반 이후 9세기에 이르러 뒤늦게 향의 승격 등에 의한 군현의 설치가 이루어졌을 가능성을 상정해 볼 수 있다.

한편 『고려사』 지리지에서는 홍주에 대하여 "안평(安平) 또는 해풍, 또는 해흥(海興)이라고도 부른다"고 하고, 그중 안평 · 해풍에 대해서는 고려 성종대에 정한 것이라 하였다.[10] 홍주는 주변에 덕산, 대흥, 여양, 결성 등에 접하여 있지만 지형적으로나 공간 배치상 별도의 치소가 있을만한 위치가 되고 있다. 백제시대에는 백제 5방성의 하나로 추정되는 임존성의 비중이 워낙 컸기 때문에[11] 홍주는 임존성이라는 거점의 주변에 불과하였다. 그러나

---

7) 다만 조원찬의 의견 중 해풍향의 설치 요인으로 혹은 백제 부흥운동의 유민을 집단적으로 거류시켰을 가능성은 별로 없다고 생각된다. 부흥운동의 유민들을 집단적으로 이주격리 시킬 것이면 본 거주지에서 매우 멀리 떨어진 지역이 선택될 수 밖에 없다. 백제 부흥운동은 기본적으로 지역사회에 기반을 둔 저항 운동이기 때문이다.

8) 『삼국사기』 9, 신라본기 9, 경덕왕 16년 12월.

9) 『삼국사기』 36, 잡지 5, 지리 3.

10) 『고려사』 56, 지리지 홍주.

11) 백제의 집권체제는 지방을 '방-군-성'으로 조직한 것으로서, 方은 사비성 이외에 가장 중요한 거점지역이었다. 임존성(대흥)은 백제의 5방성 중 西方城으로 비정되고, 이같은 지역적 특성에 기반하여 사비도성 함락 이후 임존성에서의 대대적인 부흥운동이 가능하였다고 본다. 박현숙, 「방-군-성 체제로의 정비」 『백제의 정치제도와 군사』, 충청남도 역사문화연구원, 2007, pp.189~190 참조.

백제 부흥운동의 실패 이후 통일신라에 있어서는 임존성의 영향력이 크게 약화함으로써 주변 지역의 성장이 가능한 여건이 되었던 것이다.[12] 이것이 신라시대 홍주지역이 성장하는 계기가 되었을 것을 상정할 수 있다.

신라 말 후삼국기 운주 세력의 등장은 이같은 배경을 전제할 때 이해가 가능하다. '해풍(海豊)'이라는 이름과 관련하여, 늦은 시기(19세기)의 기록이기는 하지만 "지금의 주치(州治)는 곧 해풍현의 옛터(古基)"라고 하였다.[13] 이것은 홍주의 주치가 사실은 그 이전부터 치소로서의 역사를 가지고 있으며, 행정구역 명칭은 '해풍현'이었다는 의미이다. 신라시대 '해풍향'의 존재와 일치되는 점을 확인 할 수 있다.

이상의 내용을 다시 요약하면 운주 이전의 홍주는 통일신라 이후 인근 임존성의 약화를 계기로 변화의 조건을 갖게 되었고, 이에 의하여 8세기 후반에서 9세기 후반 사이에 '해풍현'으로 발전하였다고 추측된다. 이러한 토대 위에서 홍주 역사는 10세기 말 호족 긍준의 등장이라는 역사적 상황에 연결된다는 생각이다. 이러한 맥락에서 신라 말 후삼국기 운주의 등장이라는 문제와 관련하여 필자가 주목하는 것은 용봉사에 소재한 2구의 마애불 입상이다.

3. 용봉사의 마애불과 홍주

용봉사에는 신라, 고려 초에 이르는 2구의 마애불 입상이 있다. 하나는 절 입구에 '정원(貞元) 15년'이라는 명이 있는 '용봉사 마애불'이고(충남도 유형

12) 운주 이전 해풍향의 존재에 대한 조원찬의 견해에 필자도 적극 동의하는 바이지만, 다만 해풍현의 성장은 신라의 통일 이후의 변화된 여건에 의하여 점진적인 속도의 발전이 수반되었다고 생각한다.

13) 『충청도읍지』 홍주목 고적조.

문화재 118호) 다른 하나는 용봉사의 뒷산 중봉에 세워진 '신경리 마애불(보물 355호)'이다. 용봉사 마애불은, 소성왕 원년(799)에 제작된 것으로 신라 이후 뒤늦게 성장하고 있는 홍주지역의 위상을 반영하는 자료라고 믿어진다. 이것은 후삼국의 성립 1세기 전에 작성된 것인데 문명대 교수에 의하여 판독된 명문 내용은 다음과 같다.[14)]

貞元十五年己卯四月日仁符
□佛願大伯士元烏法師
□香徒官人長珎大舍

이 불상은 용봉사 입구에 있는 암벽에 부조(浮彫)한 것으로, 높이는 대략 230cm 정도의 크기이며, "불균형한 장대성(壯大性)이 상당히 진전된 것", "정면향(正面向)에 신체가 직사각형에 가까운 원통형적인 모습"을 조형상의 특징으로 지적되었다.[15)] 판독자는 명문에 등장하는 원오법사가 불상의 작가이고, 대사(12관등) 관등의 '관인(官人) 장진(長珎)'이 시주자라고 해석하였다. 원오법사(元烏法師)는 서울 사람인지 지역 인물인지는 잘 알 수 없지만 용봉사와 관련 깊은 인물이고, 대사 관위를 가진 장진(長珎)은 "이 지방의 관리로 재임"하고 있던 인물일 가능성이 높다고 추측하였다.[16)]

여기에서 우선 주목되는 것이 '관인'으로 기록된, 대사 관등의 장진이라

---

14) 문명대, 「홍성 용봉사의 정원15년명 및 상봉 마애불입상의 연구」 『삼불김원룡교수 정년기념논총』, pp.176~177. 단 판독문에서는 제1행의 '仁符'가 명확하지 않아 '入村?'이라고도 하였고, 제3행의 '香徒'는 '香(?)徒(行)'이라 하였다(p.176). 또 제2행 元烏法師의 '烏'는 '鳥' '爲'의 가능성도 없지 않다고 하였다(p.189).

15) 문명대, 위의 논문, pp.183~184.

16) 현재 身高는 210cm, 頭高 56cm, 顔高 40cm, 肩幅 67cm라 하였다. 문명대, 위의 논문, pp.187~191 참조.

는 인물이다. 만일 그가 홍주지역의 관리였다면 앞에 언급한 '해풍현'의 수령일 수도 있기 때문이다. 아마도 용봉사는 신라시기 홍주지역의 성장에 부응하여 조성된 사원일 것이며, 장진대사는 이 용봉사의 조성에 기여하고 특히 이 마애불의 조성을 재정적으로 뒷받침한 인물이었을 것이다. 대사 관등은 신라 17등의 관등 중 제12등에 해당하며 중앙의 실무직 혹은 지방의 수령을 역임할 수 있는 등급에 해당한다.[17] 특히 장진을 '관인(官人) 장진'으로 적고 있는 것을 보면 그가 지역의 수령이었을 가능성이 매우 높은 것으로 생각된다. 용봉사 마애불은 용봉사의 조성과 함께 기본적으로는 지역 세력의 사회경제적 역량의 반영으로 생각되며, 이러한 제반 요구를 종교적으로 뒷받침한 것이 원오법사였던 것으로 생각된다.[18)]

용봉사 마애불에서 착안되는 점의 하나는 불상과 비교하여 명문이 상대적으로 매우 강조되어 있다는 점이다. 불상 조성에 있어서 상식적으로는 불상이 주가 되고 명문은 부기된 형태가 될 것이지만, 용봉사의 마애불의 경우는 주어진 화면을 반분하여 불상과 명문을 병렬적으로 배치하였다. 명문의 글자 크기도 한 자가 10cm 내외로 불상 크기에 비하여 큰 글씨이고 글자의 위치도 불두에 비하면 낮지만 화면의 여건에서는 최대로 위쪽에 배치한 점이 주목된다. 즉 불상의 조성자는 불상의 조성 못지 않게 조성자의 신

---

17) 『삼국사기』(권40, 잡 9, 관직 하, 외관)에서는 신라시대 외관중 현령은 도합 201명이며, 해당 관등은 17등 先沮知(造位)로부터 8등 沙飡이라하여 12등 大舍도 그에 해당되고 있다.

18) 문명대 교수는 '대백사 원오법사'의 '伯士'를 '博士', 일종의 '匠人'을 지칭하는 것으로 보고 원오법사를 이 불상의 작가로 보면서 원오법사가 당대의 저명한 승려 장인이었을 것으로 파악 하였다. 그러나 그렇다고 보면 그는 중앙에서 활동하는 인물이어야 하고 작품 또한 보다 신라적 전통에 충실한 장교하고 세련된 작품이 나올 것은 당연한 일이다. 그러나 용봉사 마애불은 작품에서 지방적 성격이 두르러지며, 원오법사가 중앙에서 활동하는 저명한 작가로 보기에는 발원자라 할 12관등 장진대사와도 격이 어울린다고 생각되지 않는다.

원을 나타내는 데 주력하였던 것이다. 이점이 용봉사 마애불의 성격을 파악하는 데 중요한 실마리라고 생각된다.

용봉사 마애불에서 발원자의 신원이 강조된 것은 그것이 순수한 종교적 열정만이 아닌 발원자가 가지고 있는 현실 세계에서의 권력을 과시한 것이라 할 수 있다. 이점에서 '관인 장진대사'가 이 지역의 수령이었을 가능성이 높다는 생각이다. 동시에 절의 입구에 이같은 조상(彫像)을 배치하는 데는 용봉사 측의 일정한 후원과 양해가 전제되는 것이었다고 생각되며, 이점에서 명문의 원오법사는 당시 용봉사의 주지였을 가능성이 있다는 생각을 하게 된다. 즉 용봉사와 '해풍현'이라는 공간의 정치적 종교적 힘이 이 마애불의 조성과 명문 조성의 방식으로 표현되었다는 생각이다. 원오법사가 불상의 조각가일 수 없다는 점도 이 같은 맥락에서 파악이 가능하다. 그가 조각가였다면 지방작가로 밖에 볼 수 없는데, 발원자의 '관인 장진대사'에 앞서, 거창하게 자신을 과시하는 형태로 내세울 수는 없었을 것이기 때문이다.

용봉사 마애불이 799년이라는 분명한 연대관을 보여주고 있는 것에 비하여 용봉산 상봉의 4m 크기 '신경리 마애불입상'에 대해서는 그 조성시기를 둘러싸고 신라 후기와 고려 초라는 견해 차가 있다.[19] 이 불상에는 얼굴 등의 표현에서 다소 세련된 신라적 양식을 읽을 수 있는 것은 사실이지만, 그러나 높이 4m라는 규모가 보여 주듯 이미 '거석불'이라는 신라 말 이후 고려시대 불상의 지역적 특성이 반영되고 있다는 점에서 용봉사 마애불의 후행 작품으로 볼 수 밖에 없다. 이 불상의 시기를 고려 초로 정리하는 일반적 견해는 이같은 양식적 흐름을 적절히 반영하는 것이라 할 수 있다.[20]

---

19) 문명대 교수는 "신라 중대 양식이 거의 남아 있으면서도 하대 신라로 넘어가는" 시기로서, 용봉사 마애불 직전 시기인 8세기 후반, 대략 770년 전후의 작품으로 추정하였다. 문명대, 앞의 책, pp.183~187 참조.

20) 최성은 교수는 이것이 "통일신라 말의 조각 양식을 그대로 이어 받은" 것이기는 하지만, 얼굴의 표현이 "사실적이고 인간적이어서 고려조각의 특성이 잘 나타나고 있다"고

용봉사 마애불(좌)과 신경리 마애불(우)

신경리 마애불과 용봉사 마애불은 1세기라는 조성 시기와 및 크기의 격차가 있기는 하지만, 기본적으로는 같은 용봉사의 구역에 위치한다는 점에서 그 영향 관계를 비교 검토할 필요가 있다. 두 불상은 차이점에도 불구하고 공통점이 발견된다. 동일한 마애불 입상으로 조성된 것이며, 불상에서 얼굴을 중점 강조하고 신체의 표현을 약화시킨 수법, 바위 암면을 파내어 감실 조성의 느낌을 가지게 한 점, 왼손을 들어올린 시무외의 수인과 허리 밑으로 반듯이 붙인 오른손의 포즈,[21] 불두의 육계 형태 등 많은 점에서 유

보고, 신체의 비례 혹은 각 부의 표현에서 지방적 성격이 나타나는 나말여초, 혹은 10세기의 작품이라 하였다. 최성은, 「백제지역의 후기조각에 대한 고찰」『백제의 조각과 미술』, 공주대학교 박물관, 1991, pp.213~218 ; 최성은, 『석불·마애불』, 예경, 2004, p.180 참조.

21) 왼손을 들어올린 시무외의 수인과 허리 밑으로 반듯이 붙인 오른손의 포즈는 용봉사 마애불 이후 고려시대 홍주지역의 한 형식으로 자리 잡은 느낌이 있다. 역시 용봉산의 줄

사점을 읽을 수 있다. 즉 신경리 마애불 조성시에 조각가는 용봉사 마애불을 참고하였던 것이며 이점에서 조각의 연결성을 읽을 수 있다.[22] 조각의 수법 등에 있어서는 신경리 쪽이 보다 세련된 느낌을 주며, 위치도 용봉사를 중심으로, 앞과 뒤, 또는 아래와 위라는 상대성을 갖는다. 무엇보다 큰 차이는 신경리의 경우 그 규모와 위치 등에 있어서 권력의 크기가 훨씬 강조된 인상을 받는다. 산의 정상부 개방된 공간에 4m 크기로 조성된 이 불상은 남향을 하여 홍성 시내를 내려보고 있다. 원래는 건축물이 함께 조성되었던 것으로 보이며, 각종 불사를 독자적으로 거행할 수 있는 충분한 공간이 확보되어 있다. 정치적 혹은 종교적 권력에 뒷받침되지 않고서는 이러한 입지에 이러한 수준의 불상 조성이란 가능하지 않았을 것이다. 이러한 점에서 용봉산의 신경리 마애불은 신라 후기 용봉사의 조성 이후 지역 세력이 성장하면서 종교적 공간을 확대함으로써 조성되었다고 생각된다. 10세기라는 불상의 양식적 측면에 대한 견해를 함께 고려할 때, 이 작품의 배후로서는 운주성주 긍준이 떠오르게 된다. 799년 장진대사에 해당하는 후원자가 신경리 마애불에 있어서 호족 긍준이었을 것이라는 추측이다.

이상의 논의를 다시 정리하면 용봉산의 마애불 2구의 제작은 모두 신라 하대 이후 홍주의 지역적 성장과정을 반영하는 것이다. 799년 조성된 용봉사 마애불이 이 지역의 수령으로 추정되는 대사(大舍)의 관위를 가지고 있던 관인 장진(長珎)에 의한 것이었던 데 대하여, 신경리 용봉산 마애불은 여초의 운주성주 긍준이 그 조성 주체였다고 보는 것이다. 용봉산 마애불의 조

기인 홍성 상하리에서 옮겨져 현재 공주박물관 야외전시장에 세워져 있는 '상하리 불상'의 경우 역시 동일한 손의 포즈를 가지고 있다.

22) 신경리 마애불은 상면에 건축물의 옥개(지붕)를 연상시키는 구조물을 얹고 있다. 이 옥개형 구조물은 마애불과 별석으로 조성 당시부터 제작된 것으로 보인다. 어떤 보고서에도 언급되어 있지 않은 사실의 하나는 이 옥개의 밑면에 음각으로 얇게 새긴 정교한 8엽의 연꽃무늬 조각들이다. 이 조각의 존재는 옥개석의 성격, 불상의 조성 시기 등을 밝히는 데 있어서도 중요한 자료가 될 것임이 분명하다.

성자로 여기에서 추정한 운주성주 긍준이 고려 태조 왕건의 제12비 흥복원 부인의 부 홍규(洪規)와 동일인이라는 점은 이미 필자가 논의한 바 있다.[23)]

4. 홍주목 승격과 태고선사 보우

신라 말 이후 운주에서 시작된 긍준의 도시 홍주는 성종 14년(995)에 처음으로 지방관이 파견되었다. '운주도단련사(運州都團練使)'라는 직함의 수령이 그것이다. 운주는 현종 3년(1012) 지주사관으로 고쳤고, '그 후'에 홍주라는 이름을 갖게 된다. 『고려사』에서는 이같은 고려시대 홍주의 행정적 변천에 대하여 다음과 같이 정리하고 있다.

> 홍주는 성종 14년에 운주 도단련사를 두었고, 현종 3년에 지주사(知州事)로 고쳤다가, 뒤에 지금 이름으로 고쳤다. (『고려사』 56, 지리지)

이에 의하여 홍주(운주)에 처음으로 중앙에서 지방관이 파견된 것이 성종 14년(995)의 시점이며, '도단련사(都團練使)'라는 직함의 수령이었음을 알 수 있다.[24)] 또 운주라는 이름이 홍주로 바뀐 것은 현종년간 이후의 일임을 알 수 있지만 정확한 시기는 확인되지 않는다. 『고려사』에서 '홍주'라는 지명이 처음 보이는 것은 정종 7년(1041) 1월의 기록에서이다. 따라서 현종 3년

---

23) 윤용혁, 「나말여초 홍주의 등장과 운주성주 긍준」 『한국중세사연구』 22, 2007, pp.18~21.

24) 성종 14년 지방제도 개혁은 군사적 성격이 강한 절도사제도로의 개편이었다. 그러나 이 체제는 목종 8년(1005)에 도단련사·단련사 등을 폐지함으로써 후퇴하였다. 이에 대해서는 변태섭, 「고려 전기의 외관제」 『한국사연구』 2, 1968 참조. 『고려사』 56, 지리지에 의하면 성종 14년 도단련사의 설치는 운주 이외에, 수주(수원)·환주(천안)·허주(함양)·대주(성주) 등이 있었다.

(1012) 이후 정종 7년(1041) 사이의 11세기 초에 운주는 홍주로 개명된 것이다. 이 사이 지방제도나 행정구역명을 개편할 특별한 계기는 현종 9년(1018)이 있다. 이 해 2월 여러 도의 안무사(按撫使)가 폐지되고 4도호 8목을 두었으며, 그 아래 56 지주군사(知州軍事), 28 진장(鎭將), 20 현령(縣令)이 두어졌다. 동시에 홍주를 주현(主縣)으로 하는 주속체제(州屬體制)가 확립되는 것도 이 때의 일이었다. 이러한 점에서 보면 '홍주'라는 행정구역명이 채택되어 '운주'에 대신하게 된 것은 1018년의 시점이었을 가능성이 높다고 할 수 있다. 이러한 추측은 후대의 기록이지만 김정호(1804~1866)의 『대동지지』에 의해서도 뒷받침 된다. "현종 3년 지주사(知州事)로 고치고 (현종) 9년에 홍주로 개정하였다"[25]는 것이 그것이다.

고려시대 홍주의 등장과 발전에 있어서 또 하나의 계기는, 현종 3년(1012)부터 공민왕 5년(1356)까지 무려 350년간 지주사 급이었던 홍주가 1356년 왕사 보우의 '내향'이라는 명분으로 다시 목의 지위를 회복한 점이다. "공민왕 5년에 왕사(王師) 보우(普雨)의 내향(內鄕)이라는 이유로 목으로 승격시켰고 17년에 지주사로 낮추었다가 20년에 목으로 복구하였다"[26]는 것이 그것이다. 이렇게 하여 홍주는 조선시대 감영소재지 공주에 버금하는 충남의 거점도시로서 발전할 수 있었던 것이다.

공민왕대 홍주를 목으로 승격케 한 태고선사(太古禪師) 보우(普愚, 1301~1382)는 고려 말의 나옹에 조금 앞서 선불교를 크게 일으킴으로써 한국 조계종의 개조(開祖)로 일컬어지는 분이다. 보우대사가 조계종의 개조라는 이른바 '태고법통설'은 조선 중기 서산대사의 제자들에 의하여 제기되어 오늘에 이른다.[27] 그에 대해서는 『태고집(太古集)』이라는 문집이 전하고 있어서,

25) 김정호, 『대동지지』 5, 홍주.

26) 『고려사』 56, 지리지.

27) 현대 한국불교의 중심을 차지하고 있는 조계종의 법통 문제에 있어서 그 중흥조에 대한

그의 생애와 불교사상의 면모를 알 수 있다. 『태고집』의 연보와 이색의 지은 자료(태고사원증국사탑비)에 의하면 속성(俗姓)이 홍씨인 보우대사(普愚大師)는 1301년(충렬왕 20) 9월 21일 홍주에서 출생하였는데 아버지는 홍연(洪延)이며, 어머니 정씨가 꿈에 해를 안은 후 태기가 있었다 하며 어려서부터 귀골이 뛰어났다고 한다. 비록 증직(贈職)이기는 하지만 부 홍연이 '개부의동삼사 상주국 문하시중 판이병부사 홍양공'이라는 직을 받았던 것을 보면 가문이 좋은 출신이었다고 생각된다.

한국 조계종의 태두라고도 할 수 있는 보우대사의 고향이 홍주이며, 이 때문에 홍주가 목으로 지위가 다시 상승할 수 있었다는 것은 홍주지역의 역사에서도 기억할만한 사실이다. 그러나 유감스럽게도 홍성지역에서 보우대사에 대한 보다 구체적인 자료는 확인되지 않는다. 보우대사가 홍씨라는 점에서 그가 유력한 홍주의 토착 세력 출신임을 짐작할 뿐이다. 그런데 보우대사의 출신지에 대해서는 홍주가 아닌 양평이라는 주장이 있다. 그 근거

몇 가지 견해가 있다. 고려시대 보조국사 知訥(1158~1210)과 함께 태고와 나옹의 두 禪師가 그것이다. 그리고 그 가운데 가장 일반적인 정설적 견해는 역시 태고화상 보우를 조계종의 宗祖로서 인정하는 견해라 할 수 있다. 태고법통설의 가장 핵심적 근거가 되는 자료의 하나는 鞭羊 彦機(1581~1644)가 사명당 유정을 기념하여 남긴 '鍾峯影堂記'이다. 이에 의하면 해동 조계종의 법통이 고려 말 태고(보우)를 거쳐 "石屋 → 太古 → 幻庵 → 小隱 → 正心 → 碧松 → 芙蓉 → 登階 → 鍾峯" 등으로 정리되어 있다. 이같은 태고법통설에 대하여 조선 초에는 오히려 나옹의 종조설이 유력하였다. 조선 초 서거정 등이 편집한 『동문선』에 '指空 → 懶翁 → 無學'으로 불교의 법통을 정리한 것이 그 예이다. 태고화상 보우를 조계종의 종조로 보는 견해는 조선 후기, 17세기 이후에 확립된 것으로 보인다. 태고화상 보우에 대해서는 장원규, 「조계종의 성립과 발전에 관한 고찰」 『불교학보』 1, 1963 ; 이영무, 「태고보우국사의 인물과 사상」 『건대사학』, 1976 ; 이영무, 「한국 불교사에 있어서 태고 보우국사의 지위」 『한국불교학』 3, 1977 ; 최병헌, 「태고 보우의 불교사적 위치」 『한국문화』 7, 1986 ; 최병헌, 「태고화상」 『한국불교사상사』, 민족사, 1990 ; 유영숙, 「원증국사 보우와 공민왕의 개혁정치」 『한국사론』 20, 1990 ; 허흥식, 「중세 조계종의 기원과 법통」 『한국 중세 불교사연구』, 일조각, 1994 등의 논문을 참고함.

는 양평 사나사에 세워져 있는 보우대사의 석종비(舍那寺 圓證國師 舍利石鐘碑, 양평군 옥천면 용천리 소재)의 기록이다. 고려 우왕 12년(1386) 정도전이 지은 그 비명에 이르기를 "대사께서는 양근군 대원리에서 태어나셨다" 고 명기되어 있기 때문이다,[28)] 13세 나이에 대사가 처음 삭발 출가한 절이 양평에 인접한 양주 회암사였다는 것도 이에 힘을 실어주는 것 같다. 이 때문에 책에 따라서, 혹은 논자에 따라서 보우대사의 출신지는 홍주라 하기도 하고, 양평이라고도 되어 있다.

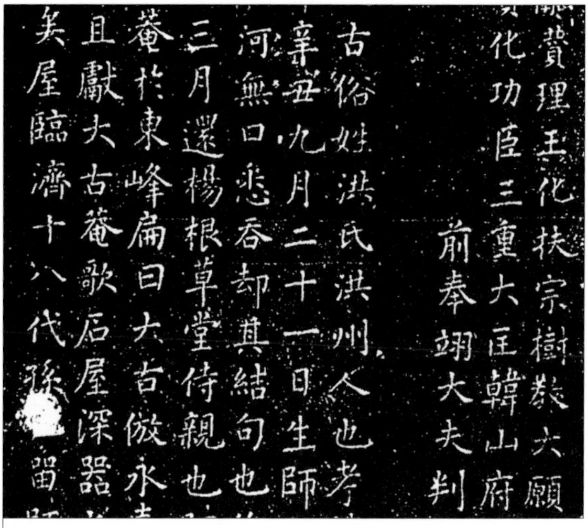

이색 찬 원증국사비문 탁본(보우대사가 '홍주인'임을 명기하고 있다)

보우대사가 양평과 깊은 지역적 연고를 가지고 있는 것은 사실이다. 대사가 13세에 출가한 절이 양근에서 비교적 가까운 양주 회암사였으며, 30세 때에는 양근(양평) 용문산의 상원암에 들어가 관세음보살에 예배하면서 12대 발원을 세웠다. 그리고 38세 되던 1338년 양근으로 다시 돌아와 수년간 부모를 모셨다는 것이다. 그런가 하면 1356년 이전까지 4년간 참선하며 지냈던 소설산(小雪山)도 양근에 위치하여 있다. 그럼에도 불구하고 공민왕 7년(1358)에 왕사(王師)였던 보우대사(普愚大師)의 내향(內鄕)이라 하여, 홍주를 목(牧)으로 승격하고 있다. 그가 홍주 홍씨라는 점도 보우대사가 홍주사람일 가능성을 높이는 근거가 된다. 그렇다면 정도전이 지은 양평 사나사(舍那

28) "師生楊根郡 大元里"(「사나사 원증국사석종비」) 비문은 『고려시대 금석문탁본전』, 성균관대학교 박물관, 2005를 참조함.

寺)의 석종(부도)비에는 왜 대사가 양근(양평)에서 태어났다고 했을까.

대사의 양평과의 인연은 어머니 정씨의 고향, 즉 외가로서의 인연에서 출발한 것이었다. 이에 대하여 『고려사』 지리지(양근)에서는 양근이 "공민왕 5년 왕사 보우의 모향(母鄕)이므로 익화현에서 양근군으로 승격시켰다"고 적고 있다.[29] 또 『태고화상어록』 중 원증국사의 행장에서도 "양근은 대사의 모향(母鄕)인데, 본래 익화현(益和縣)이었던 것을 올려 군을 삼았다"고 분명히 밝히고 있다. 즉 보우대사로 인하여 그의 본향(내향)과 어머니 고향이 함께 승격되었던 것이며, 대사의 외가가 함께 승격된 것은 외가인 양근(楊根)이 출생지라는 것 때문이 아니라, 승려로서의 활동을 비롯하여 특별한 연고에 의한 것이었다. 대사가 실제 참선의 길을 걸으면서는 양근과 많은 인연을 가지고 있었고, 입적도 이곳에서 함으로써 양근은 사실상 보우대사의 고향처럼 인식되고 있었던 것이다. 그러나 앞에서 언급한 바와 같이 홍주와 양근현은 대사의 '내향'과 '모향'으로 분명히 구별되고 있었다. 이점과 관련하여 양근의 승격에 대한 기록을 다시 주목해 볼 필요가 있다.

> (양근현은) 원종 10년 위사공신 김자정(金自廷)의 내향(內鄕)이라 하여 (감무관의 영화현을) 올려 익화현령(益和縣令)을 삼았다. 공민왕 5년 (양근이) 왕사 보우의 모향(母鄕)이므로 (익화현)에서 양근군으로 승격시켰다. (『고려사』 56, 지리지 양근현)

양근현은 명종 5년(1175)에 감무관(8품관)이 처음 설치되고, 고종 44년(1257) 영화현(永化縣)으로 개칭된 다음, 원종 10년(1269) 김자정의 '내향'이라 하여 익화현으로 이름이 바뀌면서 아울러 현령관(7품관)으로 승격 되었다.[30] 그

---

29) "元宗十年 以衛社功臣金自廷內鄕 陞爲益和縣令 恭愍王 五年 以王師普雨母鄕 陞爲楊根郡"(『고려사』 56, 지리지 양근현)

30) 金自廷은 『고려사』의 金子廷으로서, 고려 원종의 측근 宦者로서 원종 10년(1269) 12

후 다시 공민왕 5년(1356)에 보우대사의 '모향'이라 하여 현에서 군으로 승격된 것이니 여기에서 보면, '내향'과 '모향'이 분명히 구분되고 있음을 알 수 있다. 이색이 지은 원증국사비문에서는 대사의 출신에 대하여 "속성은 홍씨이고 홍주인이다"라고만 언급하였다.[31)]

왕사 혹은 국사에 대한 예우의 일환으로 연고지역 행정단위의 격을 상승시키는 것은 보우대사 이외의 다른 사례도 있다. 충숙왕 원년(1314) 국통 정오의 향(鄕)이라 하여 순창군을 지군사로, 충숙왕 4년(1317) 일연국사의 향이라 하여 장산군을 현령관으로, 충숙왕 4년 청공으로 인하여 청풍현을 지군사로, 공민왕 16년(1367) 국사 천희의 향이라 하여 흥해군을 지군사로 승격시킨 예가 그것이다.[32)] 또 보우대사의 경우는 내향인 홍주와 모향인 양근 이외에 대사가 머물렀던 소설암(小雪庵)의 소재처인 양근의 미원장(迷原莊)을 현으로 승격시키기도 하였다.[33)]

요컨대 보우대사의 출신에 대하여 그를 홍주인이라거나, 양평(양근)인이라거나 모두 그 근거가 있다는 것을 확인할 수 있다. 고려시대에는 고향을 내향, 외향의 두 가지로 구분하였는데, 보우대사의 경우와 같이 내, 외향이

월 당시의 무인집정자 김준을 주멸하는데 공을 세움으로써 위사공신에 책봉된 인물이다. 당시 원종은 김준을 궁궐로 불러들인 다음 격살시키고 아울러 동행한 김준의 동생 김충은 김자정이 동생(子厚)을 시켜 주살하였다. 이로써 김준 세력의 제거에 성공하였으나, 왕정복고가 이루어지지는 않은 채 김준 대신 임연이 권력을 장악하였다가 이듬해 원종 11년(1270) 무인정권이 부너지게 된다. 이에 대해서는 윤용혁, 「원종조의 대몽관계」 『고려 삼별초의 대몽항쟁』, 일지사, 2000, pp.117~121 참조.

31) 이색 찬, 「태고사 원증국사비」 『고려시대 금석문 탁본전』, 성균관대학교 박물관, 2005, pp.324~330.

32) 윤경진, 『고려 군현제의 구조와 운영』, 서울대학교 박사학위논문, 2000, pp.268~273 ; 박윤진, 「왕사·국사의 대우」 『고려시대 왕사·국사 연구』, 경인문화사, 2006, pp.198~205.

33) 恭愍王 五年 以普雨寓居 于迷原莊之小雪菴 陞莊爲縣 置監務 尋以地窄人稀 還屬于縣 (『고려사』 56, 지리지 양근현)

모두 출신지로서 인정되어 동일하게 행정구역 승격이라는 대우를 입기도 하였던 것이다.

마지막으로, 보우대사의 '내향'이라 하여 홍주가 목으로 승격된 시점에 있어서 기록간의 차이가 있다는 점을 지적하고자 한다. 즉 『고려사』 지리지에서는 홍주와 양근의 승격시기가 모두 공민왕 5년으로 되어 있는데, 『세종실록지리지』에서는 홍주목 승격 시기가 공민왕 7년으로 되어 있는 것이다. 그리고 이후 『신증동국여지승람』에서도 '공민왕 7년'을 채택하고 있다. 공민왕 5년(1356) 2월 공민왕은 보우를 왕궁의 내불당으로 초청하여 접대하고 법회를 개최하였다. 3월 봉은사에서의 법회는 성대하게 열렸으며 왕은 보우대사에게 가사와 수정염주 등을 시납했으며 보우대사에게 금자대장경(金字大藏經)의 조성도 부탁하였다. 법회가 끝나자 4월 24일 보우를 왕사에 책봉하였던 것이다. 보우가 공민왕의 만류에도 불구하고 양근의 소설산으로 돌아온 것은 공민왕 6년(1357)의 일이고, 보우가 국사로 책봉된 것은 신돈이 처형된 이후인 공민왕 20년(1371)의 일이다. 이렇게 보면 공민왕 7년의 시점은 보우가 양근에 머물고 있는 시점이어서 홍주와 양근의 승격이 이루어진 것은 아무래도 왕사 책봉이 이루어진 공민왕 5년(1356)의 시점이었다고 생각된다. 물론 양근이 먼저 승격되고 얼마가 지난 후 홍주의 승격이 이루어졌을 수도 있지만, 양근은 공민왕 5년, 홍주는 공민왕 7년이라는 것은 아무래도 자연스럽지 않다. 홍주목 승격시기를 '공민왕 7년'이라 한 『세종실록지리지』의 기록을 다시 보면 "공민왕 7년(정유)에 목으로 승격했다"고 하여, 공민왕 7년을 '정유년'이라 하였다. 그러나 실제 공민왕 7년(1358)은 무술년이며, 정유년은 공민왕 6년(1357)이어서 동일 기록 안에서도 모순이 있음을 알 수 있다. 따라서 홍주목의 승격 시기는 『고려사』 지리지의 기록대로 양근과 같은 시기인 1356년(공민왕 5)으로 보는 것이 좋을 것으로 생각한다.

5. 홍주목과 홍주읍성

전근대 홍주의 역사적 변천, 내포지역에서 홍주의 중심성 확보 과정을 파악하는 데 있어서 홍주읍성의 성립에 대한 문제는 잘 해명되어 있지 않은 주요 문제 중의 하나이다. 홍주읍성의 축성에 대한 기록이 남아 있지 않기 때문이다. 홍주읍성에 대해서는 조선 초의 지리서에 다음과 같이 극히 형식적인 언급만 남아 있다.

> 읍석성 : 둘레 533보 2척, 안에 샘이 하나 있는데 겨울이나 여름이나 마르지 않는다. (『세종실록지리지』 홍주목)
>
> 읍성 : 석축으로 되어 있으며 둘레 4915척, 높이 15척이며, 안에 샘 3개가 있다. (『신증동국여지승람』 19, 홍주목 성곽)

『문종실록』에 의하면 당시 홍주읍성의 둘레는 4,856척, 높이 11척, 여장 608, 성문 4개, 우물 3개가 시설되어 있다고 하였다.[34] 홍주읍성은 비록 부분적이기는 하지만 현존하는 읍성의 희소한 사례 중의 하나이다. 또 홍주가 가지고 있는 지역적 비중에 비추어서도 읍성의 축성에 대한 문제는 매우 궁금한 과제라 할 수 있다. 그러나 위와 같이 영세한 기록만으로는 알 수 있는 지식이 별로 없다.

홍주읍성에 있어서 우선적 과제는 축성 시기에 대한 문제이다. 『대동지지』에서는 홍주읍성이 원래 백제시대의 주류성이라 하였다. 홍주를 '본래 주류성'이라 한 것과 맥을 같이 하는 것이다. 이를 그대로 신빙하기는 어렵지만, 읍성의 연원이 매우 오랜 것임을 암시하는 것이라 할 수 있다. 『세종실록지리지』에 홍주읍성을 '읍석성'이라 한 것으로 보면, 홍주성은 적어도 조선 초기 세종조에는 이미 석성으로 건축되어 있었으며, 이 무렵 인근 연

34) 『문종실록』 9, 원년 9월 경자.

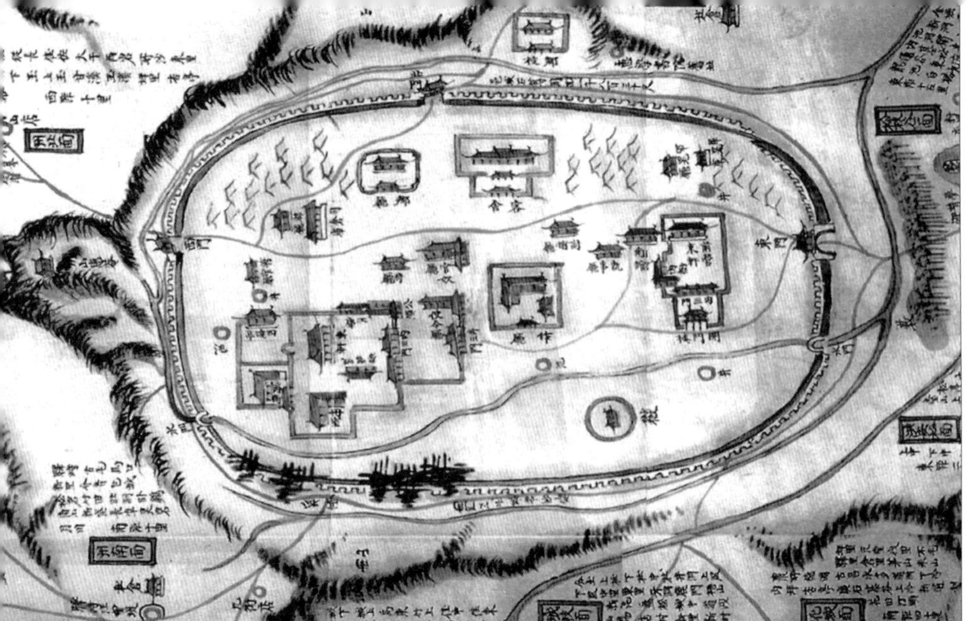

홍주읍성지도(규장각 소장)

해 지역에서도 읍성의 축성이 이루어졌을 것이다. 이러한 관점에서 『세종실록지리지』에 언급된 주변지역 읍성 사례를 제시하면 다음과 같다.35)

(결성) 읍석성 : 둘레 453보, 안에 우물이 있는데 겨울이나 여름이나 마르지 않는다.

(덕산) 읍석성 : 둘레 398보, 안에 우물이 하나 있는데 겨울이나 여름이나 마르지 않는다.

(대흥) 읍석성 : 둘레 244보, 안에 샘이나 우물은 없다.

(서천) 읍석성 : 운은산 밑에 있으며 둘레 160보 4척, 험하고 안에 우물이 하나 있는데 겨울이나 여름이나 마르지 않는다. 군창이 있다.

(비인) 읍석성 : 둘레 1,933척 8촌, 선덕 5년(세종 12) 청화역 동쪽에 축성하고 이어 현치를 옮겼다.

35) 충남지역 읍성의 축성에 대한 기록은 심정보, 『한국읍성의 연구』(학연문화사, 1995)의 부록(충남지방 읍성 및 고읍성에 관한 문헌기록)에 잘 정리되어 있다.

(보령) 읍석성 : 둘레 173보, 안에 샘이나 우물은 없다.

(남포) 읍석성 : 둘레 370보, 안에 우물이 셋 있는데 겨울이나 여름이나 마르지 않는다.

(해미) 현 동쪽 가야산 서쪽 1리 지점이며 병마도절제사영이 있다.

(태안) 읍석성 : 둘레 426보, 안에 우물이 둘 있는데 겨울이나 여름이나 마르지 않는다.

(당진) 읍석성 : 둘레 289보, 안에 샘이 하나 있는데 가물면 마른다.

(홍산) 읍석성 : 둘레 262보, 안에 우물이 둘 있는데 겨울이나 여름이나 마르지 않는다.

충남 서부지역 대부분에 해당하는 이들 지역에 읍성이 축성되는 것은 왜구의 침입이 그 직접적 요인이었다. 그리고 위에 정리한 읍성의 축성 시기는 세종대 혹은 그 이전의 시기라 할 수 있다. 기록상으로 보면 실제 고려 말의 축성 기록은 많지 않고[36] 우선 긴급한 임시적 조치로서 수(戍)의 설치가 주로 이루어졌다.[37] 그러나 다른 지역에서 보면 읍성의 축성은 고려 말에 진행되고 있었다. 황간읍성(1390), 금산읍성(1389), 울산읍성(1385), 경주읍성(1378 개축), 영천읍성(1382), 흥해읍성(1390), 영일읍성(1390), 영해읍성(1384), 언양읍성(1390), 상주읍성(1380, 1385), 성주읍성(1380), 선산읍성(1385), 진주읍성(1379), 함양읍성(1380), 김해읍성(1374), 합포성(1378), 안

36) 덕산에 치소를 둔 고려의 伊山에 왜구에 대비한 都節制使營이 설치된 것은 고려 말 충남지역 읍성의 축성 사례에 해당된다고 할 수 있다. 이산(덕산)에 도절제사영이 설치된 것은 최영의 건의에 의한 것이었으며 도절제사영의 설치는 곧 읍성의 축성을 수반한 것으로 생각되기 때문이다. 이산의 군영은 조선 태종 16년(1416) 태종의 명에 의하여 이전되고 이산의 옛 군영은 덕산현의 치소가 되었다. 이에 대해서는 『신증동국여지승람』 19, 덕산현 고적조 참조.

37) 서주방호소(서산), 이산수(덕산), 장암수(서천) 등이 그것이다. 차용걸, 「고려 말의 왜구에 대비한 置戍와 축성」 『고려 말·조선전기 대외관방사 연구』, 충남대학교 박사학위논문, 1988, pp.10~13 참조.

동읍성(1380), 영덕읍성(1389), 장흥읍성(1392), 평해읍성(고려 말), 전주읍성(1388), 삼척 오화리성(1384), 울진읍성(1391), 기장읍성(1391), 해주읍성(1391), 옹진읍성(1391) 등이 그 예이다.[38]

충남의 경우 고려 말 축성의 사례는 기록에 거의 보이지 않고 있지만, 태안 순성진의 경우는 고려 말에 축성이 이루어진 예가 있었을 것임을 암시한다. 태안은 공민왕 22년(1373) 왜구로 인한 심각한 피해를 입었으며 이로 인해 태안군민들은 수령과 함께 인근의 서산 혹은 예산 등지로 전전하다 공양왕 2년(1390) '순제(蓴堤)'라는 성보를 쌓고 "해적의 방어에 대비하며 겸하여 군의 행정을 맡아 다스렸다."[39]

위에 정리한 충남 연해 읍성 가운데 당진읍성의 경우는 세종 9년(1427) 12월, 비인읍성과 보령읍성은 세종 12년(1430) 10월, 면천읍성은 세종 21년(1439) 11월, 세종 27년(1445) 8월 남포읍성, 그리고 한산은 '한산군 산성'이 문종 원년(1451) 축성된 것임이 밝혀져 있다.[40] 세종조에는 다른 어느 시기보다 적극적인 연해읍성의 축성 작업이 이루어졌다는 점에서 충남 연해 지역의 읍성도 대개 선초 세종조의 작업 결과라는 사실을 인지할 수 있다. 차용걸 교수는 고려말 조선 전기 읍성의 축성 결과를 종합적으로 검토한 결과 충청도의 경우 14개의 연해읍 가운데 아산 · 직산 · 평택을 제외한 11개 지역에 읍성이 축성되어 78.6%의 축성율을 보인다고 정리하였다.[41] 경상 · 전라 · 강원도의 모든 연해읍성이 전부 읍성 축조가 이루어졌다는 것과,[42] 아산 · 직산 · 평택은 아산만 연해지역으로서 왜구의 침입에서 상대적

38) 차용걸, 위의 논문, pp.18~27 참조.

39) 『신증동국여지승람』 19, 태안군 궁실, 남수문의 기문.

40) 『세종실록』 해당연월의 기록 및 차용걸, 「태조 · 태종 · 태종대의의 대왜 鎭戍와 축성」 『고려 말 · 조선 전기 대외관방사 연구』, 충남대학교 박사학위논문, 1988, pp.65~83 참조.

41) 차용걸, 위의 책, pp.139~141 참조.

42) 자료에 의하면 경상도의 경우 23개, 전라도 24개, 강원도 8개 연해읍 모두가 100%의

으로 안전한 곳이었다는 점을 감안한다면 조선 전기에 이르러 연해읍성 축성은 정부의 일관된 정책에 의하여 이루어진 것임을 알 수 있다.

조선 전기에 일단의 완성을 보는 연해지역 읍성 축조의 내용을 『신증동국여지승람』을 중심으로 간략히 정리하면 다음과 같다.[43)]

조선 전기 충남 연해읍성의 축성 상황

읍성명	둘레(척)	높이(척)	정천(井泉)	축성연대
홍주읍성	4,915	15	천 3	고려 말(?)
서천읍성	3,525	10	천 5, 지 2	세종조
서산읍성	3,710	12	小溪 流入	성종 6년(1475)
태안읍성	1,561	12	정 4	태종 17년(1417)
면천읍성	3,002	15	정 2	세종 21년(1439)
덕산읍성	2,655	9	정 2	고려 말
대흥읍성	1,115		정 1	
홍산읍성	1,030	7	정 2	
비인읍성	3,505	12	정 3	세종 12년(1430)
남포읍성	2,476	15	천 3	세종 27년(1445)
결성읍성	3,325	9	정 6	문종 원년(1451)
보령읍성	2,109	12	정 3	세종 12년(1430)
해미읍성	3,172	15	정 3	태종조
당진읍성	1,954	8	정 2	세종 9년(1427)

위에서 충남 연해지역 읍성의 축조 상황을 검토한 대부분은 세종대를 전후한 시기에 이루어지고 있고 태종 17년(1417) 축성된 태안읍성은 빠른 시

축성률을 보여주고 있다. 차용걸, 위의 책, pp.139~141 참조.

43) 이 표는 차용걸, 위의 책, pp.136~139의 <15세기 하삼도 연해읍성 실태표>와 심정보, 『한국읍성의 연구』, 학연문화사, 1995, p.344의 표 <지리지에 수록된 읍성의 분포 및 규모>를 이용하여 작성한 것임.

현재의 홍주읍성

기에 속한다. 그런데 홍주읍성의 축조가 어느 시기에 이루어진 것인지는 여전히 잘 파악하기 어렵다. 순조 23년(1823)에 성을 수리하고 이듬해 세운 수성기적비(修城紀蹟碑)에서는 홍주읍성이 "언제 쌓은 것인지 알지 못하지만 성을 복원한 것은 거의 수백 년"이라고 하여,[44] 그 축성에 대한 사실이 이미 오래 전에 묻혀버렸음을 말하고 있다. 홍주읍성의 경우도 다른 연해지역과 같이 세종조에 이루어졌을 가능성을 생각할 수 있지만, 만일 이때 축성이 이루어졌다면 홍주의 경우 읍성의 규모나 지역의 위상에 비추어볼 때 기록이 없다는 것은 이해하기 어렵다. 이것은 홍주읍성의 축성이 세종대가 아닌 그보다 훨씬 이전, 고려시기에 이루어진 것임을 반영하는 것이라고 생각된다.[45] 이미 오래 전에 축성된 성이기 때문에 후대에 별다른 축성 기록이 남

44) 鎭將 金啓默, 목사 李憲圭에 의하여 수리되었으며 읍성의 수성기적비문은 『충청도읍지』 33, 홍주목 및 이남석·조원찬, 『홍성의 문화유적』, pp.64~66 참조.

45) 심정보 교수는 특별한 논의는 생략하고 있지만, 홍주읍성의 축조 시기를 '고려시대'로 표시하고 있다. 문헌적 근거는 없지만 제반 상황에서 여타 연해읍성에 앞서 일찍이 읍성

지 않게 되었다는 것이다.

고려 말 이후 조선 초에 연해지역에 대한 읍성의 축조는 왜구에 대비한 새로운 전략의 변화에 의거한 것이었다. 종래 산성에 치소를 설치하고 유사시 성에 입보하여 란을 피하던 방식이 왜구 침입 이후 비현실적인 방책임이 인식되기 시작하였고 특히 고려 후기 이후 저습지 간척에 의하여 저지대 연안지역의 농지가 크게 확대됨으로써 산성 입보가 왜적에 대한 현실적 대책이 되지 못하였기 때문이다. 이 기간 유독 홍주읍성만이 축성의 기록이 누락되어 있는 것은 홍주읍성은 이미 수축되어 있었기 때문이라고 생각된다. 그 이유는 홍주목이 가지고 있는 지역 거점 도시로서의 특성 때문일 것이다. 거점도시로서의 특성상 주변 지역과의 교통 및 공간 사용의 편의성이 확보되어야 하고, 이 경우 다른 군현과 같이 산성에 치소를 두어서는 그 기능을 담당할 수 없기 때문이다.

연해읍성의 축성 이전 신라 혹은 고려시대에 있어서 평지 읍성의 존재는 지방의 주요 거점 도시에서 실행되고 있었다. 가령 통일신라시대 경주 혹은 9주 5소경의 여러 도시들이 평지성을 구비하고 있었다는 점도,[46] 고려시대 홍주가 충청 서부지역의 거점으로 부각되면서 이에 상응하는 읍성을 설치하였을 가능성을 암시한다. 다만 현재 홍주읍성은 여러 차례의 수성을 거듭한 것이고 이에 따라 축성의 범위도 고려시대에 비하여 확대된 것으로 추측된다. 특히 순조 23년(1823)의 축성은 현재 홍주읍성의 직접적 조형을 이루며 대대적인 개축이 이루어진 것이었다. 홍주읍성이 치소로서 고려시대까지 그 역사가 소급된다는 점을 감안할 때 홍주읍성 내에서 신라 말 고려초의 토성 유구가 확인된 사실은 여러 가지 점을 시사한다.[47]

이 축성되어 있었을 것으로 보는 견해라 생각된다. 심정보, 『한국읍성의 연구』, 학연문화사, 1995, p.344의 표 참조.

46) 박태우, 「통일신라시대의 지방도시에 대한 연구」 『백제연구』 18, 1987.

47) 발굴조사는 백제문화재연구원에 의하여 2006.11.27~2007.2.24에 걸쳐 실시 되었

문제의 신라 말 고려 초의 토성 유구는 심하게 파손된 상태이기는 하지만 무엇보다 신라 말 운주성주 긍준과 연결할 수 있는 고고학적 자료의 확인이라는 점에서 그 의미가 크다. 호족이 갖는 군사적 성격상 운주성주 긍준이 성을 구비한 특정의 공간을 치소로 삼고 있었을 것은 물론이다. 이 토성 유적은 신라 말 고려 초의 치소가 바로 홍주읍성과 부분적으로 겹치는 읍성의 남측 구릉지라는 사실을 확인해준 셈이다. 이 토성은 나말여초 긍준의 정치적 중심공간이었을 것이고, 전투가 벌어지는 시점에서의 수성 공간은 별도의 좀더 험한 요지의 성곽이었을 가능성이 있다. 또 고려의 정치 상황이 안정되고 지방제도가 정리된 시점에서의 홍주 치소는 긍준의 거점보다 더 넓은 성외의 다른 공간으로 이전되었을 것이다. 홍성읍 월산리 일대의 건물지가 안정기의 홍주 관아 관련 시설의 일부였을 가능성이 높다고 생각된다.[48)]

6. 맺음말

본고는 신라 말 이후로부터 고려시대에 걸쳐 홍주의 등장 및 그 변천을 홍주읍성과의 관계 속에서 검토한 것이다.

다. 유적 및 출토유물에 대한 자료는 백제문화재연구원, 『홍주성 의병공원 조성부지 1차 문화유적 발굴조사보고서』, 2009를 참조함. 필자는 홍주읍성 내 신발견 토성 유구를 나말여초의 호족 운주성주 긍준의 치소로서 주목한 바 있다. 이같은 가능성이 부정되는 것은 아니지만, 홍주지역에서 통일신라시대 이후 일정한 행정적 기능이 요구되고 있었던 점에 비추어, 토성 유구는 반드시 긍준의 치소로서만이 아니라 신라 말 해풍현(홍주의 전신)의 치소일 수도 있으므로 그 성격을 좀 더 포괄적으로 검토해야 할 필요성을 느낀다.

48) 윤용혁, 「나말여초 홍주의 등장과 운주성주 긍준」 『한국중세사연구』 22, 2007, pp.30~31.

본고에서 검토된 사항을 간략히 요약하면 다음과 같다.

첫째, 행정단위로서 홍주의 등장은 통일신라 9세기 전후시기부터로 추측되며, '해풍'이라는 홍주의 군현명은 바로 운주 이전, 통일신라시대의 행정구역명으로 추측된다. '해풍'은 원래 '해풍향'에서 발전한 것으로 보이며 799년 조성의 용봉사 마애불은 8세기 이후 홍주의 성장 과정을 말해주는 자료로 생각된다. 용봉사 마애불에 등장하는 대사 관등 '장진'이라는 '관인'은 아마 홍주지역의 수령이었을 것으로 추측한다.[49]

둘째, 고려 초 제작으로 추정하는 용봉산의 마애불은 나말여초 운주의 발전을 증명하는 자료이며, 이 불상의 조성에는 당시의 운주성주 긍준이 배경이 되었을 것으로 추측한다. 조성의 시기, 자료의 조성 위치에서 이를 짐작할 수 있다.

셋째, 홍주읍성의 축성 시기는 현재 불명한 상태로 있지만, 홍주의 도시적 성장과정에서 고려 전기에 축성한 것으로 보았다. 충남지역 대부분의 연해 읍성이 세종조를 전후한 시기에 조성되고, 그에 대한 기록이 남아 있는데 대하여 유독 홍주만이 기록에 보이지 않는 것은 홍주읍성의 조성이 그보다 훨씬 이전에 이루어진 것임을 입증하는 것으로 생각되기 때문이다. 이후 지속적인 개수가 있었고, 순조 23년(1823) 현재의 모습과 같은 대대적 개축이 이루어졌다. 홍주읍성 축성 이전인 신라 말 고려 초의 시기에도 홍주읍성의 전신이라 할 토축의 유구가 있었다는 점도 홍주읍성의 역사와 관련하여 유의해야 할 점이다.

* 본 논문은 『전통문화논총』 7(2009, 한국전통문화학교)에 실린 것임.

---

49) 만일 장진이 799년 당시 홍주의 수령이었다면 그는 해풍현의 현령이었겠지만, 현재로서 이를 확언하기에는 어려운 점이 없지 않다. 따라서 만일 799년의 시점이 '해풍현' 성립 이전이라면 장진은 홍주지역을 관할하는 인근 主縣의 수령이 될 것이다.

제1부 내포의 역사와 유적

제3장
예산 향천사의 역사와 유물

1. 머리말

예산은 고려시대의 오산(烏山)이다. 이 '오산'이라는 지명은 신라시대 '고산', 그리고 고려 초에 '예산'이라는 지명으로 바뀌었기 때문에, 사라진 지 이미 오래 되었다. 그러나 예산의 진산인 '금오산'은 바로 백제 때 예산의 원 이름이 흔적으로 남겨져 있는 지명이다. 이 금오산 기슭, 아늑한 곳에 향천사가 자리한다. 시내에서 매우 가까운 거리임에도 산 속 깊은 곳에 들어온 듯한 느낌을 주는 절이다.

향천사 창건설화는 예산의 개창 설화와 겹쳐 있다. 이러한 의미에서 금오산 향천사는 예산의 역사성을 상징적으로 담고 있는 존재이다. 향천사는 크다고 할 수 없는 규모의 절이지만, 아름다운 주변 풍광과 함께 석탑, 불상, 부도 등 약간의 유물이 전해지고 있다. 그 위치상으로 보아 예산 역사와 밀접한 관련이 있었을 터이지만, 전해지는 옛 사료가 거의 없는 실정이어서, 마치 집을 잃은 미아처럼 그 역사성이 명확히 확인되지 않고 있다.

이러한 여건이지만 13세기의 저명한 문장가 이규보(1168~1241)의 향천사 관련 시가 남아 있고, 1952년에 작성한 필서본 『향천사사적(香泉寺事蹟)』[1]이 있는 것은 그나마 다행이라 할 것이다. 본고에서는 이들 자료를 바탕으로, 향천사의 역사를 복원하는 한편 향천사에 전존하는 약간의 유물에 대한 고찰을 통하여 그 역사성에 접근하여 보려고 한다.

2. 향천사의 기원 설화와 중수 역사

예산 향천사의 기원에 대해서는 다음과 같은 잘 알려진 설화가 전한다.

> 백제 의자왕 12년 곧 653년에 의각대사(義覺大師)가 당나라에서 단향목으로 된 삼존불과 돌부처 3,053채, 돌나한 60채를 배에 싣고 와 지금의 예산읍 창소리인 오산현 석주포(石舟浦)에 닻을 내렸다고 한다. 그리고 석 달 동안 예불하고 절 지을 자리를 찾아다니던 의각대사가 어느날 금빛 까마귀 한 쌍이 나는 것을 보고 따라갔더니 그곳에 맑고 향기로운 샘물이 있더라는 것이다. 의각대사는 바로 그 자리에다 향천사를 세우고 산 이름을 금오산이라 붙였다 한다.[2]

> 예산읍 향천리 57번지에 향천사라는 고찰이 있다. 예산읍에서 동북쪽 약 2km 떨어진 곳 향로봉 아래에 있는 이 사찰은 백제 말 의자왕 16년(656) 당대의 고승인 의각스님에 의해 창건되었다.
>
> 향천사의 유래는 의각스님이 3,053위의 부처님을 모실 장소를 걱정하고 있는데 한 쌍의 황금빛 까마귀가 배 주위를 돌다가 사라지자 이를 기이하게 여긴 의각스님이 까마귀를 따라가 보니 남쪽으로 날아가서 지금의 향천사 위치에 내려앉았

1) 『香泉寺事蹟』은 2010년 향천사 주지 경담스님으로부터 사본을 제공 받은 것인데, 분량은 21帳, "檀紀 4285年 8月4日 朴淸應大師 親筆을 其子 朴藤銃 謄書本 更爲謄寫 4292年 陰3月20日也"라고 책의 말미에 기재되어 1952년 작성된 자료임을 알 수 있다.

2) 뿌리깊은나무, 『한국의 발견-충청남도』, 1983, p.192.

다. 또 따라가 보았더니 어둡도록 우거진 나무그늘 아래서 낙엽을 헤치고 물을 찍어 먹고 있었다. 그곳은 낙엽에 뒤덮인 약수샘이었고 그 약수에서 나는 좋은 향기로 온 산골이 그윽하였다.

의각스님은 그 까마귀가 부처님 모실 곳을 인도하였음을 깨닫고 이곳에 절을 지어 3,053위의 부처님을 모시어 향천사라 하였다. 또 의각스님이 3,053위를 옮겨 모실 때 흰 소가 홀연히 나타나 큰 수레를 끌고 와서 날라주고는 절 동구 밖에 나가서 고함을 지르며 해탈을 했다고 한다.[3)]

이들 자료에 의하면, 한결같이 향천사의 창사가 백제 말, 의자왕 대이고 불상은 당에서 가져온 것으로 되어 있다. 향천사를 창건하였다는 백제 말

書使還國할새佛像을石舟에侍載하고浮海
하야至百濟烏山縣北浦海岸着하야繫舟數
月經過한故로浦名을石舟浦라云한다(今忠清
南道禮山郡新岩面倉所里)舟中에서晨昏에禮佛
하는鐘磬이江村에撓撓한故로村名을鐘磬이라
云한다金烏一雙이飛來하야引坐于本縣南山艮
溪之上하야烏自隱跡이어늘師乃卜基하니今
香泉寺라因하야山名을金烏라하다朝에奏
하야旨를奉하고堂殿舍宇構成하야佛像을
奉安할새朝野에淨信檀越이傾心應助러라一朝
에有人이牽白老牛一頭而來助하야佛像을馱而
奉搗하야至第七日完了罷하고牛乃力盡하야喊聲
을大叫而至洞口岩上死하니牛巖名을因爲高喊
岩이라云한다(今香泉里洞邑)師ㅣ慨然慰之
하야以說土因緣火葬施러니後三日에牛現於金烏
山英谷之間에曉然吃草어늘人而欲追不及하고
二

『향천사사적』(1952)

3) 오성장학회, 『예산의 맥』, 1991, pp.27~28.

의 의각스님에 대해『향천사사적』에서는 '신라 문무왕 16년'(676)에 78세의 나이로 입적하였다고 하였다. 백제 법왕 원년(599) 출생이라는 이야기이다. 이 자료에 의하면 의각스님은 신장이 8척이나 되는 인물로, 의자왕 12년(652) '신라 무열왕의 난'을 피하여 일본에 들어가 나니와[難波]의 백제사(百濟寺)에 있다가 당나라 오자산(五子山)에 들어가 "3,053위의 불상, *단향(*檀香) 불상, 미타 · 관음 · 세지 3위 존상과 나한석상 36위를 조성하여" 예산에 들어와 향천사를 창건한 것이 의자왕 16년(656)이라 하였다.[4] 또 의각대사에 의하여 조성된 불전은 "천불전, 비로전, 요사(僚舍) 20여 칸"이라 하였다.[5]

『향천사사적』에는 백제 의각스님에 뒤이어 신라통일 직후 '도장선사(道藏禪師)'가 등장한다. 백제 도장스님은 신라 신문왕 8년(688) '무열왕 난을 피하여' 일본에 들어가 활동하다 효소왕 원년(692) 귀국한 인물로 되어 있다.[6] 도장은 조정에 건의하여 절을 수리하였는데, 조정에서 '백금을 많이 내려' 그 비용을 충당하였으며 그 시기는 신라 효소왕 7년(698)이라 하였다. 이때 극락전, 동 관음전, 서 비로전, 동선당(東禪堂), 서선당(西禪堂), 향적전(香積殿), 향설루(香雪樓)를 새로 짓고, 6년 전에 지어진 은적암(隱寂庵)에 더하여 서운암, 관음암, 부도전, 나한전을 짓고, 금오산 밖 북령(北嶺)에 타라사(陁羅寺), 병오암(並五庵)을 지었다는 것이다. 규모는 도합 4백여 칸이 되었다고 한다. 98세에 입적한 도장스님은 사리가 1백여 개였고, 부도탑을 절의 서쪽에 남겼다고 하였다.[7]

『향천사사적』에서는 이후 고려조에 이르러 명종 23년(1193) 지눌화상에게 절을 중수하도록 하였다고 하였고, 임진왜란 때 전국에서 승병이 일어나자

4) 『香泉寺事蹟』 1-3장.

5) 『香泉寺事蹟』 4장.

6) 연대가 잘 들어맞지는 않지만 '무열왕의 난'이란 무열왕에 의한 백제 정복의 사실을 가리키는 것으로 보아야 할 것이다.

7) 『香泉寺事蹟』 3-4장.

향천사 천불전 내부의 불상

향천사에서는 혜희(慧希) 멸운대사(滅雲大師)가 승려 50인을 모아 승 영규(靈圭)에 합류하였다가 전투 이후 귀환하였으나 이때 향천사는 불태워지고 천불전만 남았다고 한다. 이에 근근히 백여 칸을 회복하고 불상을 다시 봉안하였다. 숙종 18년(1692) '서적(西賊)의 무리'들이 출몰하여 향천사는 극락전을 비롯하여 일체가 불태워지고 뜰에 있던 '12층 석탑'도 훼손되었다는 것이다. 천불전만은 화를 면했다고 한다. 이에 쌍기화상(雙奇和尙)이 주석하던 숙종 19년(1693)부터 거사 관능(寬能)과 사당(舍當) 각심(覺心)이 출연하여 중건에 착수, 이듬해 준공하였는데 극락전, 동서 선당, 노전(爐殿), 향적전만 중건되었다. 순조 원년(1801) 화재로 절이 모두 불탔는데, 절 부근에 살던 권씨 등이 불에 뛰어들어 불상 3위와 후불탱, 지장탱을 구하였다고 한다.[8] 그러나 이때 길이 40여 척, 폭 20척이 된다는 괘불은 재난을 면하지 못하였다. 이후 헌종 3년(1837) 석가모니불 괘불탱, 극락전 후불탱, 중단(中壇), 지장탱 등을 조성하여 모셨다고 하였다. 중수와 훼손은 이후에도 되풀이 되었으며 금오산의 임야를 조병갑(趙秉甲) 혹은 왕실(李王)에서 차지하는 등 곡절이 있었다고 하였다.

위의 의각대사, 혹은 도장선사의 자료는 시기가 상응하지 않으므로 이를 그대로 신빙하기는 어렵다. 후대의 자료도 앞뒤가 상충하는 점이 있다. 이 같은 문제점이 인지되는 것은 사실이지만 위의 자료는 후대 향천사의 중수

8) 『香泉寺事蹟』에서는 이 권씨의 후손 30여 호가 절 부근에 거주하고 있다고 하였다.

와 관련된 사실을 일정하게 반영하고 있는 것으로 생각된다.

3. 고려시대의 향천사와 이규보의 시

향천사의 백제시대 창사설은 아직 확증될만한 자료가 없지만, 창사 설화와 위치 등이 범상하지 않으며, 이점에서 관련 자료의 출현을 기다려볼 만하다. 백제시대 창사가 아니었더라도 불교가 훨씬 일반화되었던 통일신라기에는 아마 향천사가 성립되어 있었을 것으로 생각된다. 그런데 이 향천사가 전성기를 맞았던 시기는 고려시대였던 것 같다. 이점은 현재 경내에 남아 있던 고려석탑에 의해서도 입증되는 바이지만, 다행히 이와 관련한 약간의 자료가 확인된다. 13세기 초 고려 무인정권시대에 문명(文名)을 떨쳤던 이규보의 관련 시(次韻聆首座寄林工部 幷序)가 그것이다. 우선 여기에 번역된 시의 전문을 소개한다.[9)]

우리 스님은 중들 중에 장로(長老)로서
이 세상에 참으로 주도(洲渚)가 됐네
큰 바다가 겹겹이 둘러쌌지만
높은 곳에는 파도가 미치지 못하네
제단을 얻은 뒤로는
만사에 아무 생각 없네
외롭고 높은 생각 속세를 초탈했으니
세상을 얕보는 것이 지허(支許)의 짝이구나
천자의 초빙을 받아
오래도록 깊은 산을 이별 했네

---

9) 번역은 민족문화추진회, 『국역동국이상국집』 제2권, 1980에 의함.

흐르는 물은 옛 물가가 그립고
구름만 보아도 옛 터전이 생각 나네
두루마기를 하사한 은총을 받았으나
몸에는 부스럼과 혹이 난 것만 같아
더욱 싫은 것은 세상 사람의 국량이 좁아
마치 먼 일가붙이가 갇힌 것같이 보네
산을 좋아하기는 사슴과 같지만
달을 건지려는 원숭이는 아니네
향천(香川)은 옛날에 있던 곳인데
구름과 물이 잘 있는지
두어간 집을 한스럽게 바라보니
반쯤은 쓸어져 바위 머리에 기댔구나
혼자 말했네 당장이라도 쫓아가서
산신령에게 부끄럼을 사과해야겠다고
꿈이 몸보다 먼저 떠나
만리에 살랑 바람을 따라 갔네
훌쩍 떠나고 싶지 않아서가 아니라
세상 형편 때문에 짐짓 머뭇거리는 거지
오솔길에 풀이 우거진 지 오래 되었으니
양구(羊求) 같은 이도 찾아오지 않겠구나
옛 우물에는 오동잎이 가득하고
무너진 섬돌엔 이끼가 끼어 있네
간혹 걱정이 되네 나무꾼들이
낙락한 소나무를 베지나 않을까
또 애석 하구려 수풀 밑에 샘물을
아무나 마시게 내버려 두었네
경실은 짐승 우리처럼 지저분하고
길가에 풀은 멋대로 우거졌구나
시냇가에 차 따는 사람이 없어

아예 다원(茶棕)에 들어오지 않네
여보 스님 무엇이 그리도 그리워
그 흰 눈썹을 펴지 못하시나요
새들의 보금자리에 비유하면
여기는 조롱에서 뛰쳐나온 격이고
고기 노는 데에 비유하면
여기는 낚시에 물리지 않는 격일세
얇은 구름은 비단을 펴놓은 듯하고
괴석은 옥을 진열해 놓은 듯하네
땔나무를 무엇으로 사용 했길래
마른 나무가 소를 가릴 만큼 컸는가
지금 귀에 쟁쟁한 것은
학과 비둘기의 울음일세
티끌이 묵봉발(墨峰髮)에 침범하는 게
스님의 제일 큰 걱정이네
매양 불전(佛殿)을 짓는데는
대리석으로 담을 쌓고 잡석은 쓰지 않으려 했다.
물을 향해 푸른 물이 아자(亞字) 모양으로 달렸고
바위에 의지해 붉은 누가 솟았구나
가운데 부처님 모신 방을 꾸미고
채색 기둥에는 교룡을 새겼구나
매우 튼튼하고 웅장하게 지었으니
이만하면 도솔과 우두에 비기겠지
이 뜻을 오래도록 잊지 못했을 적엔
산과 물도 근심을 하였다오
임공은 참으로 훌륭한 사람일세
신비한 지혜는 육안구(六眼龜)와 같아
공사(公事)를 끝내고 이 절에 와서

이 구석 저 구석을 모조리 탐사했지
순식간에 높은 집을 깨끗이 수리하니
새가 날고 꿩이 나는 듯해
상상해 보니 불전(佛殿)의 벽에는
천인이 활과 창을 들고 섰겠지
옛날부터 절을 지을 때에는
의례 원님이 짓기 마련일세
나는 들으니 옛날 두타사가
초도(楚都)의 제일 큰 절이라 하네
방은 공강하(孔江夏)가 치장했고
마루는 채영주(蔡郢州)가 장식했다
이들이 법사를 도와서
절을 지어 천추(千秋)에 전했네
층헌(層軒)에는 단청으로 훤칠하게 아로새겼고
깊은 불전에는 부처님 얼굴이 자비롭구나
또 들으니 장유후(章留後)는
우연히 폐사에 구경 갔는데
세존도 티끌에 파묻혀 있고
옛 법당에는 바람만 쓸쓸하더라네
절의 중들은 원님을 뵈옵고
쉴새 없이 사정을 하소연하니
장공(章公)이 병사를 돌아보고 명령하여
절간을 깨끗이 수리해 주었다오
그 거룩한 이름 글로 전해서
천년이 지나도 그대로 뚜렷하네
이분들을 다시 만날 수 없으니
이 일을 누가 다시 맡아할거나
오직 스님과 임공(林公)이 있어서

그 이름 옛사람보다 훌륭하네
나는 본래 알뜰하지 못해서
아까운 살림이라곤 오추(五楸)도 없다네
기어이 앞으로 스님을 따라가서
함께 불공을 드릴 계획일세(『동국이상국집』 권8, 고율시)[10]

우리는 이규보의 이 시를 통하여 고려시대 향천사에 대한 몇 가지 사실을 확인할 수 있다. 우선 고려시대의 향천사는 이름 있는 스님이 기거하였던 비중 있는 절이었다. 이규보와 교유하였던 '령 수좌'로 표현된 그 스님은 일찍이 예산의 향천사에 기거하며 몸을 붙이고 있었고, 수도 개경에 올라와 영향력을 가졌던 시기에도 예산에서의 그 기억을 잊지 못하고 있었던 것이다. 시를 짓게 된 연유에 대해서는 다음과 같이 적고 있다.

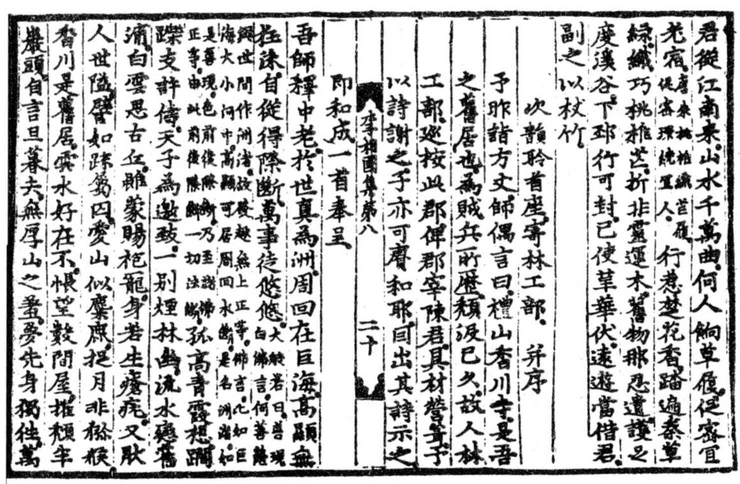
君從江南來山水千萬曲何人餉草履促齋宜
芒屩唐朱桃椎織芒屩促客環繞置人行惹楚花香踏遍秦草
綠纖巧挑稚芒折非靈運木屐物那忍遺護之
度溪谷下邛行可封已使草華伏遠遊當借君
副之以杖竹
次韻聆首座寄林工部 幷序
予昨詣方丈師偶言曰禮山香川寺是吾
之舊居也爲賊兵所歷頹沒已久故人林
工部巡按此郡俾郡宰陳君具材營葺予
以詩謝之予亦可賡和耶因出其詩示之
李相國集第八 二十
即和成一首奉呈
吾師釋中老於世眞爲洲周回在巨海高顚無
狂誅自從得際斷萬事徒悠悠大般若曰善現白佛言何善能
謂世間作洲渚故發趣無上正等佛言如巨海大小河中高顯可居周回水斷是名洲渚如
是善現色前後際斷乃至一切法諸佛正等由此前後際斷加法斷
蹤支許儔天子爲邀致一別煙林幽流水戀舊
濟白雲思古丘雖蒙賜袍龍身若生瘡疣又眈
人世隘譬如跰蠻囚愛山似麋鹿捉月非獼猴
香川是舊居雲水好在不悵望數間屋摧頹牢
巖頭自言且暮夫無厚山之畫勞先身獨往萬

이규보, 『동국이상국집』의 향천사 시

10) 시의 본문에 달린, 불교 교리와 관련한 細註는 생략하였다.

내가 어제 방장(方丈)에 나갔더니, 스님이 우연히 말씀하기를 "예산의 향천사(香川寺)는 예전에 내가 있던 곳인데, 적병이 지나간 까닭으로 퇴락한 지가 이미 오래 되었다. 그런데 친구인 임공부가 이 고을에 순안사로 나가서 그 고을 군수 진군(陳君)으로 하여금 재목을 구하여 수리해 주도록 했다. 그래서 내가 지금 시를 지어 사례했으니 자네도 화답해 줄 수 있는가?" 하며 그 시를 꺼내어 보여주기에 즉석에서 화답해 바쳤다.[11]

향천사는 지방의 절로서 일정한 비중을 가지고 있었지만, 12세기 말 경에 '적병(賊兵)'으로 인하여 불타고 퇴락하고 말았다. 여기서 말하는 이 '적병(賊兵)'이라는 것이 무엇을 지칭하는 것인지 얼른 짐작되지 않는다. 이 적병이 외적을 가리키는 것인지, 아니면 민란적 성격의 군사집단이었던 것인지도 생각해보아야 할 문제이다.

퇴락한 향천사는 13세기 초 '임공부(林工部)'의 충청지역 순안사(巡按使) 파견을 계기로, 예산 군수로 있던 진씨(陳氏) 수령에 의하여 다시 보수되었다. 향천사의 고려시대 건물의 규모는 오늘날과 비슷한 비교적 단촐한 규모였던 것 같다.

그 밖에 '향천'[12]이라는 이름, 숲 속의 샘물(우물), 훌륭한 소나무 숲의 주변경관, 계곡수가 흘러내리는 시내 등이 언급되어 있다. "오솔길에 풀이 우거진지 오래 되었으니" "옛 우물에는 오동잎이 가득하고" "무너진 섬돌 위엔 이끼가 끼어 있네" "나무꾼들이 낙락한 소나무를 베지나 않을까" "수풀 밑에 샘물을 아무나 마시게 내버려 두었네" "시냇가에 차 따는 사람 없어". 13세기 향천사의 모습을 다소나마 연상하여 볼 수 있는 자료이다. 여기에서 향천사에 대한 중요한 소재를 찾아보면, 오래된 우물, 맛있는 샘물, 시내,

11) 이규보, 『동국이상국집』 8, 「次韻聆首座寄林工部 幷序」.

12) 이 시에서는 향천사의 한자 표기가 '香川寺'로 되어 있다. 그러나 '예산 향천사'라 한 것으로 보아, '香泉寺'에 해당하는 것임을 알 수 있다.

낙락한 소나무, 오동, 차 등이다.

『향천사사적』에 의하면 의각대사 시절 향천사 절이 이루어진 후 금오산 아래 금까마귀(金烏)가 다시 나타나 샘물을 쪼아마시므로 그 샘에서 향기가 계속 뿜어져 나와 '향천(香泉)'이라는 이름을 갖게 되었다는 것이다. 향천사는 지금도 절 주변의 계곡에 몇 개소의 샘이 있으며, 주민들이 식수를 길러 가는 명소로 되어 있다.

4. 1176년 손청의 민란과 향천사

향천사는 12세기 말경의 병란으로 소실되고 퇴락하였다. '적병(賊兵)'의 소행으로 묘사된 이 사건은, 역사적으로 과연 언제 어떤 사건을 말하는 것인지 궁금한 일이다. 이에 대하여 우선 외적의 침입 가능성을 생각해 본다.

12세기 말, 13세기 초에 있어서 외적의 침입은 고종 3년(1216)부터 3년간에 걸친 거란유족(契丹遺族)의 고려 침입사건이 있었다. 거란족은 수도 개경을 위협하고, 철원 원주 등지를 거쳐 제천 등 충북지역까지 남하하였지만, 이들이 당시 충남지방에 이르렀다는 기록은 없다. 따라서 향천사를 불태웠던 '적병(賊兵)'이 외적일 가능성은 일단 희박한 것으로 보인다. 다음, 이 시기 민란 등에 의한 내부적 전란 가능성을 검토하면, 다음과 같은 기록을 확인할 수 있다.

> [고려 명종 6년(1176) 9월] 남적(南賊)이 예산현을 함락시키고 감무를 죽였다.[13)]
> (명종 6년 11월) 남적(南賊)의 우두머리 손청(孫淸)이 스스로 병마사라 칭하였다.[14)]
> [명종 7년(1177) 2월] 가야산의 적괴 손청을 죽였다.

13) 『고려사』 19, 명종세가 6년 9월 신해.

14) 『고려사』 19, 명종세가 6년 11월 임인.

향천사 극락전

1176년(고려 명종 6)은 유명한 공주 명학소에서의 망이, 망소이의 민란이 일어났던 시기이다. 이 민란은 무신정권하, 이후 창궐하게 되는 삼남 농민봉기의 단초를 여는 것으로서 그 역사적 중요성이 자주 강조되어 왔다. 이 명학소민의 봉기에 호응하여, 충남 서부지방 예산에서는 손청(孫淸)이라는 인물이 일어나 강력한 군사집단을 거느리고 이 지역 일대를 장악하였던 것이다. 손씨가 예산현의 '토성(土姓)'으로[15] 세력 있는 집안이었다는 점을 고려할 때, 손씨는 아마 호장층의 향리가문으로서 수령에 의한 중앙권력에 대항하여 반기를 들었다고 할 수 있다. 위의 사료에 의하면 손청은 1176년 세력을 규합하여 감무관을 살해하고 예산을 장악하였으며 자칭 '병마사'를 칭하여 일단 지방에서 독자적인 군사집단에 의한 세력거점을 확보하였다. 아마도 그의 세력은 인근의 대흥, 덕산 등지로 확대되었으며 아울러 가야산에 지휘부를 두고 정부군에 대항하였으나 대략 1년 만에 무너지고 말았던 것 같다.[16]

15) 『세종실록지리지』에 예산현의 토성중 손씨가 나타나 있다.

16) 12세기 '남적'으로 불린 충남 서부지역의 농민 봉기에 대해서는, 이정신, 「공주 명학

12세기 후반, 1176~1177년 예산에서의 이와 같은 역사적 사실을 배경으로 고려할 때, 이규보 시에서의 '적병(賊兵)'이란, 바로 이 손청의 '남적(南賊)'을 지칭한 것임이 거의 확실해 보인다. 즉 향천사는 1176년 손청의 민란군이 예산 관아를 점령하고 관리들을 처치하는 전란의 와중에서 소실되고 이후 손을 보지 못한 채 한동안 퇴락하였던 것이다. 아마도 '영 수좌'로 지칭된 고승이 머물렀을 때의 향천사란 이처럼 퇴락한 상태에서의 절이었던 것 같다.

5. 향천사의 고려 석탑과 동종, 부도

고려시대 향천사의 명성을 전하는 유물로 향천사 석탑이 현재까지 전하고 있다. 향천사 석탑은 '향천사 9층석탑'이라 하여 충청남도 문화재자료 제174호로 지정되어 있다. 이 탑에 대한 소개를 여기에서 우선 인용한다.

> 탑은 향천사의 극락전 옆, 나한전의 전방에 위치하는데 화강석재로 만든 9층석탑이다. 방형의 기단 위에 하대석을 몰딩 처리한, 2매의 별석으로 된 지대석을 놓았다. 그 위에는 2매의 별석으로 된 기단 면석을 세우고 있으며 기단 면석에는 우주가 모각되어 있다. 면석 위에는 1매의 판석으로 된 상대갑석이 올려져 있는데 상대갑석의 윗쪽에는 부드럽게 몰딩 처리한 옥신괴임을 놓고 일조(一條) 선(線)을 양각하고 있다.
>
> 기단부가 비교적 거친 화강석재로 된 것에 비해 탑신부와 상륜부는 비교적 부드럽고 고운 화강석재로 되어 있는데 3층까지만 탑신석이 있고 그 윗쪽으로는 탑신석이 없다. 1층의 탑신석은 4매의 석재로 되어 있는데, 4면에 우주를 모각하고

소민의 봉기」『고려 무신정권기 농민·천민 항쟁연구』, 고려대학교 출판부, 1991, pp.95~98 참조.

향천사 석탑

있다. 2, 3층의 탑신석은 1층 탑신석에 비해 급격히 축소되어 있으며 우주도 미세하게 모각한 흔적만 있을 뿐이다. 옥개석도 모두 각각 1매의 석재를 이용해 만들고 있는데 1층과 2층의 옥개받침은 4단이고 그 윗층의 옥개석은 모두 3단의 옥개받침을 하고 있다. 옥개석의 낙수면은 비교적 깊이 파여 있으며 전각의 반전은 약간 날렵하게 들어올려져 있다. 상단부로 갈수록 옥개석의 일부가 깨어져 있으며, 추녀 끝에는 철제 장식을 달았던 종궤구가 남아 있다. 탑의 상륜부에는 노반과 보주만이 남아 있는 상태이다.[17)]

극락전 옆, 나한전 앞에 위치한 이 향천사 탑은 몇 가지 잘 알 수 없는 의문점을 안고 있다. 탑의 위치가 극락전 등의 전체 배치에 어울리지 않는다는 점, 그리고 탑의 균형이 어느 정도 맞는 것처럼 보이지만 9층의 원래 상태를 눈짐작으로 복원하여 볼 경우 9층을 올릴만한 기단부의 조성이 약하다는 점 등이 그것이다. 이에 대하여 원래 향천사탑은 쌍탑이었던 것이 임진왜란 때 파손 되었다는 이야기가 전해지고 있다.

높이 3.75m인 이 탑은 제2대 주지스님이신 도장스님을 기리기 위해 쌍탑으로 세워졌으나 임진왜란 당시 파손이 심해 4층부터는 탑신이 손실되고 옥개석만 남아 있다.[18)]

---

17) 백제문화개발연구원, 『충남지역의 문화유적(예산군편)』, 1995, p.107.

18) 오성장학회, 『예산의 맥』, p.29.

이에 의하면 이 탑은 원래 쌍탑으로 세워졌던 것이며 전란으로 인하여 심하게 손상된 것을 후대에 하나로 맞추어 놓았다는 것이다. 이와는 달리 『향천사사적』에서는 탑이 훼손된 것은 숙종 18년(1692) '서적(西賊)'의 출몰에 의한 것이고 이때 향천사는 극락전을 비롯하여 일체가 불태워졌다고 한다. 그런데 이 기록에는 향천사 탑을 '12층 석탑'으로 기록하고 있다.[19]

탑의 파손이 임진왜란 때의 피해에 의한 것인지, 아니면 '서적'으로 표현된 숙종조의 일이었는지는 확실하지 않지만, 쌍탑으로 건립되었다는 것, 혹은 12층이었다는 것 등 다양한 견해가 있는 것이다.[20] 현재의 탑의 규모상으로 '12층'의 가능성은 적다. 9층이 아니었다면 2기의 5층탑이었을 수도 있다. 이에 대해서는 앞으로 더 확인해 볼 필요가 있다고 생각된다.

향천사에서 절의 옛 유물은 거의 멸실된 상태이다. 그런데 조선시대에 만들어진 향천사의 동종이 현재 수덕사에 보관되어 있다. 입지름 64.3cm, 높이 102.6cm의 크기인데, 이 종은 일제 때 공출 당하여 예산역까지 운반되었다가, 8.15 해방으로 다시 절에 돌아오게 되었다고 한

향천사 극락전의 아미타삼존

19) 『향천사사적』 10장.

20) '향천사 9층탑'이 원래 2기의 쌍탑이었다는 것은 오래 전부터 절에 구전되어온 말인 듯하다. 이에 대해서는 주지 耕潭스님으로부터도 같은 전언을 청취할 수 있었다.

다. 이 동종은 "종의 무게는 400근, 이해준과 혜웅, 현혜 등이 참여하였다[大鍾重 四百斤 李海俊 惠雄 玄海]"는 명문이 있고, '강희(康熙) 40년 임오 3월"이라는 제작 연대가 쓰여 있어서, 숙종 28년(1702) 제작임을 확인할 수 있다.[21] 이것은 향천사가 17세기 말 18세기 초, 숙종조에 절이 크게 중수되었던 사실을 설명해주고 있다. 이 시기는 멸운당스님의 향천사 주석 기간이기도 하다.

향천사 극락전에는 조선조 후기의 아미타삼존이 모셔져 있다. 아직 전문가의 조사가 이루어지지 않은 상태이지만, 대략 18세기 경 갖추어진 향천사의 면모를 말해주는 것일 것이다.

향천사에는 2기의 부도가 있다. 극락전이 있는 주공간에서 계곡을 격하여 서쪽으로 다소 떨어진 위치인데, 이 2기의 부도는 향천사의 중건 역사와 밀접한 관련이 있는 것으로 보인다.

6. 향천사의 중건, 의각대사와 멸운당대사

향천사의 창건은 백제 말 의자왕대의 의각스님에 의한 것이라 말해지고 있다. 그런데 천불전에서 70여 미터 떨어진 거리에 의각스님의 것으로 전하는 부도가 세워져 있다. 부도는 도합 2기가 남아 있으며 충남도 문화재자료 제179호로 지정되어 있다. 한 조사에 의하면 2기의 부도 중 보다 정교하게 만들어진 왼쪽의 것이 개창자 의각(義覺)스님의 것이고, 오른쪽의 다른 1기는 임진왜란 때 승군을 조직하여 금산전투에 참가하였다는 멸운(滅雲)스님의 것이다. 멸운스님은 임진왜란으로 전소된 향천사의 절 건물을 중건하였

21) 예산군, 『예산의 문화재』, 2015, p.79.

던 인물이라 한다.[22]

의각스님의 부도로 전해지는 부도탑은 8각의 대좌와 개석을 여러 층으로 올리고 연화문과 인물상을 새겨 매우 화려한 느낌을 주는 탑이다. 높이도 2미터가 넘는 큰 규모인데, 조각의 기법에서는 신라 혹은 고려의 것보다 후퇴한 것이지만 매우 공들여 제작한 것이어서, 향천사의 큰 스님을 모신 것임을 의심할 바 없다. 그러나 부도의 제작 시기는 고려 말로 추정되고 있어서 만일 이것이 실제 '의각대사'의 부도라면 그는 고려기의 승려였을 가능성이 높아진다. 엄기표의 분류에 의하면 이 부도는 팔각원당형 'Ⅵ식'에 해당한다. 유사한 것으로는 고려 말의 고양 태고사 원증국사탑(圓證國師塔, 보물 749호)이 있다.[23] 원증국사는 보우대사(1301~1382)를 지칭한다. 보우대사는 이듬해 1383년 1월 다비식을 거행했는데, 이 원증국사탑을 기준으로 생각하면 향천사 부도의 제작 시기는 15세기, 조선 초일 가능성도 배제할 수 없는 것으로 보인다.

『향천사사적』에 의하면 의각대사 입적시에 사리 70여 과(顆)가 나왔으며 이에 의하여 부도탑을 조성하였다고 한다. 동시에 이 부도탑을 보호하기 위하여 10여 칸 규모의 부도전(浮屠殿)

향천사 부도 전경

22) 오성장학회, 『예산의 맥』, p.29.

23) 엄기표, 『신라와 고려시대 석조부도』, 학연문화사, 2003, pp.575~579.

멸운당대사 부도 개석에 있는 인물상

이 건립되었다고 한다.[24] 이에 근거한다면 부도탑이 있는 곳에는 원래 10여 칸 규모의 전각이 있었던 셈이다.

고려기의 부도, 향우측(向右側)에는 전형적인 조선조 부도 1기가 있는데 이것이 멸운당스님의 것임은 "멸운당대사 혜희지탑(滅雲堂大師惠希之塔)"이라 한 비표(碑表)의 존재 때문에 확실하다. 조선조 부도이지만 높이가 약 210cm에 이르는 큰 규모이고, 조각 솜씨도 상당히 정교하다. 역시 멸운당스님(혜희)을 기리기 위하여 매우 공들여 제작한 것임을 알 수 있다. 이 비표의 뒷면에는 "강희(康熙) 47년 무자 월 일 립"이라 하여, 조선 숙종 34년(1708)에 제작된 것임이 밝혀져 있다. 부도탑의 제작이 멸운당스님 입적 직후 이루어진 것이라고 보면, 스님이 임진왜란 때 승군을 조직하여 금산전투에 참여하였다는 것은 잘못된 전언이 된다. 금산전투는 1592년(선조 25)의 일이기 때문이다. 멸운당대사는 조선시대 17세기 말에 향천사에 주석하면서 퇴락한 절을 중수한 고승이었을 것이다. 이점은 앞에 소개한 숙종 28년(1702) 제작의 향천사 동종이 뒷받침해주는 것이기도 하다. 즉 멸운당대사는 17세기 말에서 18세기 초에 걸쳐 향천사에 주석하면서 절을 크게 중수하였던 인물이고, 그 구체적 잔존 유물이 향천사 동종일 것이다.

---

24) "茶毗夜에 瑞氣滿空하고 靈珠七十餘顆가 現하다 本寺西麓에 立塔하고 因築浮屠殿 十餘間하야 護浮屠하다"(『香泉寺事蹟』 2-3장)

이렇게 보면, 의각스님과 멸운당대사는 고려 말과 조선시대 향천사를 대표하는 큰 스님이었고 향천사의 중수에도 큰 공을 세운 분이었다고 생각된다.

한 가지 흥미 있는 것은 멸운당대사의 부도탑 개석(蓋石)에 있는 작은 인면상(人面像)이다. 8각 개석의 추녀 부분에는 보통 귀꽃과 같은 장식으로 화려한 느낌을 강조하게 되는데, 이 귀꽃 중 하나는 장식 대신 사람의 얼굴이 조그맣게 새겨져 있는 것이다. 얼굴은 코가 크게 강조되어 있고, 하회탈에서의 인상과 같이 매우 너그럽고 여유 있는 느낌의 인물이다. 이 인물상은 부도탑의 주인공인 멸운당대사를 묘사한 것이 아닐까 생각된다. 부도탑에서 부도의 주인공의 얼굴을 직접 볼 수 있다는 것은 흥미 있는 일이 아닐 수 없다. 한편 이 부도의 중앙, 계란 모양의 몸체에는 약간의 글자가 각자되어 있다. 그러나 원래 얇게 새겨진 데다 풍화로 인하여 글씨를 확인하는 것은 거의 어려운 실정이다.

7. 맺음말

예산 향천사는 읍내에 위치한 고찰이며 풍광이 훌륭한 곳이어서, 사람들이 많이 찾는 명소이다. 그러나 그 역사에 대해서는 지금까지 거의 알려진 사실이 없다. 다행히 13세기 초, 고려시대의 저명한 문인이었던 이규보의 글 가운데서 이 향천사에 대한 시문을 확인할 수 있게된 것은 큰 다행이 아닐 수 없다. 그리고 이를 통하여 12세기 민중봉기가 고려 전토를 휩쓸 때 가야산에 거점을 둔 손청의 민란군이 이 사찰의 역사와 큰 관련이 있었음을 확인 할 수 있었다.

향천사의 창사 설화에는 백제 의자왕 12년(653) 의각대사(義覺大師)에 의하여 건립된 절로 기록되어 있지만 의각대사는 아마 고려조의 향천사 중수의 인물로 생각된다. 따라서 절이 처음 이루어졌던 시기는 잘 알 수 없는데 근거자료는 없지만, 초창은 백제 혹은 신라까지 소급할 가능성이 있는 것처럼 생각된다. 조선조에 이르러서는 17세기 말 숙종조에 멸운당대사 혜희(惠希, ?~1708)에 의하여 중수 되었으며, 향천사의 두 주역인 의각대사와 멸운당스님의 부도탑이 향천사의 역사를 증명하고 있다.

본고에서는 이 시문과 함께 남아 있는 약간의 전존유물, 석탑, 부도, 동종 등을 통하여 향천사의 내력에 대하여 고찰하였고, 아울러 향천사의 중건자인 멸운당대사의 부도석에서 확인한 인면상(人面像)에 대해서도 흥미로운 자료로서 주목하였다.

* 본 논문은 『백제문화』 28(1999, 공주대학교 백제문화연구소)에 실린 같은 제목의 논문을 수정 · 보완한 것임.

제2부

고려의 뱃길과 태안반도

제2부 고려의 뱃길과 태안반도

제1장
태안반도 굴포운하와 서산 영풍창

1. 머리말

선사 이래 한반도 서해 연안은 귀중한 연안 해로의 기능을 줄곧 수행하여 왔다. 육로 및 육로 운송수단의 미발달로 인하여 대규모 물류의 운송은 거의 해안과 하천의 수로를 이용하는 것이 현실이었다. 그런데 고려, 조선 1천 년간은 특히 수도가 개성과 서울에 설정됨으로써 중앙에서 소요되는 통일왕조의 물류의 거점이 이들 지역에 집중되었고 이에 따라 서해 연안 해로의 운송로로서의 기능은 극대화 되었다. 세곡과 각종 공납품의 가장 중요한 공급지는 역시 경상, 전라, 충청의 삼남지방이었고 이들 지역으로부터의 물류의 대부분이 태안반도 연안을 경유하여 개성 혹은 한성으로 옮겨졌다. 서울로 연결되는 해운로(海運路)는 보령 앞바다를 거쳐 태안의 안흥량(安興梁; 安興鎭과 가의도의 사이)으로, 그리고 다시 당진 난지도 서쪽을 경유하여 북상하였던 것이다.

이 조운의 과정에서 태안반도 안흥진 앞의 안흥량은 전남 울돌목(鳴梁 : 진도, 해남간), 강화의 손돌목과 함께 가장 대표적인 험조처(險阻處)로서 빈번한 해난사고의 현장이 되었다. 조선 초의 경우 태조 4년(1395) 경상도의 조선

(漕船) 16척 침몰, 태종 14년(1414) 전라도 조선(漕船) 66척 침몰, 200여 명 익사에 미곡 5,800석 손실, 세조 원년(1455) 전라도 조운선 54척 침몰 등이 그 예이다. 이같은 조운선의 빈번한 사고는 고려시대 조운이 시작되면서부터의 문제였다.[1] 이 때문에 안흥량(安興梁)은 원래 '난행량(難行梁)' 즉 '행선(行船)이 어려운 곳'으로 이름 부쳐졌을 정도였다.[2] '안흥(安興)'이라는 새 이름도 말하자면 행선(行船)의 안전을 기원하는 바램이 포함되어 있다. 안흥의 지령산(智靈山)에 '안파사(安波寺)'라는 이름의 절이 건축되어[3] 안전을 빌었던 것도 이 지역이 얼마만큼 위험한 수로로 인식되었던가를 잘 말해준다.

태안반도 앞 조운로를 통과하는 삼남지방 세미(稅米)의 양은 호남지방 것만도 조선조 중기에 10만 석을 헤아렸으며 이는 대동법의 시행 이후 더욱 증가하였다. 조선(漕船)의 피해가 곧 국가 재정의 손실과 직결되었던 만큼 정부에서도 일찍부터 문제 해결에 고심하였던 것이 사실이다. 그리고 그것은 바로 이 '난행량(難行梁)'을 거치지 않고 조운선을 통과시킬 수 있는 새로운 수로의 개발이었다. 태안반도는 서쪽으로 돌출한 반도로 되어 있는데 그 요부(腰部)가 비교적 잘록하게 형성된 부분이 있다. 지금의 서산시와 경계 지점에 해당한다. 그리하여 '난행량(難行梁)' 문제의 해결은 바로 이같은 지점을 인위적으로 관통시켜 해난사고 빈발지점을 피하여 북상하는 새로운 수로를 개발하는 것으로 모아지게 되었다. 이 때문에 태안반도에는 고려시대 이래 일종의 운하라 할 수 있는 조거(漕渠)의 개착이 몇몇 지점에서 여러

1) 안흥량 일대에서의 해난 사고에 대해서는 이종영, 「안흥량 대책으로서의 태안조거 및 안민창 문제」『동방학지』 7, 1963, pp.103~104 참조.

2) "安興梁 : 在郡西三十四里 古稱難行梁 海水險 漕船到此屢敗 人惡之 改今名"(『신증동국여지승람』 19, 태안군 산천)

3) "安波寺 : 在智靈山 高麗時 以水路險惡 漕運船屢敗 爲建是寺 中遘倭寇 破壞殆盡 本朝世祖朝 重建"(『신증동국여지승람』 19, 태안군 불우)

차례 시도되었던 것이다.[4] 동굴포(東掘浦)·서굴포(西掘浦)·남굴포(南掘浦)는 바로 그러한 시도의 역사적 흔적이라 할 수 있다.

필자는 1990년 서산문화원에서 주관한 태안·서산 지역 유적 조사작업에 참여하여 역사유적 조사를 담당한 바 있고, 현지 조사과정에서 이 지역의 운하·창고 등 다양한 해양 물류 관련 유적의 중요성을 알게 되었다. 전반적 조사 결과는 보고서로 간행되었지만[5] 이를 토대로 하여 특히 해양 물류 유적의 내용과 성격을 정리한 논문을 별도로 발표하기도 하였다.[6] 그 후 필자는 고려의 삼별초에 대한 연구, 여원군의 일본 정벌 등에 대한 논문을 발표하면서 중세의 해양사에 대한 새로운 관심을 갖게 되었고, 태안반도의 해양 물류유적에 대한 중요성과 개인적 관심을 일층 더하게 되는 계기가 되었다.

본고에서는 고려 조선시대 연안 해로로서의 안흥량 문제와 이와 연관된 태안반도의 운하 굴착 문제를 정리함으로써 태안지역이 갖는 해양 물류 유적의 중요성을 강조하고자 한다.

2. 동굴포(東掘浦, 泰安漕渠)

태안지역에서 주로 조거(漕渠) 개착이 시도되었던 지점은 태안읍 인평리와 서산시와의 경계에 해당되는 곳이다. 이곳은 북쪽의 가로림만, 남쪽의 천수

4) 안흥량을 위하여 태안반도를 관통하려는 이러한 漕渠 개착 시도 이외에 강화도의 손돌목을 피하여 바로 서울로 연결시키는 金浦掘浦의 시도가 있었다. 고려 고종년간 당시 무인집정자 崔怡에 의해서, 그리고 다시 조선 중종대 金安老에 의해 시도 되었지만 이 역시 실패하였다. 이에 대한 상세한 내용은 박광성, 「김포굴포와 轉漕倉에 대하여」『기전문화연구』 1, 1972 및 김의원, 『한국 국토개발사 연구』, 1983, pp.206~212 참조.

5) 서산문화원, 『서산·태안문화유적』, 1991.

6) 윤용혁, 「서산·태안지역의 조운관련 유적과 고려 영풍조창」『백제연구』 22, 1991.

만(淺水灣)의 만입부(灣入部)로서 태안반도의 최요부(最腰部)에 해당되며 굴착을 시도할 경우 가장 용이하게 해수(海水)를 관류(貫流)시킬 수 있는 지점으로 꼽히게 되었다. 기록에 의하면 과거 이 지점은 육지의 길이가 10리 미만에 불과하여 늪지까지 포함하더라도 20여 리에 불과한 것으로 되어 있다. 이 지점을 '동굴포(東掘浦)'라 칭한 것은, 태안지역의 다른 굴포(掘浦) 유적과 구분하기 위하여 김정호의『대동지지(大東地志)』에서 사용한 용어이다.[7)]

1) 제1차 공사(고려 인종, 1134)

원래 태안 조거의 개착이 본격적으로 시도되었던 것은 고려시대 12세기 때부터의 일이었다. 운하의 개착 시도가 기록상 처음 등장하는 것은 고려 인종 12년(1134) 7월의 일이다.

> 이달에 내시(內侍) 정습명(鄭襲明)을 파견하여 홍주(洪州)의 소대현(蘇大縣: 태안)에 하천을 파게 하였다. … 종종 소대현 경계에 하도(河道)를 굴착하면 배가 다니는데 아주 편리하다는 건의가 자주 있었기 때문에 정습명을 보내 인근지역 사람 수천을 징발하여 판 것인데 마침내 이루지 못하였다. (『고려사』 16, 「인종세가」 12년 7월)[8)]

이에 의하면 태안지역 조거(漕渠) 개착문제에 대해서는 12세기 당시 이미 상당한 논의의 과정이 있었다. 위 기록 중 조거(漕渠)의 개착에 대하여 "자주 의견이 올라왔다[往往獻議]"라 한 것이 이를 말해준다. 조선 태종 13년의 실록 기사에는 "전 왕조의 예종, 숙종대에 개착에 대한 건의가 있었지만 효

---

7) "東掘浦 : 東十二里 瑞山界 南北兩邊皆海浦 挾之其間連陸 未滿十里"云云(『대동지지』, 태안)

8) "是月 遣內侍鄭襲明 鑿河于洪州蘇大縣 往往獻議 由蘇大縣境 鑿河道之 則船行捷利 遣襲明 發旁郡卒數千人 鑿之 竟未就"

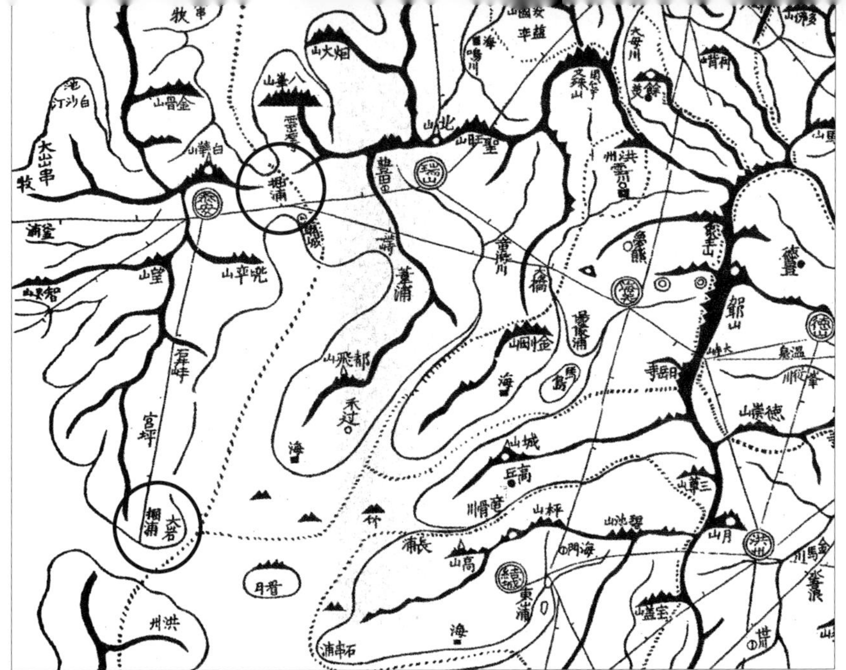

태안반도의 '굴포(掘浦)' 운하(동굴포와 남굴포, 대동여지도)

과가 없었다[其在前朝睿王 肅王及乎叔世 皆動民疏鑿 未見其效]"[9] 고 하여 고려 인종 이전인 숙종(1096~1105), 예종(1106~1122)년간에 이미 조거(漕渠) 개착의 논의와 시도가 있었던 것처럼 되어 있다. 숙종 · 예종년간의 상황은 구체적인 공역(工役)의 발주라기 보다는 사업의 타당성을 둘러싼 논의의 단계였던 것 같고, 공사가 본격화한 것은 인종대였다고 하겠다. 인종이 측근 신료인 정습명(鄭襲明)을 파견하여 공사를 감독케 하고 태안 및 인근지역에서 수 천명의 인력을 동원하였던 것은 이 작업이 의욕적으로 추진되었던 사정을 전하는 것이다.

2) 제2차 공사(고려 공양왕, 1391)

고려 인종대의 굴포 개착 시도는 실제 성공하지 못하였지만, 이때의 공사

9) 『태종실록』 13년 8월 경신.

내용에 대하여서는 여말 공양왕대 사업논의가 재개되면서 다음과 같이 언급되고 있다.

> 왕강이 왕에게 건의하기를 "양광도 태안과 서산의 경계에 있는 탄포는 남쪽을 따라 흘러서 흥인교까지 180여 리요, 창포는 북으로부터 흘러서 순제성 아래까지 70리이다. 두 포구 사이에 옛날에 조거를 판 적이 있는데 깊게 판 부분은 10여 리이고 아직 파지 않은 것은 7리에 불과하므로 만일 이를 다 파서 바닷물을 통하게 만든다면 매년 조운할 때에 안흥량 4백여 리의 험로를 건너지 않아도 될 것이니, 청컨대 7월에 공사를 시작하고 8월에 마치게 하기 바랍니다"라고 하였다. 이에 인부들을 동원하여 이곳을 파게 하였으나 암반이 물 밑에 있고 또 조수가 왕래하므로 파면 파는대로 메워져 공사하기가 쉽지 않아 일이 이루어지지 못하였다. (『고려사』 116, 「王康傳」)[10]

삼도수군도찰사(三道水軍都察使) 왕강(王康)의 건의에 의하면 인종대의 공사는 10여 리의 거리를 굴착한 다음 불과 7리 정도만 남겨져 있다고 하였다. 왕강(王康)의 건의에 따라 공양왕 3년(1391) 태안조거(泰安漕渠) 개착 공사는 재개되었다. 그러나 공양왕대의 이 두 번째의 시도 역시 성공하지 못하였다. 그것은 "돌이 물밑에 깔려 있었고 바닷물이 밀며 나면서 파는대로 이를 메워버리므로 쉽게 일이 이루어지지 않아 마침내 성사되지 못하였다"고 한 것처럼 지하에 깔린 암반층 문제, 그리고 굴착부분을 뒤덮는 뻘흙 등 시공기술상의 한계 때문이었다.

12세기 인종대 이후 200년이 훨씬 지난 뒤인 여말의 공양왕대에 새삼 태안조거(泰安漕渠) 개착이 시도된 것은 여말에 있어서 조운 기능의 회복과 관

---

10) "獻議曰 揚廣道泰安瑞州之境 有炭浦 從南流至興仁橋百八十餘里 倉浦 自北流至蓴城下七十里 二浦間古浚渠處 深鑿者十餘里 其未鑿者 不過七里 若畢鑿使海水流通 則每歲漕運不涉 安興梁四百餘里之險 請始役於七月 終終八月 於是發丁夫浚之 石在水底 且海潮往來隨鑿隨塞 未易施功 事竟無成"

굴포 운하 흔적(동굴포)

련되는 것으로 생각된다. 13세기 무인정권시대 몽골의 침입이라는 장기적인 재난으로 인하여 국토가 유린되면서 조운의 기능은 결정적으로 악화되었다. 더욱이 고려 후기에는 농장(農莊)의 확대 현상으로 사실상 중앙정부의 조세 수납 기능이 크게 저하되었기 때문에 조운의 기능도 침체를 면하지 못했던 것이다. 공양왕 3년의 태안조거 개착 공사는 새로운 정권 세력인 사대부들이 농장을 정리하고 과전법을 시행하는 등 중앙정부의 재정 확충을 위한 조운의 기능이 회복되는 것과 연계되어 있는 것이다. 따라서 공양왕대의 사업은 신왕조 조선으로 그대로 넘겨지게 되었다. 그리하여 건국 직후인 조선 태조년간에도 4년과 6년 두 차례에 걸친 논의가 있었으며 최유경(崔有慶)·남은(南誾) 등이 각각 현지에 파견되어 사안을 검토하였으나 기술상의 문제로 착공되지는 못하였다.

3) 제3차 공사(조선 태종, 1412)

조선왕조에 이르러 조거 개착이 실제 다시 착공되는 것은 태종 때였다. 태종 12년(1412) 하륜(河崙)의 건의로 시작된 조거 개착의 논의는 설계에 있어서 종래의 관류식(貫流式)과 다른 일종의 갑문식(閘門式) 비슷한 형태를 채택, 이듬해 태종 13년 정월에 착공되었다. 그리하여 병조참의 우부(禹傅)와 의정부지인(議政府知印) 김지순(金之純)의 감역하(監役下)에 인근 주민 5천 명이 동원된 이 공사는 다음 2월에 일단 공사가 종료되었다.

태종 13년 일단 완공된 태안조거(泰安漕渠 : 동굴포)는 공사의 난관이 되었던 3리 가량의 고지대 안부(鞍部)를 일종의 갑문식(閘門式)으로 처리함으로써 기술적 어려움을 극복하고자 한 것이었다. 그리하여 언덕을 중심으로 남쪽 3개처와 북쪽의 2개처에 대소의 저수지를 계단식으로 조성하여 물길을 연결시켰다. 그러나 준공된 조거(漕渠)는 그 실제 기능이 퍽 미흡한 것임이 판명되었다. 저수지의 규모가 작아 소규모의 용선(容船) 능력 밖에 없었고 그나마도 일부 구간은 소선(小船) 1척 통행이 겨우 가능할 정도인데다 조수간만의 차로 인하여 실제 통선(通船) 가능 일수도 많지 않았다. 또한 조거(漕渠)의 구조상 조운선이 태안반도를 곧바로 통과하는 것이 아니고 적재된 세곡만을 몇 차례 배로 옮겨 싣는 작업이 있게 되는데 대선(大船) → 평저선(平底船) → 소선(小船), 다시 소선 → 평저선 → 대선으로 옮겨 이운(移運) 하기를 일곱 번이나 되풀이 해야 했다. 이러한 사정에서 태종대의 준공에도 불구하고 조거는 전혀 실제 기능이 발휘되지 못하였다. 이에 대해 태종은 태안지방에 2회나 순행하는 등[11] 조거의 개축문제에 고심하였으나 더 이상 손을 대지 못하였다.[12]

김의원 교수는 동굴포(태안조거)의 현지를 답사하고 부근 지형을 검사한 후 당시 조거 개착 공사에 대하여 다음과 같은 몇 가지 사실을 추정하였다.[13]

---

11) 태종 13년 8월 조거 개착의 여부를 직접 판단하기 위하여, 태종 16년 2월에는 蓴城(순성)에 講武次 태안에 행행하여 사람을 보내 공사 현장을 둘러보게 한 바 있다.

12) 이상 동굴포(태안조거) 설치의 역사적 내력에 대해서는 이종영, 「안흥량 대책으로서의 태안조거 및 안민창 문제」『동방학지』 7, 1963, pp.105~116.

13) 김의원, 『한국 국토개발사 연구』, 1983, p.201.

① 굴포조거(掘浦漕渠)는 산맥의 안부(鞍部)를 현 지형하 약 43~65척(약 9~13m) 밑까지 굴착하였을 것이다.

② 개펄 또는 골을 약 30~43尺(약 6~9m) 깊이로 굴착하여 가로림만과 연결하였을 것이다.

③ 산맥의 안부(鞍部) 또는 평탄부를 약 43~70尺(약 9~15m) 깊이로 굴착하여 천수만과 연결지었을 것이다.

④ 착지(鑿池)와 방축(防築)들은 가로림만 쪽에서 천수만 쪽으로 낮아지는 계단식 구조를 이루었을 것으로 추정되는데 이는 가로림만과 천수만의 조석(潮汐)을 고려한 데서 얻어진 것이다.

태종대 관류식에 대신한 갑문식이라는 방법으로 공사는 일단 이루어졌지만 실제 조운의 편의성을 담보하지 못하였기 때문에 이 역시 실패한 공사였다는 결론을 내릴 수 밖에 없다.

4) 제4차 공사(세조, 1461~1464)

동굴포에 해당하는 태안조거[東掘浦]는 세조 즉위 이후 다시 공사가 시도된다. 세조 즉위 초에는 설창안(設倉案)이 제기되었으나 7년(1461) 7월 좌의정 신숙주의 주장에 따라 중앙에서 현장 확인을 하였다. 이후의 공사 진행 상황에 대해서는 별다른 기록이 없지만 세조 10년(1464) 3월 영의정 신숙주 등의 공사 현장 확인 결과 "물길이 곧지 못하고 갯펄이 무너져 파는대로 막혀 팔 수가 없다"[14]는 결론을 얻었다. 세조대 굴포 문제에 대한 저간의 사정이 『신증동국여지승람』에 다음과 같이 간략히 정리되어 있다.

본조 세조 때 건의하는 자가 혹은 팔만 하다하고, 혹은 팔수 없다하여 세조가

14) 『세조실록』 32, 10년 3월.

안철손(安哲孫)을 보내 시험하였던 바, 공사가 이루지 못하므로 대신에게 명하여 자세히 살피게 하였으나 논의가 일치하지 않아서 중지하고 말았다. (『신증동국여지승람』 19, 태안군 산천)

세조대의 공사는 분분한 논의 끝에 안철손(安哲孫)이 시험 공사를 실시한 후 결국 불가 판정에 이른 것임을 알 수 있다. 세조대의 굴포 공사는 정승의 지위에 있던 신숙주가 적극적인 입장을 가지고 있었으나 성사되지 못한 것이다. 조선 초 신숙주(申叔舟)의 굴포 운하에 대한 다음의 시는 그의 운하 개착에 대한 미련과 집착을 잘 대변하고 있다.

운하를 판지 몇 해인데 공을 이루지 못하였다	浦堀幾年 功未效
산에서 온 한줄기 끊겼다가 다시 이어졌구나	山來一帶 斷猶連
뉘 능히 나에게 조운 통하는 계책을 말해주려나	誰能說我 通潮策
다만 술독 앞에서 취하여 망연히 잊고 싶을 뿐	但向樽前 醉惘然

(『신증동국여지승람』 19, 태안군 산천)

5) 송시열의 설창육수안(設倉陸輸案)

태안반도의 운하 개착 문제는 현종대에 이르러 논의가 재연된다. 당대의 거유 송시열의 제안으로 조거 개착 논의가 다시 가열된 것이다. 호조판서 이경억(李慶億), 이조참판 민정중(閔鼎重)이 이에 가담하였으나 대신들의 반대에 막혀 조운을 연결시키려는 의도는 끝내 이루어지지 못하였다. 조거 개통의 어려움으로 인하여 송시열은 차선책으로 이른바 설창육수책(設倉陸輸策)을 제안하였다. 천수만 쪽 옛 순성(蓴城) 근처에 조선(漕船)을 정박시킨 다음 여기에서 조미(漕米)를 가로림만 쪽 영풍창 옛터까지 육수(陸輸), 그리고 다시 선박으로 옮겨 실어 경창(京倉)으로 간다는 것인데 이를 위하여 옛 순성(蓴城)과 영풍창의 터 두 곳에 창고를 설치한다는 것이다.

이 설창육수안은 원래 조거 개통이 벽에 부딪친 세조 원년 호군(護軍) 정유림(鄭有臨)의 건의에서부터 비롯되어 여러 차례 논의를 거듭한 것으로서, 현종 10년(1669) 송시열의 강력한 주장에 의해 이 설창육수(設倉陸輸)를 위해 '안민창(安民倉)'이 설치되기에 이른다. 그러나 안민창 설치에 의한 설창육수의 방안도 실제 번거로운 것이어서 수년을 지속하지 못하였다. 요컨대 조운의 안전성과 편의성을 위한 태안반도 운하 개착의 시도는 12세기부터 17세기까지 5, 6백 년을 끌었지만 원래의 목표를 이루지 못하였던 것이다.[15)]

3. 서굴포(西掘浦, 蟻項)

태안조거의 개착은 고려 중기 12세기부터 시도되어 세조년간에 이르기까지 4회에 걸친 공사가 있었지만 종내 그 실효를 거두지 못하였다. 이러한 상황에서 굴포 개착사업은 위치를 바꾸어 새로운 지점을 그 대상으로 삼게 된다. 중종년간에 공사가 시행된 태안군 소원면 의항리(蟻項里)·송현(松峴里)의 의항(개미목) 굴포가 그것이다.[16)]

의항 굴포가 논의되기 시작한 것은 중종 17년(1522) 삼도체찰사 고형산(高荊山)의 건의에서 비롯된다. 그리하여 이후 2천의 군정(軍丁)을 징발하여 공역에 충당하였는데, 착공 4개월 만에 중단되고 말았다.

중종 32년 의항(蟻項) 굴포 공사는 다시 착공되어 5천의 부역승(赴役僧)이 동원되었고, 공사는 6개월 만에 준공을 본 것처럼 되어 있다. 그리하여 "중

---

15) 송시열의 설창육수안 및 안민창 설치에 대한 문제는 이종영, 「안흥량 대책으로서의 태안조거 및 안민창 문제」 『동방학지』 7, pp.112~116에 상세히 정리되어 있다.

16) 蟻項 掘浦를 '西掘浦'라 한 것은 필자의 편의에 의한 것이다. 東掘浦·西掘浦의 이름이 이미 『대동지지』에서 사용되고 있기 때문에 태안읍을 중심으로 서쪽에 위치하는 蟻項을 '西掘浦'로 하는 것이 이해에 편하다.

소원면 서굴포의 흔적(1990년 촬영)

종조 이후 의항을 굴착하였으나 성공하지 못하였는데 금번 찰리사 김석, 종사관 이현 등이 일을 이루었다"[17]라 하고 이들 감관(監官)들에게 숙마(熟馬) 각 1필을 하사하기까지 한 것이 그것이다.[18] 그런데 태안군 소원면 의항리, 송현리 일대에 남아 있는 굴포유적을 살펴보면 지형적으로 남북 구간의 분수령이 되는 해발 20~30m 정도의 소위 무내미고개가 미처 굴착되지 못한 채 공사의 흔적만을 가지고 있다. 이로써 보면 중종 32년도에 의항(蟻項) 공사를 '이루었다[能就]'는 것은 실제와는 거리가 있는 것이었다. 이 공사는 남북의 해수(海水)가 통수(通水)도 되지 않은 단계에서 실상 파역(罷役)되었던 것이다.

17) "自中宗朝 掘蟻項而不得成功 今者 察理使金公奭從事官李俔等 能就"(『중종실록』 85, 32년 7월 갑오)

18) 蟻項 개착에 대한 보다 자세한 전말은 이종영, 「안흥량 대책으로서의 태안조거 및 안민창 문제」『동방학지』 7, 1963, pp.110~112 및 이종영, 「蟻項考」『史學會誌』 2, 1963 참조.

의항(蟻項)의 굴포 공사가 성공하지 못했던 것은 동굴포(東掘浦)에서와 같이 분수령을 이루는 고안부(高鞍部) 지점(무내미고개) 굴착이 기술적으로 난관이 되었던 때문인 것 같다. 이로써 의항(蟻項) 개착공사 역시 성공하지 못하였으나 동굴포(태안조거)의 경우처럼 계속하여 공사가 시도되지 않은 것은 그 기대효과가 동굴포(東掘浦)의 그것에 크게 미치지 못하였기 때문이었을 것이다. 의항의 위치가 동굴포와는 달리 안흥량을 완전히 피할 수 있는 여건이 되지 못하였고, 따라서 공사가 완공되더라도 근본적인 문제 해결에는 이를 수 없었을 것이다.

결국 굴포 개착 공사에 실패한 정부는 차선책으로 현종년간 동굴포 지역에 안민창(安民倉)을 설치하고 내륙 구간을 육수(陸輸)에 의하여 임시변통하는 이른바 설창육수안(設倉陸輸案)으로 넘어가게 되었다.[19]

4. 남굴포(南掘浦, 安眠島 掘項浦)

태안반도의 서남단에 남북으로 길게 뻗친 안면도는 원래 섬이 아닌 연륙지역이었다. 그리하여 『신증동국여지승람』에서도 '안면도'가 아닌 '안면곶(安眠串)'으로 기록하고 있다.[20] 그러나 안면도가 실제 어떤 경로로 섬이 되었는지는 자세히 밝혀져 있지 않다. 반도에 연륙되어 있었던 안면곶이 어떻게 섬이 되었는지에 대해서는 『여지도서』 태안군 고적조에 다음과 같은 간단한 언급이 있다.

> 안면곶 : 부의 남쪽 50리에 있다. 전하는 말에 토정 이지함이 산세를 사랑하여

---

19) 設倉陸輸案에 대한 자세한 내용은 이종영, 「안흥량 대책으로서의 태안조거 및 안민창 문제」 『동방학지』 7, pp.112~116 참조.

20) "安眠串 : 古安眠所 在郡南一百里 有牧場"(『신증동국여지승람』 19, 태안군)

암자에 여러날 머물렀는데 이르기를 "이곳은 뒤에 반드시 산맥을 파서 통하게 할 것이다" 하였는데, 정말로 부의 향리 방경령이 감영에 건의하여 맥을 파서 물길을 통하게 하니 지금은 하나의 섬이 되고 소나무가 울창하게 된 것이다.[21)]

이에 의하면 안면곶은 태안의 향리 방경령(房景岭)의 건의에 의하여 연륙 부분을 개착하여 섬이 된 것이었다. 그러나 그 시기에 대해서는 명시되어 있지 않다. 다만 토정(土亭) 이지함(?~1578)이 이 지역의 지세를 관찰하고 이 곳이 뒤에 반드시 끊어져 섬이 될 것을 예언하였다는 것이다. 그러므로 안면도의 착항(鑿項)은 이지함이 사망한 1578년 이후, 대략 조선조 후기의 일이었음을 알 정도이다.

'안면곶'의 명칭은 『인조실록』 37, 인조 16년(1638) 정월의 기록에도 보이는데, '안면도'의 이름이 기록상 맨 처음 등장하는 것은 숙종 3년(1677)의 일이다. "대신과 비국의 여러 신하들을 만나고 안면도 및 영월, 강릉, 회양 등 세 곳을 파하였다"[22)]라 한 기록 중에서의 '안면도'가 그것이다. 이로써 일단 안면도 개착은 17세기 1638년에서 1677년의 사이의 일이었음을 알 수 있다.

한편, 1935년에 편찬된 『조선환여승람(朝鮮寰輿勝覽)』에서는 안면도가 "인조조의 영의정 김류(金瑬, 1591~1648)가 안면의 외해가 조운이 불편하다하여 산맥을 절단하여 물길을 통하게 함으로써 하나의 섬을 이룬 것이다"라 하여 안면도 개착이 인조년간 영의정 김류(金瑬)에 의한 것이었다고 기록하고 있다. 그런가 하면 인조년간 충청감사 김육(金堉, 1580~1658)에 의한 것이었다고 전해지기도 한다.[23)] '김류'와 '김육'이 혼동되어 있는 것이다.

김류(金瑬)의 영의정 재임은 인조 14년(1636)부터 16년(1638) 2월까지, 그리

21) "安眠串 : 在府南五十里 諺傳土亭李之菡 愛賞山勢庵留數日 乃曰此地 後必有鑿脈通者 果有本府鄉吏房景岭獻議于監營 鑿來脈 通其水道 今爲一島 松木茂密"

22) "引見大臣備局諸局臣 命罷安眠島及寧越江陵淮陽等三處"(『숙종실록』 6, 3년 정사 8월)

23) 안면도지 편찬위원회, 『안면도지』, 1990, p.53.

고 김육(金堉)은 인조 16년(1638) 6월부터 이듬해 7월까지 충청감사에 재임하였다. 『안면도지』에서는 인조 16년 "영의정 김류의 재임시 충청감사에게 착항 명령을 내린 것"인데, 착항의 시기는 김육의 충청감사 도임(到任) 이후인 인조 16년의 후반기라 하였다. 이같은 논증은 현지에서의 구전과 문헌기록의 검토를 종합한 결론으로서, 필자도 대체로 이에 동의하는 바이다. 다만 이것이 중앙정부 차원이 아니고 지방 차원의 사업이었음을 고려할 때 영의정 김류(金瑬)와 결부시키는 것보다는 충청감사 김육(金堉)과 연결시켜 보아야 하지 않는가 한다. 따라서 안면도 운하 굴착 시기는 김육의 충청감사 재임기간인 인조 16년(1638) 6월부터 이듬해 1639년의 7월 사이라고 보는 것이 좋을 것 같다. 『안면도지』에서는 영의정 김류(金瑬)와 충청감사 김육(金堉)을 안면도 착항 문제와 동시에 결부시키려고 하는 데서 논리상 약간의 모순이 개재한다. 김류(金瑬)는 김육(金堉)과 이름이 비슷하고, 생존 시기도 거의 일치하고 있기 때문에 안면도 개착과 관련하여 두 인물이 혼선되어 온 것이 아닌가 생각된다.[24]

안면도 굴착과 관련하여 다음으로 문제되는 것은 안면도 개착의 목적이다. 이에 대하여 전기한 『조선환여승람』에서는 "안면의 외해(外海)가 조운이 불편하여" 세곡미의 조운을 편하게 하기 위한 것이라 하였고, 노도양 선생도 이에 동의하였다.[25] 이에 대하여 김의원 교수는 "세곡 조운 때문에 인공운하를 팠다고는 단정하기 어려운 점이 있다"고 보고 안면곶이 남북 24km

24) 가령 현지에서 전해지는 안면도 착항에 관한 구전에 의하면 인조 때 반정공신에 영의정까지 지낸 金瑬가 충청도 관찰사 재임시에 공사를 한 것으로 말하고 있다(서산문화원, 『서산민속지』 하, 1987, p.260) 그러나 金瑬는 충청도 관찰사를 역임한 바 없기 때문에 이는 金堉과의 혼동에서 빚어지고 있는 착오인 것이다.

25) "鑿通의 목적은 … 세곡미 조운을 편하게 하는데 있었다. 加積運河의 경우보다는 효과적이 되지 못하지만 안면곶의 남단을 우회하지 않는 것만도 이익이다. 加積運河 개착에 성공하지 못하였으므로 안면곶 鑿通으로 자위한 셈이되었다."(노도양, 「加積運河 개착의 역사지리적 고찰」 『청파집』, 1979, p.92)

다리로 연결된 남굴포의 현재 모습

에 이르기 때문에 "홍성지역과 청양지역 주민들의 해상활동의 편리를 위하여 굴착한 것이 아닌가"라는 추정을 하였다.

안면도 개착의 동기, 목적과 관련하여 한 가지 주목하고자 하는 것은 그것이 중앙과는 관련 없이 지방 차원에서 이루어진 사업이었다는 점이다. 앞의 『여지도서』 기록에서 보는 바와 같이 착항의 동기는 태안의 향리 방경령(房景岭)이 충청감영에 건의하여 공사가 이루어졌던 것이다. 이 점은 태안의 다른 2개 굴포사업이 중앙정부의 필요에 의하여 계획되고 시행되었던 것과는 전혀 사정이 다르다. 그리고 중앙 정부의 굴포 개착의 필요성은 중앙으로 수송되는 세곡, 조운로의 안전성 확보였던 것이다. 이러한 점에서 볼 때 안면도의 경우는 지방의 필요에서 출발한 것이었고, 정부의 관련 사항은 사업승인 정도가 고작이었던 것 같다. 안면도 개착의 이러한 지방적 성격 때문에 『왕조실록』과 같은 중앙정부의 문헌에 관련 기록이 전혀 나타나지 않고 있는 것으로 본 『안면도지』의 추정은 전적으로 올바른 지적이라고 생각

된다.[26)]

안면도 개착이 지방적 필요에 의한 것이었다면 그 굴착의 주 목적은 세곡의 중앙 운송과 같은 것이 아니었다고 보아야 할 것이다. 이러한 점에서 이 사업을 홍성 등 연안 주민들의 해상활동의 편리라는 쪽에서 그 동기를 찾으려한 김의원의 의견을 주목하게 된다. 그러나 이 역시 석연한 느낌이 들지는 않는다. 만일 홍성 · 보령 등 연안지역 주민들의 편의를 위한 것이라면 그것이 왜 태안 향리에 의하여 건의되었을까, 혹은 그들 지역주민들이 안면도 착항을 긴요하게 필요로 하는 '편의'의 구체적인 내용이 무엇이었을까 하는 점 등이 여전히 풀리지 않는 의문으로 남기 때문이다.

안면도 착항 사업의 동기, 목적을 한 두 가지로 보는 것은 물론 곤란하다. 복합적인 여러 가지 유익들을 고려하여 판단하고 시행하였던 것임에 틀림없다. 그러나 이 사업이 처음 태안 향리의 건의에 의하여 시행되었다는 사실은 매우 중요한 점이다. 착항공사의 작업도 역시 태안군에서 주로 감역(監役)을 하고 이 지역 주민들의 노동력이 주로 투입되었으리라 보아 좋을 것이다. 그러한 의미에서 태안군 자체의 필요가 바로 안면도 개착의 제1차적 목적 내지 동기로 작용하였다고 보아야 하지 않을까 싶다.

필자는 안면도 개착이 기본적으로 태안군의 행정적 편의 및 교통의 원활과 깊은 관계가 있지 않은가 생각한다. 다시 말해서 안면도 개착을 통하여 행정력의 보다 효율적 확산이 가능해지며 이것은 감영(監營)의 입장에서도 적극 뒷받침할 만한 내용이었다. 태안군은 지리적 형태가 마치 문어발을 연상시킬 정도로 들쭉날쭉 복잡하게 되어 있다. 이같은 지리적 형태는 육로 교통을 극히 불편하게 하는 것이며, 교통의 불편은 동시에 행정력의 침투를 제한하는 커다란 장애요인이 될 수 밖에 없었다. 이 같은 문제를 완화하기 위해서는 연안 해로를 최대한 개발 활용하는 것이 관건인데, 바로 이

26) 안면도지 편찬위원회, 『안면도지』, 1990, p.54.

점에 있어서 남북으로 길게 내리뻗은 안면곶은 역시 해로교통에 커다란 장애요인이었던 것이다. 게다가 안면곶 지역 중 태안지(泰安地)에 속하는 것은 그 서북쪽 일부지역에 불과하고 대부분은 서산과 홍주지경에 속하는 것이었다. 이같은 사정에서 안면도의 개착은 해로 교통의 편의성을 크게 높임으로써 육로 교통의 한계를 완화시켜 행정력의 제고에 많은 기여가 있었을 것으로 생각된다. 바로 이같은 점이 안면도 개착의 주요 동기가 아니었을까 추단하여 본다. 물론 세곡미의 편리한 운송, 충청 연해 지역민의 편의 등도 사업시행에 고려되었을 것이다.

안면도의 굴착지점은 현재 안면교가 가설된 지역 부근, 태안군의 남면 신온리와 안면읍 창기리의 경계지역이며, 굴착공사의 구간은 대략 200m 정도의 짧은 거리로 추정되고 있다. 안면도 개착이 시책 결정 이후 별다른 문제없이 준공되었던 점이나, 공사와 관련한 복잡한 다른 기록이 없는 것을 생각할 때 공사는 비교적 순조롭게 진행되고 단시일에 종료되었던 것으로 보인다. 현지의 지형 관찰 결과에 의하면 이 양안(兩岸)은 일부 규암층(硅巖層)이 있기는 하나 대부분이 편암(片巖)으로 구성되어 있어서 암반의 절개(切開)가 그리 어렵지 않았을 것으로 판단되어지고 있다. 그런데 김의원 교수는 이에 대하여 바로 이 수로 개통 지점이 조류의 자연소통 현상일 가능성도 없지 않다고 보고 "이것이 인공적인 굴포냐 아니냐 하는 것은 더 깊은 연구가 있어야 한다"고 하여 인공이 아닐 가능성도 배제하지 않았다.[27] 물론 암반층의 성격상 조류의 작용으로 점차적인 절개 현상이 진행될 수 있었을 것이다. 그러나 안면도 개착과 관련한 앞서의 관련 기록, 그리고 '굴포(掘浦)'·'굴항포(掘項浦)'·'착항(鑿項)'·'판목' 등의 지명으로 볼 때 이를 인공에 의하지 않은, 전혀 자연적인 것으로 보기는 곤란한 일이다.

---

27) 김의원, 『한국 국토개발사 연구』, p.213 참조.

4. 고려 조창 서산 영풍창

서산 영풍창(永豊倉)은 고려 조창제의 근간인 12조창의 하나로서 현재 충남 소재의 유일한 조창이라 할 수 있다. 그 위치에 대해서는 한동안 '서산 성연면 명천리'로 정리되어 있었는데, 이는 마루카메[丸龜金作]가 정리한 논문에 의거한 것이다.[28] 여기에 더하여 기타무라[北村秀人]는 성연면이 성연부곡(聖淵部曲)이었음에 주목, 영풍창이 성연부곡의 개편에 의한 것으로 보았다.[29]

영풍창의 위치를 처음 성연면 명천리로 생각한 것은 "성연면에 있는 명천은 고려 영풍창의 옛터"[30]라 한 김정호의 『대동지지』의 기록에 근거한 것이다. 그러나 시기가 훨씬 빠른 15세기 『세조실록』에서는 영풍창의 위치가 "고순성(古蓴城)의 터에서 불과 7, 8리"[31]라고 하여, 고순성(古蓴城) 부근이라는 다른 내용을 전하고 있다. 한편 조선조 후기 서산군의 면리 편제에 의하면 성연면과 별도로 '영풍창면'이 존재하고 있어서, 고려 영풍창의 터도 바로 이 영풍창면에 속해 있을 가능성을 암시한다.

영풍창 부근에 소재한 것으로 언급된 '순성'에 대하여는 『신증동국여지승람』에 '(태안)군 동쪽 14리'에 위치한다고 하였다. 이 순성은 고려 말 왜구가 창궐할 때에 구축되어 한때 태안 읍치가 들어서기도 하였던 곳이다. "고태안성(古泰安城)은 굴포에 있다"는 '고태안성'이 바로 이 순성을 지칭하는 것이다. 영풍창의 옛터가 옛 순성에서 7, 8리 거리라는 『세조실록』의 기록은 태

---

28) 丸龜金作, 「高麗の十二漕倉に就いて」 『青丘學叢』 21·22, 1935, p.150

29) 北村秀人, 「高麗初期の漕運についての一考察」 『古代東アジア論集』 上, 吉川弘文館, 1978, pp.413~414.

30) "海倉: 在聖淵面之鳴川 卽高麗永豊倉之古址"(김정호, 『대동지지』)

31) "有古蓴城之基 纔隔七八里 亦有永豊倉古基 若令全羅漕船 泊於古蓴城基 陸輸永豊倉 載船而來 萬無覆沒之理"(『세조실록』 24, 원년 윤6월 계유)

서산 영풍창지(서산시 팔봉면 어송리) 원경

안조거(동굴포)의 공사 방안을 논하면서였다. 즉 태안조거를 이용할 경우 전라도 조선을 순성 옛터에 정박케 하고 여기에서 7, 8리 거리의 영풍창 옛터까지 육로 운반, 영풍창에서 다시 선편으로 옮겨 서울까지 운송한다는 것이었다. 순성은 바로 굴포에 인접한 위치이고, 이 때문에 '동굴포' 유적은 여말 선초에 '순제거(蓴堤渠)', 혹은 '순성구거(蓴城舊渠)'라고 불리었던 것이다.

굴포유적과 근접한 위치에 '고성(古城)', '윗고성', '아랫고성' 등의 지명이 남아 있는데, 이곳은 태안읍에서 7~8km 거리로서 바로 기록에 나오는 '순성 옛터'에 해당한다. 여기에는 평지에 토축 성곽의 흔적, 건물터 등이 남아 있다. 영풍창의 위치는 이곳에서 7, 8리 거리라는데, 동북방향 직전 2km 지점 서산시 팔봉면 어송리의 '창개(倉浦)'라는 곳에 해당한다. 여기에 대형 건물 초석이 수반된 창지(倉址)의 유적이 현존한다. 가로림만을 향하는 남향 구조이다.[32]

32) 영풍창지를 처음 발견한 것은 역사교사 박정현에 의해서였다. 박정현, 「한국 중세의 조

서산 영풍창지에 남겨진 초석(1991년 촬영)

창지(倉址)는 어송리 3구에 소재하며 밭으로 경작되고 있다. 남면으로는 높이 2m, 길이 50m의 인공적인 축대를 구축하여 대지를 조성하였으며 창지의 동쪽은 저폭 3m, 높이 1.5m의 토축이 토성처럼 둘려져 있다. 밭 주변에는 원 위치에서 이탈된 대형 초석 수 점이 산재해 있는데 초석의 모양은 일정하지 않고 기둥이 놓여지는 상면만을 잘 다듬은 것이다. 크기는 1면 1m가 넘는 것도 있다. 일대에는 건물에 사용된 기와의 편이 다량 산포되어 있는데 조선조의 것도 있지만 고려기의 와류와 청자편이 많이 확인되어 고려 이래의 건물지임이 분명하다. 조창이 창고를 수반한 관아였음을 고려할 때 이 터가 관아터인지, 창고터인지는 현재로서는 확실하지 않다.[33)]

운과 태안 조거 -굴포 및 조창유적을 중심으로」, 공주사범대학 교육대학원논문, 1988, pp.37~40.

33) 영풍창지에 대한 근년의 확인에 의하면 초석 등은 대부분 제거 되었고 토축의 담장도 흔적만 남아 있다고 하였다(문경호, 「안흥량과 굴포운하 유적 관련 지명 검토」『도서문화』 43, 2014, pp.28~30). 동굴포의 경우는 조거 유적의 일부가 매립되는 등 더욱 상태가

6. 맺음말

태안반도에서 고려, 조선시대에 수백 년에 걸쳐 시도된 운하 개착 공사는 한국 교통사에서 흥미 있는 소재의 하나이다. 본고에서는 태안군과 서산시에 소재한 3개의 운하 관련 유적을 문헌과 현지 답사 결과에 의하여 정리하고 아울러 고려 12조창의 하나인 서산시 팔봉면 어송리 소재의 영풍창터에 대해서도 주목하였다.

그러나 본고에서 언급한 굴포운하 유적 혹은 영풍창 유적은 학술적 조사가 충분히 이루어지지 않았고, 문화재로서 지정도 되어 있지 않아 현장 보존에 많은 문제점을 안고 있다. 유적의 환경이 급격히 악화하고 있기 때문이다.

한편 이와 관련하여 강조하고 싶은 것은 서산, 태안지역 해양문화 유산에 대한 기초 조사와 정비, 개발을 종합적으로 추진할 필요가 있다는 점이다. 근년 태안 해역에서의 수중 발굴과 연관하여 전문 기관 설치의 객관적 타당성을 확보할 수 있고, 동시에 사업 추진시 다양한 내용의 자료로서 활용할 수 있기 때문이다. 이 점에 있어서 관련 유적의 국가 사적 지정은 필수적 전제 작업이 될 것이다.

* 이 글은 「서산 · 태안 지역의 조운관련 유적과 고려 영풍조창」(『백제연구』 22, 1991)의 내용을 재정리한 것임.

심각하다.

제2부 고려의 뱃길과 태안반도

제2장
태안 안흥정의 위치에 대한 논의

1. 머리말

한국에서 하나의 제도가 만들어져 1천 년이라는 오랜 기간 동안 유지된 대표적인 예가 두 가지 있다. 하나는 관료를 선발하는 과거제도, 그리고 다른 하나는 지방에서 수취한 조세를 서울에 효율적으로 옮겨오는 물류 시스템으로서 조운제도가 그것이다. 두 제도 모두 고려 초에 성립하여 조선조에까지 일관하였다는 점에서 '천 년 제도'라 할 만한 것이다.

고려시대의 해양 교통과 대외교류의 활성화를 생각하면 서해 연안의 교통로에 대한 연구는 매우 중요한 분야이다. 그러나 관련 연구가 관심을 끌게 된 것은 비교적 근년의 일이다. 이제서야 해로와 관련한 문헌에 등장하는 지명의 위치 파악을 위한 기초적 연구가 진행되고 있는 것이다.

서해 연안 해로 문제와 관련하여 제기된 주제의 하나가 해로에 설치한 객관(客館)의 문제이다. 안흥정은 군산도(선유도)의 군산정, 자연도(영흥도)의 경원정, 예성항의 벽란정과 함께 서해 항로에 설치된 객관 시설로서 중요한 의미를 갖는다. 그런데 안흥정에 대한 자료는 기록에 따라 위치가 전혀 다르게 정리되어 있고, 심지어 같은 기록 안에서도 서로 다른 위치를 제시함으로써 그 정확한 소재지를 파악하는 것조차 혼선이 있다. 기록에 의거한 안흥정의 위치는 전신인 고만도까지 포함하면 4개소나 된다. 보령현의 고만도 이후 해미현 동쪽 11리 지점, 해미현 서쪽 10리(혹은 5리) 지점, 그리고 태안군의 안흥진 앞 마도가 그것이다. 여기에 근년 태안의 신진도, 혹은 안흥항 부근일 가능성이 구체적으로 논란됨으로써 안흥정의 위치 문제는 더욱 혼전을 거듭하고 있는 것이다.[1)]

안흥정(安興亭)의 위치 문제는 고려 객관 문제 이외에 서해 연안 해로의 윤곽을 파악하는 데도 중요하고 고려 대외 무역과 교류 문제에 있어서도 일정한 의미를 갖는다. 또 근년 활성화되어 있는 태안반도 일대에서의 수중 발굴과도 밀접한 관련을 가진 문제이다.

안흥정의 문제는 문헌 기록만으로는 해결에 한계가 있고 특히 현장에 대한 고고학적 검토가 중요한 관건이라고 할 수 있다. 본고에서는 이러한 안흥정의 문제를 서해 연안의 해로 및 객관에 대한 문제와 연관하면서 제반 논의들을 정리하고, 앞으로의 연구에 일정한 자료를 제공하고자 한다.[2)]

2. 고려 연안 해로의 객관과 안흥정

고려시대 충남 서해안의 조운로에 대해서 문경호는 여러 자료를 종합하

---

1) 안흥정 문제에 대해서 필자는 이미 「고려시대 서해 연안 해로의 객관과 안흥정」 『역사와 경계』 74, 부산경남사학회, 2010(『한국 해양사 연구』, 주류성, 2015 수록)에서 그 위치 문제를 논한 바 있다. 본고는 이후 새로 제기된 여러 다양한 의견을 정리하면서, 특히 안흥정의 위치 문제를 중점적으로 취급한 것이다.

2) 본고는 태안문화원 주관 학술회의 <고려 해상뱃길과 안흥정>(2015.11.10., 정부세종컨벤션센터 국제회의장)에서 구두 발표된 「고려시대의 뱃길과 객관, 그리고 태안 안흥정」을 수정 보완한 것이다. 이 학술회의에서는 필자 이외에 이호경(「태안 안흥정 학술조사 성과 보고」), 오석민(「태안군의 해양역사자원의 현황과 특징」) 등의 발표가 있었다.

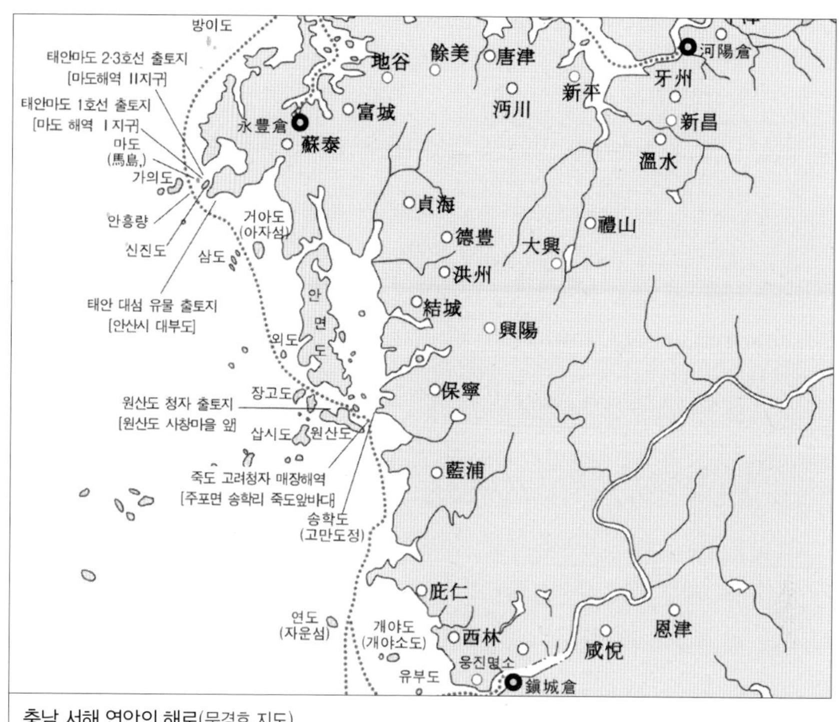

충남 서해 연안의 해로(문경호 지도)

여 정리하고 있다. 이에 의하면 진성창에서 개야도 · 연도 사이 → 마량진 → 송학도 → 원산도 북쪽 → 안면도 서쪽 해안 → 거아도 → 안흥량 → 관장항 → 방이도 → 난지도 · 평신진과 풍도 사이를 통과하여 경기 서해안으로 연결된다.[3] 조운로와 반드시 일치한다고 할 수는 없지만, 서해안의 항로에 대해서는 1123년 서긍의 『고려도경』에 구체적으로 기재되어 있다. 서긍은 6월 8일 아침 고군산열도 횡서(橫嶼)에서 출발하여 남쪽으로 자운섬을 바라보며 진행, 부용창산(富用倉山, 芙蓉山), 오후 4시경[申刻] 홍주산(洪州山)을 지나 6시[酉刻] 아자(鴉子, 軋子)섬을 통과하고, 안흥정이 소재한 마도에 이르러 정박

3) 문경호, 『고려시대 조운제도 연구』, 혜안, 2014, pp.224~229.

하게 되었다고 한다. 그리고 다음날 6월 9일 아침 8시[巳刻] 다시 마도를 출발하여 북상하였다.

언급된 충남 서해안의 이들 지명에 대해서는 종종의 논의가 있었으나,[4] 근년 모리히라[森平雅彦]는 자운섬을 비응도(飛鷹島) 혹은 연도(烟島), 부용산을 원산도 혹은 고만도, 홍주산을 안면도, 동원산(東源山)을 오서산, 아자섬을 거아도(居兒島)에 각각 비정하였다.[5] 이러한 논의를 바탕으로 접근한 문경호는 서긍이 이용한 서해 연안 해로의 여러 지명을 재검토하면서 부용(창)산을 보령 성주산, 홍주산을 오서산에 비정함으로써, 모리히라[森平雅彦]와 다른 의견을 제시하고 있다. 마도 직전의 아자섬에 대해서만은 서산시 남면 소재 거아도(居兒島)로 보는 의견이 일치한다.[6]

개경에 이르는 연안 해로에는 군산정(군산 선유도), 안흥정, 경원정(인천 영종도), 그리고 개경의 관문인 벽란도에 벽란정 등의 객관이 있다. 객관의 설치 목적은 외국(중국) 사신들의 '영송(迎送)'의 편의를 도모하는 것이었다. 장거리 항해에서 요구되는 여러 물자의 공급, 휴식, 그리고 출입국에 따른 여러 의식과 절차의 거행 등이 그것이다. 이들 객관이 남해 연안에 설치되어 있지 않은 점에서 생각하면, 객관은 국내용이라기보다는 국제적 교류와 교섭을 위한 시설이었다.

안흥정이 창건된 것은 문종 31년(1077)의 일이다. 태안반도에 안흥정이 창건되기 이전에는 고만도(보령)에 정(亭)이 운영되고 있었다. 즉 고만도의 객관은 1077년 이후 안흥정으로 그 기능이 옮겨진 것이다. 다음이 그 기록이다.

---

4) 祁慶富, 「10~11세기 한중 해상교통로」『한중문화 교류와 남방해로』(조영록 편), 국학자료원, 1997 ; 조동원 등 번역, 『고려도경』(번역), 황소자리, 2005.

5) 森平雅彦, 「忠淸道沿海における航路」『中近世の朝鮮半島と海域交流』, 汲古書院, 2013, pp.160~178 참고. 문경호는 자운섬을 연도, 아자섬을 거아도라 하여 이에 유사한 의견을 암시한 바 있다. 문경호, 『고려시대 조운제도 연구』, 혜안, 2014, pp.225~227.

6) 문경호, 「1123년 서긍의 고려 항로에 대한 검토」(미발표 원고).

(고려 문종 31년, 1077) 나주도제고사 대부소경 이당감(李唐鑑)이 아뢰기를 "중국 사신들을 영송함에 있어 고만도의 정(亭)은 수로가 점점 떨어져 배가 정박하기 불편합니다. 청컨대 홍주 관하 정해현 땅에 정을 창건하여 영송(迎送)의 장소로 삼도록 하소서" 하니 제서(制書)를 내려 그 말에 따랐으며 정의 이름은 '안흥'이라 하였다. (『고려사』 9, 문종 31년 8월 신묘)

안흥정의 전신은 고만도에 있었는데, 고만도가 불편하게 됨에 따라 새로운 객관 시설을 정해현 관내에 설치하도록 한 것이다. 위의 기록에서는 불편의 내용을 고만도가 "항로에서 점점 떨어져 선박의 정박이 불편하다[稍隔水路 船泊不便]"는 점을 들었다. 원래의 항로는 고만도에 근접하였으나, 토사와 갯벌이 충적되어 항로가 서쪽으로 점점 이동됨으로써 고만도와 거리가 있게 되었다는 설명인 것으로 보인다.

고만도정의 위치는 보령시 주교면 송학리의 송도(松島)에 해당할 것이라는 의견을 필자는 가지고 있지만,[7] 김성호는 보령시 천북면의 두만동을 지명한 바 있고,[8] 모리히라[森平]는 송도 대안의 육지부인 고정리(高亭里)를 상정하고 있어서[9] 약간의 견해차가 보인다. 천북면의 두만동은 연안 해로에서 벗어난 지점이라 적합하지 않고, '고만리'라는 지명이 남겨진 송도 대안의 육지부 해변을 지목하는 것에 대해서도 동의하기 어렵다. 모리히라의 견해는 송도가 "물이 빠지면 '고만'과 이어진다"[10]고 한 기록에 근거하여, 송

7) 이종영, 「안흥량 조거고」 『조선전기 사회경제사 연구』, 혜안, 2003, p.164 ; 윤용혁, 「고려시대 서해 연안해로의 객관과 안흥정」 『한국 해양사 연구』, 주류성, 2015, pp.152~154.

8) 김성호, 『중국진출 백제인의 해상활동 천 오백년』, 맑은 소리, 1996, pp.408~409.

9) 森平雅彦, 「高麗における宋使船の寄港地 '馬島'の 位置」 『中近世の朝鮮半島と海域交流』, p.57.

10) "松島: 在縣西二十二里 周十二里 潮退卽 與高巒連"(『신증동국여지승람』 20, 보령현 산천)

송학도 원경(토정 이지함 묘에서 바라봄)

도가 고만도와 이어진다 하였으므로 송도와 고만도는 같은 곳일 수 없다는 의견이다. 그리고 고정리에 '고만'이라는 지명이 남아 있는 점에 착안하여 이를 고만도로 비정하였다.

그런데 『신증동국여지승람』에는 송도와 별도로 고만도에 대하여 "고만도는 (보령)현의 서쪽 해중(海中) 22리 지점에 있다"고 적고 있다.[11] 비슷한 위치이지만 특별히 '해중'이라 강조한 점이 주목된다. 고정리에 소재한 현재의 고만리 마을은 해변지역이어서 섬이 될 수 없는 지역이기 때문에 이에 부합하지 않는다. 송도는 현재는 인공적으로 연륙되어 있지만 자연적으로 육지에 이어질 수 있는 조건은 아니다. 객관이 설치된 곳은 '고만도'라 하였기 때문에 고만도정의 위치는 당연히 섬의 공간에서 해석되어야 한다. 김정호의 『대동여지도』에는 '송도'와 '고만도'가 별도로 섬으로 기재되어 있다. 한편 현재의 송학도는 하송도와 상송도, 2개의 섬이 이어진 섬이다. 이러한 제반 상황을 종합하면 2개의 섬이 이어진 현재의 송학도는 결국, 송도와 고만도가 이어진 섬이다. 송도가 '물이 빠지면 고만도에 이어진다'는 앞의 기

11) "高巒島: 在縣西海中二十二里 古兵戍處 有民居"(『신증동국여지승람』 20, 보령현 산천)

록은 바로 이 점을 설명한 것이라 할 수 있다. 고만도(송도)는 안면도 바로 아래쪽, 육지에서는 서쪽으로 돌출되어 있는 위치이다. 고만도를 지나면 바로 원산도와 삽시도, 안면도 서쪽을 지나 태안반도 안흥량으로 진입하게 된다.

고만도정의 위치 문제도 그렇지만, 태안반도에 옮겨진 안흥정에 대해서는 매우 다양한 견해가 제기되어 있다. 소소한 의견까지 계산에 넣으면 여섯 가지 정도인데,[12] 이를 다시 정리하면 크게 세 가지로 압축된다. 서산시의 해미, 태안군의 마도, 그리고 인근 신진도 등이 그것이다. 안흥정의 위치 문제가 복잡하게 전개된 배경은 우선 문헌 기록의 상충이 첫 번째 이유이다. 거기에 안흥정의 공간으로 비정할 만한 장소가 불분명하다는 현지의 정황도 한 가지 이유가 된다. 문헌 검토만이 아니고, 현장에 대한 조사 검토가 반드시 필요한 이유가 여기에 있다.

3. 안흥정의 위치에 대한 여러 논의

1) 서산 해미의 안흥정

서산의 안흥정은 앞에 인용한 『고려사』 기록에 '홍주 관하 정해현의 땅'이라 한 것에 근거한다. 조선조에 편찬된 지리지에서는 그 위치를 "(해미현의) 동쪽 11리", 또는 '동쪽 5리'[13] 지점이라 하였고, 18세기 『여지도서』 혹은 『호서읍지』(1895)의 해미지도에는 해미읍성의 북서쪽에 '안흥정'이 표시되어 있다. 현재 해미면 산수리 한서대 부근에 해당하는데, 해발 200m 신선봉 능선의 거의 정상부에 건물터가 지금도 남아 있다.[14] 지표조사에 의

12) 해미, 마도, 신진도 이외에 해미의 양릉포, 태안 안면도, 태안 안흥 등이 그것이다.

13) 『신증동국여지승람』 20, 해미현 고적조 ; 『여지도서』 해미현 고적조.

14) 한글학회, 『한국지명총람』 4, 1974, p.86. 산수리조에 안흥정에 대한 설명이 있고, 5천

하면 현지에는 2단의 축대, 500평 정도의 평탄대지에 초석과 와편 등이 산포되어 있다.[15] 고려시대 기와류와 청자편, 토기편 이외에 조선시대 백자편이나 조선 말기의 와류도 다수 확인되고 있어 안흥정은 여러 용도로 계속 건물이 유지되어온 것으로 보인다. 안흥정의 기능은 아마 고려 후기 이후 상실되고 사원으로 그 기능이 전환된 것으로 보인다.

해미의 이 안흥정은 입지상 몇 가지 의문점을 가지고 있다. 해안으로부터 다소 떨어진 산의 정상부에 위치하고 있다는 점이 그 하나이고, 또 한 가지는 개경에 이르는 선박이 해미의 안흥정에 정박할 경우 안면도에 가로막혀 다시 남으로 내려가 안면도 남단을 우회하여 북상해야 한다는 점이다. 안면도는 17세기 인조조에 이르러 인공적인 방법으로 수로를 개착함으로써 섬이 된 때문이다. 이러한 점에서 해미에 설치된 안흥정의 기능은 풀리지 않은 의문점이 있는 것이 사실이다. 그러나 해미 안흥정은 15세기 『신증동국여지승람』을 비롯하여 조선조 지지류(地誌類)의 기록과 지도에 의하여 되풀이 확인되고 있을 뿐 아니라 지금까지도 '안흥정'이라는 지명까지 남아 있어서 '해미 안흥정'의 존재를 간단히 묵살하기는 어렵다.[16]

한편 기경부(祁慶富)는 안흥정이 소재한 마도를 안면도에 비정한 바 있다.[17] 그러나 마도가 안면도여야 하는 이유는 분명하게 설명되어 있지 않다. 모리히라[森平]는 마도 안흥정에 대한 문제를 검토하는 과정에서, '해미

분의 1 지도에도 '安興亭'이라는 지명이 현재 한서대학교 캠퍼스 부근에 표시되어 있다.

15) 충남발전연구원, 『문화유적분포지도(서산시)』, 1998, p.256.

16) 『신증동국여지승람』(해미현 역원)에 해미의 驛院으로서 '神堂院'이라는 이름의 院이 "해미현의 동쪽 6리 지점"에 등장한다. '신당원'이라는 院名은 인근에 유명한 신당이 존재하였음을 말한다. 안흥정의 위치와 멀지 않고, 가야산의 기슭이기도 하여, 이 신당의 존재가 안흥정과도 연관되었을 가능성을 암시한다.

17) 祁慶富, 「10~11세기 한중 해상교통로」 『한중문화 교류와 南方海路』(조영록 편), 국학자료원, 1997, pp.190~191 ; 조동원 등 번역, 『고려도경』(황소자리, 2005, pp.402~403)에서도 이를 따랐다.

의 안흥정' 설의 문제를 안흥정 설치 이유와의 모순, 항행상의 난점, 지리적 환경의 불일치 등을 조목조목 지적하면서 '해미의 안흥정'의 존재를 부정하였다.[18] 그러나 필자는 해미 안흥정의 경우 문헌적 근거가 분명한 만큼, 이를 간단히 부정하기 보다는 사실적 근거를 해명하는 작업이 필요하지 않는가 하는 의견을 개진한 바 있다. 그리고 구체적으로는 안흥정이 처음에는 실제 해미에 설치된 것이 아니었을까 추측하였다.[19]

2) 태안 마도의 안흥정

서해 연안 해로상의 객관 안흥정에 대한 기록은 1123년 고려에 사행한 송 사신 서긍(徐兢)의 『고려도경(高麗圖經)』에 등장한다. 서긍이 기록한 안흥정은 해미의 것과는 별도의 것이었다. 서긍은 마도에 진입하기 전 홍주산과 아자(鵶子, 軋子)섬을 거쳤다. 시간은 홍주산이 '신각(申刻, 오후 4시)', 아자섬이 '유각(酉刻, 오후 6시)'이며, 이후 '일순지간(一瞬之間)'에 마도에 도착한 것으로 되어 있다. 아자(鵶子)섬은 안면도와 마도 사이의 거아도(居兒島, 泰安郡 남면)로 추정되는 곳이다.[20] 귀로의 송 사신단은 역시 안흥정이 있는 마도에 정박하였고(7월 22일), 다음날 마도에서 아자섬을 지나 남으로 내려갔다.[21]

서긍에 의하면 안흥정은 '마도'라는 섬에 위치해 있고,[22] '마도'라는 이름

---

18) 森平雅彦, 「高麗における宋使船の寄港地 '馬島'の位置」 『中近世の朝鮮半島と海域交流』, 汲古書院, 2013, p.57.

19) 윤용혁, 「고려시대 서해 연안 해로의 객관과 안흥정」 『한국 해양사 연구』, 주류성, 2015, pp.164~156.

20) 森平雅彦, 「忠淸道沿海における航路」 『中近世の朝鮮半島と海域交流』, 汲古書院, 2013, pp.175~178 ; 문경호, 「고려시대 조운선과 조운로」 『고려시대 조운제도 연구』, 2014, p.227.

21) 신경준의 『道路攷』(海路)에서는 태안반도 일대의 해로에 대하여 원산도-항개초외도-안면도-경도-죽도-마도-안흥량 등으로 소개하고 있어서 참고가 된다.

22) 혹자는 서긍의 자료에 객관(안흥정)이 '마도에 있다'고 명기되지 않다고 의문을 제기하

은 "고려 관마를 평상시 이곳에 무리지어 방목하므로" 붙여진 이름이라고 한다.[23] 한편 마도의 지리적 형세에 대해서는, "주봉(主峰)은 크고 깊은데[渾厚], 왼쪽팔로 둥그렇게 감싸 안은 형국이다. 앞으로는 바위 하나가 바다로 잠겨들어 있다", 또 "샘물은 달고 초목은 무성하다"고 하였다. 이것만으로는 마도라는 섬을 짐작하기 쉽지 않은데, 다시 다음과 같이 언급되어 있다.

> 앞으로는 바위 하나가 바다로 잠겨들어 있어, 격렬한 파도는 회오리치고 들이치는 여울은 세찬 것이 매우 기괴한 모습을 뭐라고 표현할 수가 없다. 그러므로

신진도에서 바라본 마도 원경

기도' 한다. '마도'가 생략되고 단지 '有客館'이라 하였기 때문이다. 그러나 관련 기록의 전후 맥락을 살펴보면 안흥정이 마도에 소재한 것임은 분명하다.

23) 『고려도경』 37, 海道 4, 마도.

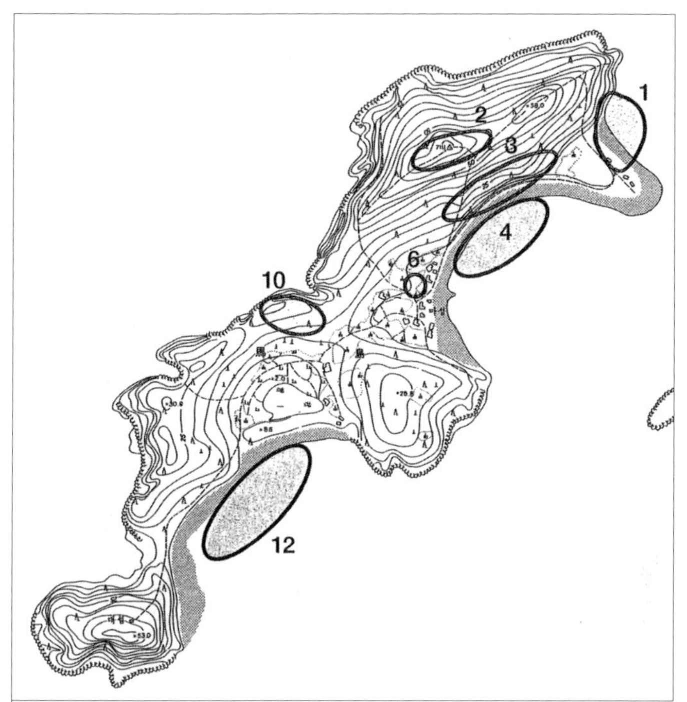

마도 지도(공주대학교 박물관)

> 그 부근을 지나가는 배들이 감히 가까이 접근하지 않는 경우가 대부분이다. 암초에 부딪칠까 염려하는 것이다. (그곳에) 안흥정이라는 객관이 있다.

서긍이 마도에 이른 것은 1123년 6월 8일 아침 일찍 군산도 남쪽 부근의 횡서(橫嶼)에서 출발하여 홍주 경내의 부용창산(富用倉山, 芙蓉山), 오후 4시경[申刻] 홍주산을 지나 6시[酉刻] 아자(鴉子)섬을 통과한 다음 바람을 타고 날듯이 마도에 이르러 정박하게 되었다고 한다. 마도에 도착한 것은 아마 저녁 7시경이며, 서긍 일행은 군산도에서 같이 군졸이 도열한 가운데 환영연에 참석하였다. 그리고 다음날 6월 9일 아침 8시[巳刻] 마도를 출발하여 북상하였다.

현재 지도상에서의 마도라는 섬은 태안군 근흥면 안흥 앞바다에 위치하고, 지금은 안흥항에서 신진도와 마도가 모두 연륙되어 있어 차량을 이용한 출입이 가능하다. '마도'라는 섬 이름은 조선조의 고지도에도 표시되어 있기 때문에 예로부터의 지명임을 알 수 있다. 그 위치는 해난 사고가 잦았던 이른바 안흥량 관장항에 이르는 길목이고 고려 조선시대를 거쳐 1천 년간 조운선이 통과하였던 태안반도의 서단에 해당한다.

마도에 안흥정이 설치되어 있었다고 보면 그 정확한 지점이 문제이다. 마도에는 신진도를 바라보는 쪽에 '마섬'이라는 섬의 중심 마을이 있는데, 지표조사 자료에 의하면 이 마섬 마을에 '유물산포지'가 보고되고 있다. 지형은 "야산의 남향사면 하단, 완만한 경사지대와 평탄지역이 접하는 곳", 유적 범위는 약 100평이며 기와가 많이 출토된 곳이라는 주민의 전언을 기록하고 있다.[24] 시대는 불분명 하지만 건물터임이 분명하여 안흥정의 일차적 후보지가 된다. 한동안 밭으로 경작한 것 같지만 버려진지 오래여서 잡초의 퇴적으로 상세한 상황 파악은 어렵다.

3) 태안 신진도

마도와 근접한 태안 신진도에 안흥정이 있었다는 주장은 근년 향토사학자 김기석이 구체적 의견을 제기한 것이고, 오석민, 이호경도 현지 답사를 토대로 안흥정의 신진도 가능성을 일차로 꼽고 있다. 서해 연안 해로와 마도 위치에 대한 정밀한 고증을 추구해온 모리히라[森平雅彦]도 마도보다는 신진도에 기울고 있다. 이점에서 신진도 설은 최근 가장 강력하게 부각되고 있는 주장이라 할 수 있다. 그러나 신진도를 주장하는 이들의 의견이 구체적으로 반드시 일치하는 것은 아니다.

---

24) 공주대학교 박물관, 『문화유적분포지도(태안군)』, 2000, p.229. 태안 마도 유물산포지 참고. 태안군 근흥면 신진도리 192전, 193답에 해당한다.

신진도의 능허대

김기석은 신진도의 북단 능허대(凌虛臺) 부근의 '대청마루'라고 하는 곳을 지목하고 있다.[25] 서긍이 "앞으로는 바위 하나가 바다로 잠겨들어 있어, 격렬한 파도는 회오리치고 들이치는 여울은 세찬 것이 매우 기괴한 모습을 뭐라고 표현할 수가 없다"고 한 '바다로 잠겨들어 있는' '바위 하나'를 능허대로 추정한다.[26] 능허대 굽이 돈 '앞말 앞바다'가 송 선박의 정박처라 추정하였다. 그 중요한 근거는 '대청마루'에서 평평하게 다듬어진 초석과 와편이 널려 있었다는 주민의 증언이다. "송나라 사신이 왕래할 때 사용한 건물이 있었던 곳"이라는 전언이다.[27]

이에 대해 오석민, 이호경은 신진도의 다른 지점을 지목하고 있다. 후망봉(堠望峰)을 배경으로 한 지점으로 마도와 연결되는 신진도의 서북쪽 안흥초등학교 신진도분교인데, 앞의 지점에서 멀지 않은 위치이다. 상대적으로

25) 태안군 근흥면 신진도리 136-1에 해당한다.

26) 馬島를 安興半島로 추정하는 森平는 김기석의 凌虛臺를 官首角(官長角)에 비정하고 있다. 森平雅彦, 「高麗における宋使船の寄港地 '馬島'の位置」, p.51.

27) 김기석, 「새로 발견한 태안의 안흥정터」(원고본).

비교적 큰 대지이며 전반적으로 마도 방향으로 열린 'ㄷ'자 형태의 대지이다.[28] 후망봉은 "고려 때 송나라에 사신 갈 때는 먼저 이곳에서 산제를 올리고 일기가 청명하기를 기다려 떠났다"는 구전이 있는 곳이다.[29] 2015년 현지에서 오석민 등이 수습한 명문 기와는 '年思□'로 판독 되었다.[30] 안흥정과 직결 시킬만한 명문은 아니지만, 바닷가 외진 섬에서 청자편과 함께 출토한 명문 기와는 격식 있는 건조물의 존재를 입증하는 것이라 할 수 있다. 향후 발굴조사의 계획을 수립중에 있는데, 일단 해양 문화의 의미 있는 유적으로 생각된다. 이호경은 주변에 3개의 우물이 있다는 점을 지적하면서 안흥정으로서 가장 유력한 지점이라는 의견을 피력하였다.[31]

4) 안흥(안흥진성)

한편 모리히라[森平雅彦]는 안흥정 위치에 대해 신진도의 구체적 지점을 지목하고 있지는 않으나 '마도'보다는 신진도를 포함한 안흥의 어느 지점일 수 있다는 의견을 가지고 있다. 우선 앞에서 인용한 서긍의 마도에 대한 묘사가 지령산(智靈山)을 중심으로 한 '안흥반도'에 부합하다는 것이다.

> 즉 태안 안흥반도의 주봉(主峰)은 전술한 지령산인데, 높이는 200m 정도, 폭과 두께가 있어서 중량감 있는 산의 모습이다. 크고 깊다(渾厚)는 마도의 주봉은 이에 비정할 수 있을 것이다. 서긍이 산 높이에 대해서는 특별히 언급하고 있지 않은 점도 높이 자체는 반드시 현저하지 않은 실상을 충실히 묘사하고 있다고 할

---

28) 이호경, 「안흥정 시굴조사 보고」 『고려 해상 뱃길과 안흥정』(세미나 발표 자료집), 태안문화원, 2015, pp.9~10 참조. 대지는 태안군 근흥면 신진도리 73전 일대 10필지에 해당한다.

29) 한글학회, 『한국지명총람』 4, 1974, p.17.

30) 오석민, 「안흥정 위치 비정을 위한 학술지표조사 및 학술대회 제안서」(원고본).

31) 이호경, 앞의 발표문, p.10.

지령산 원경

수 있다. 현재 그 내측은 논이나 간척지가 되어 있는데 원래는 깊이 만입(灣入)한 간출사퇴(干出沙堆)였다. 마도의 주봉으로부터 왼팔로 둥그렇게 감싸안은 형국이라는 것은 아마 이에 해당하는 것일 것이다.[32]

서긍에 의하여 묘사된 '마도'의 지형적 조건과 함께 현재의 마도는 8척이나 되는 대형 선박이 정박하기 어렵다는 점이 마도를 안흥에 비정하는 이유이다. '마도'에 비하여 안흥은 신진도를 앞에 끼고 있어 풍파를 피할 수 있고 수심도 확보되어 있어 정박지로서 가장 적합한 위치라는 것이다.[33] 그리하여 당시 송 사신 서긍의 정박처를 마도가 아닌 안흥항(구항)에, 그리고 객관은 "안흥항 연안의 안흥 집락(集落)이나 그 건너편 신진도 동안(東岸)의 만안(灣岸)"을 지목하고 있다.[34] 안흥항이 송 선박의 정박처이고, 안흥정은 신진도를 포함한 안흥항 부근에 소재한다고 보는 것이다. 안흥정이 신진도

32) 森平雅彦, 「高麗における宋使船の寄港地 '馬島'の 位置」『中近世の朝鮮半島と海域交流』, 汲古書院, 2013, p.50.

33) 위의 논문, p.49.

34) 위의 논문, pp.48~49 및 pp.53~54.

안흥진성(안흥정의 위치를 안흥진성에서 찾는 의견도 있다)

에 있었을 가능성을 전제하고 있다는 점에서는 앞의 신진도 설과 상통하는 견해이기도 하다.

아예 안흥, 안흥진성을 안흥정의 위치로 보는 의견도 있다. '안흥산성 관상대 부근'이 안흥정의 자리라는 것이다. 당시의 안흥항은 지금은 '육지화된 안흥산성의 후면'이라고도 하였다.[35] 여기에서 말하는 '안흥산성'은 안흥진성을 지칭한다.

4. 태안 안흥정의 위치 문제

안흥정의 위치 문제에 대해서 최근 특히 논란되고 있는 것은 태안의 마도와 신진도이다. 마도와 신진도는 안흥반도에 이어지는 부속도서로서 인접한 위치인데다 안흥량의 수로에 해당하는 곳이어서 크게 말하면 지리적으로 큰 차이가 있는 것은 아니다. 그러나 안흥정의 위치를 구체적으로 확정

35) 김성호, 『중국진출 백제인의 해상활동 천 오백년』, 맑은 소리, 1996, pp.411~423.

해야 하는 입장에서는 분명히 다른 장소가 된다.

안흥정의 위치에 대한 문헌 자료는 여러 소재가 있지만, 가장 중심이 되는 자료는 역시 1123년 송 사신 서긍의 『고려도경』이다. 그러나 서긍의 관련 기록만으로는 마도와 신진도 여부를 가리는 것이 쉽지 않아 보인다. 문제는 이 기록에 섬 이름이 '마도'로 기록되어 있는 점이다. '마도'라고 명시되어 있는 것을 굳이 부정하여 '신진도'라는 다른 섬이 '마도'라고 하는 것은 논리상으로는 무리한 점이 있다는 것이 필자의 의견이다.

기본 자료인 서긍의 기록에 안흥정의 소재가 '마도'로 명시되어 있는 이상, '마도 안흥정' 설이 일차적 우선권을 갖는다. 모리히라[森平]의 경우 '마도'에 대한 의문은 대선단의 정박처로서의 적합성 여부에서 비롯된다. 이와 관련하여 서긍의 『고려도경』 관련 기록을 다시 읽게 된다.

> 밤이 되자 큰 횃불을 태워 밤하늘을 휘황하게 밝혔는데, 마침 바람이 아주 거세져서 배가 흔들리자 거의 앉아 있을 수 없을 지경이었다. 사신이 부축을 받아 작은 배로 해안에 올라(登岸) 군산정의 예에 따라 서로 인사하였다. 하지만 술은 받아 마시지 않고 밤이 깊어 사신의 배로 돌아왔다.

마도 정박시의 기록이다. 그날 대선단은 마도 해변에 직접 배를 접안한 것이 아니었다. 해변에서 조금 떨어진 해중(海中)에 있었는데, 직접 정박하기에 적합하지 않았던 때문인 듯하다. 송 사신은 선단에서 작은 배를 이용하여 섬에 올랐다가, 밤이 깊어지자 마도에서 숙박하지 않고 다시 선단으로 귀환하였던 것이다. 아마도 당시 송 사신의 선단은 마도와 신진도 사이의 해중에 머물러 있었던 것으로 보인다. 그러나 안흥정은 마도에 소재한 것으로 명기되어 있다.

서긍이 언급한 '마도'는 오늘의 '마도'일 것으로 필자는 생각한다. '마도'라는 섬 이름은 18세기 영조년간 제작의 지리서, 『여지도서』에서도 확인되고

안흥진성 고지도(마도와 신진도가 함께 표시되어 있다)
(규장각 소장 태안지도)

있다.[36] '신진도(新津島)'라는 섬 이름은 오래된 정박처이기보다는 무언가 후대에 개발된 정박지라는 느낌을 준다. 이러한 점에서, 1123년 송 사신의 선단이 안흥항에 입항하였을 것이라든가, 안흥정이 안흥항 부근의 마을에 위치하였을 가능성은 많지 않은 것으로 생각된다. 신진도의 경우도 그 자체만으로는 타당성이 있는 것처럼 보이지만, 서긍이 '마도'라고 명기하고 있기 때문에 역시 마도는 마도로 보는 것이 합리적인 것이 아닌가 한다. 다만 '마도 안흥정 설'이 확정되기 위해서는 구체적인 고고학적 증거를 제시해야 한다는 과제가 여전히 남아 있다.

문경호는 서해 연안의 해로에 설치된 객관은 사신들이 머물렀던 개경의 객관과는 성격상 차이가 있는 것으로 파악하고, 이유원(李裕元)의 『임하필기(林下筆記)』 혹은 『증보문헌비고』 등을 근거로 '객관' 대신 '정관(亭館)'이라는 용어가 적합하다는 의견을 제안하고 있다.[37] 한편 14세기 공주에 재건된 영춘정(永春亭)에 대한 자료에는 영춘정에서 이루어진 다양한 행사 가운데 다음과 같이 손님을 맞는 행사가 소개되어 있다.

---

36) 이 지도에 新津島는 '新鎭島'라 하여 기재상의 차이가 있다.

37) 문경호, 「1123년 서긍의 고려 항로와 경원정」 『한국중세사연구』 28, 2010, p.487 참조.

세종시에서 열린 안흥정 학술세미나(2015)

> 큰 주(州)나 부(府)에서는 또 영객정(迎客亭)이란 것이 있다. 안부(按部)라든가 찰방 같은 크고 작은 사절이 오고 갈 때면 주나 부에서는 반드시 모든 군관과 병졸과 모든 우두머리 아전들에게 명하여 깃발을 들고 의관을 갖추고 먼저 나가서 먼 경계선에서 영접하고, 부관과 군수는 관료들을 인솔하고 가죽신과 복장을 갖추고 맞이하여 뵈옵는 형식을 갖추고 서로 차례대로 근교에서 기다린다. 외모를 단정히 하고 예를 행함에 있어 엄숙하며, 공경하고 진실하며 삼가고, 주인과 손님의 거동을 화목하게하며 높고 낮은 지위를 차려서 맞이하며 또한 전송하게 될 때에 또한 이 정자가 꼭 필요한 것이다. (『동문선』 65, 公州東亭記)

이같은 손님맞이의 기능이 바로 서긍이 군산정 혹은 안흥정과 같은 객관에서 경험한 행사와 유사성이 있는 것처럼 보인다. 위의 '공주동정기(公州東亭記)'에는 당시 영춘정(迎春亭)이 건축되는 과정에 대해서도 다음과 같이 언급되어 있다.

> 지면의 넓이를 참작하여 지대가 동편으로 치우쳐 있으므로, 거기에 빈루(賓樓)를 세우고 남향으로 몸체를 높이 지었다. 서쪽행랑과 남쪽행랑이 모두 14칸이요, 옷갈아 입는 장소와 음식 차리는 장소며, 겨울에 사용할 온돌방과 여름에 사용할 시원한 대청까지 모두 마련되었다. 그리고 나서 곧 축대를 쌓고 매질을 하고 단청

을 올렸다. 그 규모는 넓지도 않고 좁지도 않으며 그 설비는 누추하지도 않고 화려하지도 않았다. 평평한 마당과 층층대의 계단과 행랑과 보도(步道)들의 위에서는 예절을 행할 수 있으며, 아래에서는 사무를 진행할 수 있었다.

이에 의하면 '빈루(賓樓)'라 칭해진 남향의 누정 건물 이외에 서쪽과 남쪽에 14칸의 행랑, 음식을 차리는 주방, 온돌방과 대청 등에 대해서도 언급되어 있다. 이것은 군산정 혹은 안흥정의 건축 구성에 대해서도 암시를 주는 것으로 생각된다. 즉 '정(亭)'으로 칭해진 객관은 의례용의 누정 건물 이외에 음식과 숙박, 계절이 고려된 다양한 시설이 함께 설비되어 있다는 것이다. 군산정의 경우도 "정(亭)은 바닷가에 있고 뒤로 두 봉우리에 의지했는데, 그 두 봉우리는 나란히 우뚝 절벽을 이루어 수백 길이나 되었다. 관문 밖에는 관아(공해) 10여 칸이 있다"[38]고 하여 역시 부속 시설에 대하여 언급되어 있다.

5. 맺음말

고려시대 서해 해운로상의 객관은 해로를 통한 대외 교류가 발달하였던 고려시대의 관영 시설로서 주목할 만하다. 이에 대하여 12세기 초 송 서긍의 『고려도경』 자료를 주로 사용하여 당시 서해상 객관이 흑산도, 군산도(군산정), 태안의 마도(안흥정), 자연도(영종도, 경원정), 예성항(벽란정) 등에 설치되어 있음이 밝혀져 있다. 이들은 대략, 1~2일 거리의 간격으로서 사신들의 접대 및 연안 해로 통행의 편의와 함께 각종 의례를 집행하는 기관으로서 활용되었다.

서해 연안의 객관 가운데 본고에서 중점 검토한 것은 안흥정이다. 그런

38) 서긍, 『고려도경』 36, 해도 3, 군산정. 군산정에 대해서는 최근 문경호의 논문(「고려도경을 통해본 군산도와 군산정」 『지방사와 지방문화』 18-2, 2015)이 제출되었다.

데 안흥정에 대해서는 서산 해미와 태안의 마도라는 두 지역이 기록되어 있다. 여기에 안흥항 혹은 안흥진성을 지목하는 의견이 있고, 최근에는 마도와 안흥항 사이 신진도를 안흥정 소재지로 보는 의견이 대두하고 있다. 본고에서는 안흥정의 위치와 관련, 특히 서긍이『고려도경』에서 언급한 정박처 안흥정은 태안군 근흥면 소재의 마도일 것이라는 점을 다시 확인하였다. 다만 마도의 어느 지점이었는가 하는 구체적인 장소를 제시하지는 못하였다.

신진도의 경우 고려기의 명문와와 청자의 출토 지점이 있어서 주목되는 것은 사실이지만, 이를 안흥정으로 지목하기에는 아직 연결 관계가 분명하지 않다. 이 문제에 대해서는 향후 관련 지점에 대한 보다 치밀하고 종합적인 조사가 이루어진 후에 다시 논의할 기회가 있을 것으로 생각한다.

안흥정의 전신인 보령의 고만도정 위치에 대해서도 의견이 엇갈려 있는 상태인데, 필자는 현재의 송학도(松鶴島)가 고만도에 해당한다는 의견을 거듭 확인하였다. 고고학적 근거를 제시하지 못한 점은 역시 문제로 남는다. 마도 해역에서는 태안선 조사 이후 마도1, 2, 3, 4호선 등 지속적인 수중조사가 진행됨으로써 한국 중세 역사의 지경을 넓혀왔다. 그러나 수중조사와 함께 인근 도서 연안 지역에 대해서도 종합적인 검토가 이루어져야 할 필요성이 더욱 높아진 것으로 생각된다. 이와 더불어 태안, 서산지역의 운하 관련 유적의 문화유산으로서의 지위 부여 문제는 매우 시급한 과제일 것이다.

* 이 논문은 九州大學 韓國硏究センター, 『韓國硏究センター 年譜』 16, 2016에 실린 것임.

제2부 고려의 뱃길과 태안반도

제3장 태안선과 마도3호선의 침몰 연대

1. 머리말

2007년 국립해양문화재연구소는 태안군 근흥면 정죽리 대섬 앞바다에서 2차에 걸친 수중 발굴조사를 통하여 고려 청자 약 2만여 점을 인양하였으며, 강진에서 개경으로 운송되는 사정을 전하는 목간 자료와 선체 일부를 확보하였다. 인양 유물은 총 25,044점으로 공식 집계된 바 있다.[1] 태안선의 연대는 처음 출토 청자의 연대를 중심으로 논의된 결과 12세기 전반에서 13세기 초에 이르는 다양한 견해가 제출되었다. 이와 관련한 목간의 연대가 근년 새로 판독됨으로써[2] 논의는 새로운 단계에 접어들었다.

한편 국립해양문화재연구소의 태안 해역에서의 조사는 태안선에 이어 2009년 마도1호선, 2010년 마도2호선, 2011년 마도3호선, 2015년 마도4호선에까지 이어졌다. 그 가운데 마도3호선은 강화도의 삼별초 및 무인집정자 김준에게 전달되는 물품이 포함되어 있어서 비상한 관심을 모았고, 임경

1) 국립해양문화재연구소, 『고려 청자보물선』, 2009.

2) 임경희, 「태안선 목간의 새로운 판독 -발굴보고서를 보완하며」 『해양문화재』 4, 2011.

희에 의한 목간 자료의 검토에 의하여 1265~1268년이라는 시점으로 연대가 압축된 바 있다.[3)]

이상과 같은 경과에 의하여 태안선과 마도3호선의 연대는 상당 부분이 설정 가능하게 된 셈이다. 그러나 관련 자료의 검토에 따라서는 더 구체적인 연대관을 확보할 수 있는 것으로 생각된다. 이러한 목적에 의하여 본고는 쓰여졌다. 태안선과 마도3호선의 연대 문제에 대한 심층적 검토는 향후 수중 발굴에 의하여 취득된 다양한 자료에 대한 연대관의 정리에 있어서도 유익한 시사를 줄 것으로 생각한다.

2. 태안선의 침몰 연대

1) 태안선의 연대에 대한 논의

태안선 발굴 초기에 가장 관심을 집중시킨 것은 침몰선의 연대 문제였다. 절대 연대를 알 수 있는 자료가 결여되어 있었던 만큼 침몰선 연대 문제는 주로 인양된 청자에 대한 연대관에 초점이 모아졌다. 처음 발견 당시의 청자에 대한 의견은 12세기 중반으로 알려졌으나, 이후 발굴 자료에 대한 총괄적 검토 결과는 12세기 전반, 혹은 13세기 초(1210년대) 등으로 전문가에 따라 그 견해가 다소 엇갈리는 양상이 전개되었다.

우선 그동안의 태안선 청자에 대한 연대관을 정리하고자 한다. 발굴 직후 국립해양유물전시관(국립해양문화재연구소)에서 만든 전시회 자료에는 "12세기 중반에 전남 강진에서 도자기를 싣고 개경으로 항해하던 중 태안 해저에

3) 임경희, 「목간」『태안 마도3호선 수중발굴조사보고서』, 국립해양문화재연구소, 2012, pp.251~252; 「마도3호선 목간의 현황과 판독」『목간과 문자』 8, 2011, pp.215~219; 「마도3호선과 여수」『제3회 전국해양학자회의(자료집 2)』, 목포대학교 도서문화연구원, 2012, pp.57~60.

서 침몰한 것"이라 하였다.[4] 이에 의하여 태안선의 시기는 '12세기 중반'이라는 인식이 형성되었다. 그러나 발굴 이후의 개최된 한 세미나에서 윤용이 선생은 태안선 유물을 1210년대, 13세기 초 유물로 비정하였다. "1220년대로 추정되는 군산도 비안도 출토의 청자에 가장 가깝다. 다만 태안선 출토 청자 중에는 내화토빚음받침이 포함되어 있어 비안도에 앞선다"[5]는 것이 그 근거였다. 만일 그렇다면 태안선의 연대는 13세기 초로 늦추어진다. 이와 유사한 의견은 이미 장남원에 의해서도 제시되었는데, 12세기 후반에서 13세기 전반 사이에 태안선 청자를 위치시킨 것이다.[6]

13세기 초라는 의견이 나오는데도 불구하고, 태안선 청자의 편년에 대한 논의는 대략 12세기로 모아졌다. 염혜희는 퇴화청자(堆花靑磁)에 대한 연구에서 태안선의 퇴화문 접시가 12세기 전, 중반에 편년되는 것이라 하였고,[7] 조은정은 강진 용운리 10호-Ⅱ층 (가)유형과의 친연성에 근거하여 '12세기 중반을 전후한 시기'로 추정하였다.[8] 이같은 논의를 배경으로 하여 2009년도에 간행된 태안선의 보고서에서 정리한 것은 "청자의 중심 제작 시기는 12세기"라는 것이었다.[9] 이것은 처음 언급한 '12세기 중반'을 고수하면서, 다만 연대 폭을 안정적으로 넓힌 것이다. 같은 보고서에 실린 나선화 선생이 제시한 '12세기 전반'이라는 의견, 혹은 '12세기 전, 중반'이라는 선체에

4) 국립해양유물전시관, '태안 바다속, 고려 청자 천년의 이야기' 전시 자료, 2007.

5) 윤용이, 「고려 청자의 생산과 소비, 항로」『청자 보물선 뱃길 재현기념 국제학술심포지움』, 2009, pp.6~12.

6) 장남원, 「조운과 도자생산, 그리고 유통 -해저인양 고려도자를 중심으로」『미술사연구』 22, 2008, pp.185~186.

7) 염혜희, 「고려 퇴화청자 연구」, 홍익대학교 석사학위논문, 2007, pp.84~86.

8) 조은정, 「태안 해저인양 청자의 성격과 제작시기」『고려청자보물선과 강진』, 국립해양문화재연구소·강진군, 2009, pp.238~243.

9) 국립해양문화재연구소, 『고려청자보물선』 결어, 2009, p.486.

대한 방사성탄소연대측정의 결과를 두루 반영한 것이라고도 할 수 있다.

나선화는 기형과 번조 방법 등으로 보아 태안선 청자는 12세기 중반으로 편년할 수 있지만, "장식 문양의 표현 양식에 10~11세기 중국 월주요계 형식의 문양 주제와 기법이 이입되어 있어 제작 시기는 11세기 후반~12세기 전반으로 추정된다"는 것이다. 그리하여 구체적으로는 12세기 전반기에 탐진 최씨 일가의 개인 요장에서 생산되어 공급되어진 것으로 생각된다는 견해를 제시한 것이다.[10]

태안선 연대 문제와 관련하여 흥미 있는 자료가 보고서에 함께 수록되었다. 선체에 대한 연륜연대와 방사성탄소 연대측정 결과인데, 이에 의하면 태안선 선체의 연륜연대는 1126~1150년(95.4C.I)으로 제시되었다.[11] 이 연륜 연대를 태안선의 조선 시기로 본다면, 청자의 제작 시기, 혹은 침몰 시기는 이보다 조금 뒤로 잡히게 된다. 이를 감안할 경우, 그 시기는 대체로 12세기 전반 내지 중반이다. 아주 늦을 경우는 '12세기 후반'까지도 배제할 수 없게 된다.

태안선 보고서 출간 이후 최명지는 태안선의 청자를 12세기의 전반, '12세기 2/4분기 이전'으로 추정함으로써, 보고서에서 제시한 편년에 힘을 실었다. 청자의 양식과 기법이 강진 용운리 10호-Ⅱ층 (가)유형과 유사하다는 것과 함께 수취자의 1인인 최대경(崔大卿)이 최용(崔湧, ?~1119)에 해당한다는 해석이 그 근거였다.[12]

---

10) 나선화, 「태안 대섬 침몰선 청자 인양조사의 성격과 의미」『고려청자보물선』, 국립해양문화재연구소, 2009, pp.478~481.

11) 손병화 외, 「태안선 선체의 연륜연대와 방사성탄소연대 분석」, 한국문화재보존과학회 제33회 춘계학술대회, 2011.

12) 최명지, 「태안 대섬 해저출토 고려청자 연구」, 고려대학교 석사학위논문, 2009, pp.148~152.

2) 태안선 목간 연대의 판독

태안선의 연대와 관련하여 적외선 촬영에 의하여 간지가 적힌 목간의 글자가 뒤늦게 확인된 것은 2011년의 일이었다. 태안선 목간 25014, 25017 등이 그것이다. 25014는 '임자'로 보기도 하였으나, 나무의 흑화현상으로 판독 불가의 상태에 있다. 반면 25017의 글자는 '신해(辛亥)' 또는 '신미(辛未)'로 판독되었다.[13] 위의 연대와 함께 간지를 해석하면 신해는 1131년(인종 9), 신미는 1151년(의종 5)을 의미한다. 다만 글자 판독에서 신해와 신미의 판단이 가능하지 않았기 때문에, 태안선의 연대는 간지 목간의 존재에도 불구하고 '12세기 전중반'이라는 결론에서 벗어나지 못하게 되었다.

임경희의 논문과 함께 기획논문으로서 태안선 청자에 대한 검토가 이루

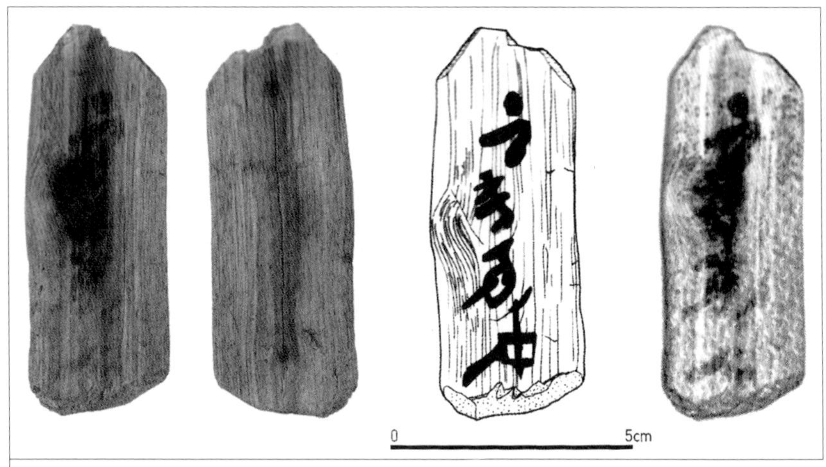

새로 판독된 태안선 목간의 적외선 사진(국립해양문화재연구소)

13) 임경희, 「태안선 목간의 새로운 판독 -발굴보고서를 보완하며」 『해양문화재』 4, 2011, pp.322~324.

어졌다. 개괄적 검토가 아니고, 특정 청자를 전문적으로 검토하는 것이었다. 청자화로형향로, 소형접시, 앵무문 · 연판문의 대접과 접시 등이 그것이다. 연대 편년에 대해서는 확정하지는 않았지만, 청자화로형향로는 '12세기 중엽경',[14] 소형접시 '12세기 중반',[15] 앵무문 · 연판문 대접과 접시에 대한 검토에서는 '12세기 전반~중반경'이라는 연대[16]를 제시하고 있다. 1131년, 혹은 1151년이라는 목간의 연대에 부합하면서도, 그 중 1151년 의견이 우세하다는 것이 된다.

임경희에 의한 목간 자료 판독은 태안선 연대에 대한 중요한 절대 자료의 성격을 갖는 것이지만, 1131년과 1151년이라는 두 가지 가능성으로 인하여, 12세기의 전반인지, 중반인지는 여전히 판단이 어려운 상태로 문제가 남겨진 것이었다. 이같은 자료 판독을 배경으로 최명지는 태안 청자의 편년을 1131년(신해)으로 해석 하였다. 태안선 출수의 통형잔이 인종(재위 1122~1246) 장릉 출토의 것보다 이른 시기의 것이라는 관점이 주요 근거였다.[17] 이는 기왕에 자신이 제시한 12세기 2/4분기라는 견해를 그대로 반영한 것이기도 하다.[18]

---

14) 이희관, 「대섬 해저 인양 청자화로형향로와 관련된 몇 가지 문제」『해양문화재』 4, 2011, pp.7~8.

15) 조은정, 「태안 대섬 해저 인양 소형접시의 조형적 특징과 제작양상」『해양문화재』 4, 2011, p.116.

16) 임진아, 「태안 대섬 출토 음각앵무문·양각연판문 대접·접시의 특징과 제작시기 고찰」『해양문화재』 4, 2011, p.124.

17) 최명지, 「태안 대섬 해저출수 고려청자의 양식과 제작 시기 연구」『미술사학연구』 279·280, 2013, pp.56~57.

18) 1131년이라는 연대에 대해서는 필자도 동의하지만, 그러나 그 근거로서 최대경을 최용에 비정하는 것은 적절하지 않다. 1131년으로부터 이미 10여 년 전 이미 최용이 사망하였기 때문이다.

3) 태안선 침몰과 굴포운하 개착

태안선의 연대와 관련한 논의의 1단계는 청자 자료 자체에 대한 고찰에 의하여 전개되었다. 그리고 목간 자료의 판독은 그 2단계에 해당하는 셈이다. 이에 의하여 태안선의 연대는 1131년 혹은 1151년의 두 가지로 요약되었지만, 12세기의 전반인지 중반인지는 여전히 해결되지 않은 문제로 남아 있는 셈이다. 여기에서 필자는 태안 고려 청자선에 대한 고찰에서 시대적 배경에 대한 관점이 적용되어야 한다는 점을 제안하고자 한다. 태안 청자선 편년 설정에 직접적 근거로 사용할 수는 없지만, 이 문제와 관련하여 이 시기의 고려의 국내외 정세에 대한 이해는 매우 중요하다고 생각된다. 이하 12세기 전반의 시대적 추이를 간략히 정리, 제시한다.

1122년 4월	예종 죽고, 인종 즉위
1123년 6월	송 사신단(서긍) 개경 입경
1124년 7월	이자겸을 조선국공에 봉하고 숭덕부를 세움
1125년 1월	요(거란)가 금(여진)에 의하여 멸망함
1126년 2월	척준경이 궁궐에 불을 지름
1126년 4월	금에 사신을 보내 칭신(稱臣)함
1126년 9월	금이 송의 수도 변경을 함락함(북송 멸망)
1126년 12월	이자겸을 처단함
1127년 5월	송 고종 즉위(남경), 남송의 개국
1128년 11월	인종이 서경에 행차하여 임원역을 옮기고 새 궁을 짓게 함
1132년 1월	개경의 궁궐을 수리함
1132년 2월	묘청, 정지상 등이 서경 천도를 건의함
1134년 7월	내시(內侍) 정습명(鄭襲明)을 파견하여 태안반도에 운하 굴착 시도 (실패)
1135년 1월	묘청 등이 서경에서 반란을 일으킴(묘청의 난)
1138년 10월	개경 궁궐의 중수를 마침

1145년 12월 김부식이 『삼국사기』 50권을 찬진함

1146년 2월 인종 죽고, 의종이 즉위함

12세기 전반은 고려는 물론 동아시아 대륙의 정세가 크게 요동하는 시기였다. 이자겸의 난, 묘청의 난이 일어나고, 대륙에서는 요와 북송이 멸망하고 여진의 금이 중원을 차지하는 등 국내외적으로 격변의 시기였던 것이다. 그러한 역사 중 청자선과 관련하여 가장 주목되는 것은 1134년(인종 12) 태안반도에서의 운하공사였다.

이달에 내시 정습명(鄭襲明)을 시켜 홍주 소대현(蘇大縣, 태안)에 운하를 굴착하게 하였다. 안흥정 부근의 바닷길[海道]이 사방에서 모여든 물살로 거셀 뿐 아니라 암석의 위험한 곳이 있으므로 종종 배가 뒤집히는 사고가 있었기 때문이다. 혹자가 소대현 경계에 운하(河道)를 파면 배가 다니는 데 크게 도움이 될 것이라 하므로 인근 고을 사람 수천 명을 징발하여 팠으나 마침내 이루지 못하였다. (『고려사』 16, 인종세가 12년 7월)

1134년 태안과 서산의 경계에 운하 굴착을 시도한 것은 안흥량 일대에서 "종종 배가 뒤집히는 사고"가 일어났기 때문이다. 만일 청자선의 침몰이 태안반도 운하공사 굴착 시도의 한 계기가 되었다고 한다면, 청자선의 침몰 연대는 1130년대 초로 설정될 수 있다. 태안선 발굴 초기 발표 및 토론회에서 필자는 '1130년대 초',[19] 혹은 더 구체적으로 '1132년, 1133년경'이라는 연대를 제안한 적이 있다.[20] 이러한 배경에서 필자는 임경희가 판독한 태

19) 윤용혁, 「태안반도의 연해 운송로와 운하굴착 문제」(태안 국립해양문화재연구소 건립기원 태안역사문화 학술발표회), 국립해양문화재연구소 건립추진위원회, 2007.10.12., p.29.

20) 강진군, 『청자보물선 뱃길 재현기념 국제학술심포지엄』, 2009.6.9.(장소 국립고궁박

안선의 목간 신해(1131)와 신미(1151) 가운데, '신해'(1131)가 이에 부응하는 것으로 생각한다. 12세기의 전반, 2/4분기의 의견을 지지하게 되는 것이다. 목간에 적힌 '신해', 1131년(인종 9)이 바로 태안선의 침몰 연대가 될 것이다. 이상의 논의를 간략히 표로 정리하면 다음과 같다.

태안선 청자 연대에 대한 논의

필자	추정 연대	근거	발표연도	비고
국립해양 문화재연구소	12세기 중반	종합 의견	2007	전시 자료 보고서 결론
염혜희	12세기 전, 중반	堆花青磁의 편년	2007	
장남원	12세기 후반 ~13세기 전반	강진 용운리 10호-Ⅱ층 (나)유형	2008	
윤용이	1210년대	군산 비안도 유물(추정 1220년대)과의 대비	2009	
조은정	12세기 중반	강진 용운리 10호-Ⅱ층 (가)유형	2009	
윤용혁	1132, 1133년	1234년의 태안 굴포 운하 개착	2009	침몰연대
나선화	12세기 전반	장식 문양의 표현 양식 (10~11세기 중국 월주요계 영향)	2009	
손병화 외	1126~1150년	태안선 연륜연대 (방사성 탄소연대 측정)	2011	태안선 선체 연륜연대
최명지	12세기 전반 (2/4분기 이전)	강진 용운리 10호-Ⅱ층 (가)유형/ '최대경' → 최용	2009	
임경희	1131년(신해), 또는 1151년(신미)	적외선 촬영 자료 판독 (자료 25017)	2011	목간 연대
이희관	12세기 중엽	청자화로형향로	2011	
임진아	12세기 중반	앵무문 · 연판문 대접과 접시	2011	
최명지	1131년	'12세기 전반' '신해'	2013	목간 연대

물관), p.39.

3. 마도3호선의 침몰 연대

1) 마도3호선의 조사와 수취인

국립해양문화재연구소의 태안군 안흥의 연안 해역 마도 주변에서는 2009년 마도1호선, 2010년 마도2호선, 2011년 마도3호선의 조사로 이어졌다. 태안선의 12세기 전반에 이어 마도1, 2호선의 13세기 초, 마도3호선의 13세기 중반을 포함하면, 이들이 모두 무인정권기의 것임이 주목된다.

국립해양문화재연구소의 태안지역 수중발굴은 2007, 2008년의 태안선에 이어 2009년부터 안흥항 부근 마도 해역으로 옮겨 진행되었다. 그리하여 2011년까지 마도1, 2, 3호선에 대한 조사가 이루어졌다. 고려시대 선박과 청자를 비롯한 다양한 자료의 집중적 등장이 이루어진 것이다. 마도1호선에서는 '대장군 김순영(金純永)' 등의 인명과 함께 '정묘', '무진' 등의 간지가 확인되어 1207년(희종 3), 1208년이라는 연대가 확인되었다.[21] 마도2호선 역시 '이극서(李克壻)' 혹은 '대경(大卿) 유(庾)'라는 인명에 의하여 대략 1200년대, 비슷한 시기인 13세기 초로 추정되었다.[22] 한편 2011년 마도3호선은 적재된 화물의 수취인 중에 '김영공(金令公)' 즉 김준(金俊, 1259~1268 집권)이 포함되어 주목을 끌었다.[23] 모두 13세기의 절대편년을 갖는 3척 마도선의 조사는 이에 수반된 청자 자료에 의하여 태안선 청자의 연대 설정에도 영향을 미칠 수 있는 요소를 갖는다.

---

21) 임경희, 「마도1호선 목간의 분류와 주요 내용」『태안 마도1호선 수중발굴조사보고서』, 국립해양문화재연구소, 2010, pp.613~619.

22) 임경희, 「마도2호선 목간의 분류와 내용 고찰」『태안 마도2호선 수중발굴조사보고서』, 국립해양문화재연구소, 2011, pp.438~447.

23) 임경희, 「마도 3호선과 여수」『제3회 전국 해양문화학자 회의(자료집 2)』, 목포대학교 도서문화연구원, 2012, pp.57~58.

마도3호선은 길이 약 12m, 폭 8.5m 규모로, 길이에 비해 폭이 넓은 모양이다. 선수, 선미, 돛대 구조가 거의 완벽하게 남아 있다는 점에서 주목되었다. 조사에서는 선체 이외에 도기호 45점, 금속유물 62점 등 총 309점의 유물이 인양되었는데 도기호의 일부에는 젓갈류로 생각되는 유기물이 잔존해 있었다.[24] 목간은 35점이 발견되었으며, 그 가운데 20점은 죽찰이었다. 발견된 화물표에 의하면 이 선박은 전남 여수(麗水, 呂水) 지역에서 강도로 발송된 공물을 적재하고 있었으며,[25] 적재된 화물의 일부는 '신윤화', '유승제', '김영공', '우삼번별초', '기대랑', '김시랑' 등의 수취인이 기재되어 있다. 관련 자료를 보고서에 의하여 간추리면 다음과 같다.[26]

(3-107) 辛允和侍郎宅上 生鮑醢一缸
신윤화 시랑댁에 올림 / 전복 젓갈 한 항아리

(3-116) 俞承制宅上 生鮑醢古乃只一
유승제 댁에 올림 / 전복 젓갈(을 담은) 고내기 하나

(3-117) 事審金令公主宅上 蛟醢生□合伍缸玄札
사심 김영공 댁에 올림 / 홍합젓갈, 생□, 합쳐서 다섯 항아리, 현례

(3-119) 事審金令公主宅上 蛟醢一缸入三斗玄札
사심 김영공 댁에 올림 / 홍합젓갈 한 항아리, 세 말을 담음, 현례

---

24) 국립해양문화재연구소, 『태안 마도3호선 수중발굴조사보고서』, 2012.

25) 목간에 기재된 '呂水縣'은 麗水縣에 해당하는 것이며, 麗水縣은 "本百濟猿村縣 新羅改海邑縣 來屬 高麗改今名 忠定王十年治縣令"(『신증동국여지승람』 40, 순천도호부 고적)라 하였다. 단 화물의 적재지는 여수를 포함하여 다수 지역일 가능성도 있는 것으로 본다. 이에 대해서는 임경희, 「마도 3호선과 여수」 『제3회 전국 해양문화학자 회의(자료집 2)』, 목포대학교 도서문화연구원, 2012, pp.58~59 참조.

26) 임경희, 「목간」 『태안 마도3호선 수중발굴조사보고서』, 국립해양문화재연구소, 2012, pp.239~260.

김준(김영공) 관련의 목간과 '유승제'가 적힌 목간

(3-120) 兪承制宅上 乾蛤壹石
유승제 댁에 올림 / 마른 홍합 한 섬

(3-121) 奇待郎宅上 次知吳 □
기대랑 댁에 올림 / 차지 오 □

(3-124) 奇待郎宅上 生鮑一缸入百介玄札
전복을 한 항아리에 백 개를 담음. 현례

목간에 적힌 '김영공'은 무신집정자 김준(金俊)을 가리키는 것이라는 점에서 무엇보다 주목된다. '김영공' 이외에 이 시기 활동 인물인 신윤화, 그리고 유천우로 추정되는 '유승제'라는 이름도 포함되어 있어 중요한 단서가 된다. 그밖에 '기시랑(奇侍郎)'의 오기로 추정되는 '기대랑(奇待郎)'은 기온(奇蘊), '김시랑(金侍郎)'은 장군직에 있는 김준의 세 아들[대제(大材), 용재(用材), 무재(式材)] 중의 1인으로 추정하면서 임경희는 마도3호선의 침몰 시점을 1265~1268

년 사이로 좁혔다.[27] 이에 의하여, 사실상 절대 연대를 가진 것이라는 점에서 마도3호선 발굴의 의의는 더욱 중요한 의미를 갖는다.

마도3호선의 연대는 이상과 같이 일단 확정되어 있기는 하지만, 관련 자료를 보다 상세히 검토하게 되면, '1265~1268년'이라는 연대와 관련하여 보다 구체적인 특정의 시점을 확정할 수 있지 않을까 생각된다.

2) 김준과 유천우

마도3호선의 연대를 구체화 할 수 있는 것은 김준(金俊)을 지칭하는 '김영공(金令公)'과, 유천우(兪千遇)로 추정되는 '유승제(兪承制)' 등의 목간 기록이다.

'김영공'이 김준(김인준)을 가리키는 것임은 『고려사』 105, 유천우전에서 "'영공'이라는 것은 김준을 지칭한다[令公指仁俊]"고 한 데서도 확인된다. 『고려사』 등의 기록에 의하면 '영공' 지칭 관련 사건의 시기는 원종 6년(1265) 3월의 일로 되어 있다.

잘 알려진 바와 같이 김준은 1258년 최의 정권 붕괴 이후에 새로 정권을 장악한 무인 집정자이다. 같은 정변의 주체이면서 선두에 있었던 유경(柳璥)을 밀치고 정권 장악에 성공하였으며, 1268년 12월 휘하 임연에 의하여 제거됨으로써 종지부를 찍게 된다. 말하자면 마도3호선의 김준 자료는 일단 이 자료가 무인정권 말기, 1260년대를 배경으로 하고 있음을 말해주고 있는 것이다.

김준은 1264년(원종 5) 교정별감에 임명되고, 이어 1265년 정월 시중에, 그리고 다시 같은 해 10월 해양후로 책봉된다. 이로써 보면 김준이 최씨에 뒤이은 집정자로서의 공식적 위치를 분명히 확립한 것은 1265년의 일이다.

---

27) 임경희, 「마도 3호선과 여수」『제3회 전국 해양문화학자 회의(자료집 2)』, 목포대학교 도서문화연구원, 2012, pp.57~58 ; 임경희, 「목간」『태안 마도3호선 수중발굴조사보고서』, 국립해양문화재연구소, 2012, pp.251~252.

문하시중 임명, 해양후 책봉이 그것이다. 『고려사』에 의하여 이 무렵을 전후한 시기 김준의 관력을 정리하면 다음과 같다.

1262년(원종 3)	12월	추밀원사
1263년(원종 4)	12월	참지정사(종2품)
1264년(원종 5)	8월	참지정사 김준을 교정별감에 임명(원종의 몽골 입조)
1265년(원종 6)	1월	시중 임명
	3월	김준이 장군 이타(李楴)를 시켜 왕에게 음식을 드리게 했는데, 술과 과일이 풍성 하고 사치스럽게 음식이 갖추어졌다하여 이타(李楴)에게 가죽 띠를 줌
	10월	김준 해양후(海陽侯)에 봉해짐
1268년(원종 9)	12월	김준 제거됨

마도3호선의 시기를 1265~1268년에 비정할 수 있는 것은 이상의 김준의 관력에 의하여 뒷받침 되고 있는 것이다. 1258년 정변(무오정변) 성공 이후, 김준은 대사성 유경에 이어 위사공신의 두 번째 서열로 기록되었다. 그러나 1262년의 공신 순위에서 유경은 6위로 밀려나고 그 대신에 김준의 동생과 아들 3인을 포함한 김준의 당여(黨與)로 채워졌다. 1262년 김준의 정권 장악을 정리한 것이 바로 1262년의 상서도관첩(尙書都官貼)이었던 것이다.

마도3호선의 목간에는 '김영공' 이외에 시랑(정4품) 신윤화(辛允和), 그리고 유천우(兪千遇)를 지칭하는 것으로 추정된 '유승제(兪承制)' 등의 이름이 적혀 있다. 신윤화는 1258년 최씨정권을 무너뜨린 무오정변에 참여한 인물이다. 1262년 작성된 상서도관첩(尙書都官貼)에는 13인의 위사공신에 이어 15인의 보좌공신 명단이 기록되어 있는데,[28] 여기에 신윤화는 보좌공신의 7번 순

28) 13인의 위사공신은 김준(별장, 추밀원사), 박희실(낭장, 상장군), 이연소(낭장, 상장군), 김승준(낭장, 상장군), 박송비(장군, 상장군), 유경(대사성, 추밀원사), 김대재(승

위로 포함되어 있다. 보좌공신에는 1270년 임유무를 처단하여 무인정권을 종식시킨 송송례, 그리고 유존혁이 포함되어 있다. 유존혁은 삼별초에 호응하여 남해도에 거점을 둔 후 1271년 진도가 함락된 후 제주도에 합류한 인물이다. 마도3호선 당시 신윤화는 시랑(侍郎)직에 올라 있었던 것이나, 1270년 무인정권의 몰락과 삼별초의 봉기시 어느 쪽에 합류하였는지는 잘 알 수 없다.

목간에 기록된 '유승제'가 유천우(兪千遇, 1209~1276)를 말한다는 임경희의 분석은 적합한 지적이다. '승제(承制)'는 왕명의 출납을 담당하는 '승선(承宣)'에 대한 지칭이다.[29] 유천우는 무인정권기 유력 인물 중의 하나이면서, 1263년 12월 좌승선에 임명된 인물이기 때문이다. 유천우는 고종조에 과거에 합격, 내시 경력을 거쳐 최우에게 인정받아 출세의 길에 진입한다. 최항 때 뇌물 사건으로 귀양을 갔지만, 김준 집권기에 김승준(金承俊, 김충, 김준의 동생)의 추천으로 다시 복귀한 인물이다.[30] 이후 그는 1263년 12월 추밀원 좌승선(정3품)에 임명되고 이듬해 1264년 7월 지어사대사로 옮겼다.[31] 지어사대사에 이어 곧바로 어사대부(정3품)에 오른다. 이후 원종 말년 1269년 지문

지동정, 장군), 김용재(승지동정, 장군), 김식재(승지동정, 장군), 차송우(낭장동정, 장군), 임연(낭장, 상장군), 이공주(낭장, 장군), 김홍취(중낭장, 대장군) 등이다(앞의 관직은 1258년 당시, 뒤의 관직은 문서의 작성 시점인 1262년의 현직이다). 15인의 보좌공신은 백영정(별장), 박천식(대정), 이시(대정), 박서정(대정), 조문주(견룡행수), 박성대(산원동정), 신윤화(낭장), 오수산(중낭장), 서균한(견룡행수), 송송례(낭장), 김정려(별장), 여우창(별장), 유존혁(낭장), 강국승(낭장), 전취천(산원) 등이다. 허흥식, 「1262년 상서도관첩의 분석」 하, 『한국학보』 29, 1982 참조.

29) 이에 대해서는 『고려사』 69, 예지 11, 嘉禮, 中冬八關會儀 및 矢木 毅 「高麗時代の內侍と內僚」 『高麗官僚制度硏究』, 京都大學 學術出版會, 2008, pp.320~322.

30) 유천우에 대해서는 "오랫동안 국가의 중요한 직무를 맡으면서 사방에서 보내오는 뇌물을 많이 받았으므로 마침내 부자가 되었다"(『고려사』 105, 兪千遇傳)고 하였다.

31) 『고려사』 25, 원종세가.

하성사(종2품),[32] 참지정사(종2품)를 지내고 김준과는 일정한 거리를 두면서 자신의 지위를 유지하였고, 임연 정권하에서는 원종 폐위 등에 대하여 공개적으로 반대 의사를 표명하기도 하여, 임유무와도 친근한 관계는 아니었다.

지문하성사 이후는 모두 중서문하성 소속의 관직이다. 말년 아마 중서시랑평장사 시절, 이승휴의 시 가운데 유천우에 대한 묘사가 있다. 이 때 유천우에 대한 지칭은 '유내상(兪內相)'이었다.[33]

> 하늘 위의 문창성 내려와 아득한데
> 태평한 동국에서 임금을 돕는다.
> 아침마다 붓으로 금화지(金花紙) 조서에 뿌리고
> 해마다 문에는 옥같은 죽순 항렬이 늘어난다.
> 해 아래에 긴 재목은 큰 집을 지탱하고
> 집 동쪽 긴 대나무는 가을 서리를 무시한다.
> 백번 단련함에 기인하지 않으면 쇠는 가치가 없고
> 세 번 불구덩이를 거쳐야 옥은 더욱 빛을 낸다. (공은 일찍이 3번 유배 갔었다)
> (하략)
>
> (이승휴, 『동안거사집』 행록 1, 「上兪內相」)[34]

1267년(원종 8) 9월, 강화도에서의 원종은 동궁과 함께 어사대부 유천우의 집에 있는 정자(林亭)에 놀러갔다. 집 경치가 아름다워 동궁이 여기에서 시를 지었다 한다. 유천우는 원종 및 충렬왕조에 도합 세 차례 유배의 경험을 맛

32) 『고려사』 25, 원종세가 10년 12월.

33) 이승휴, 『동안거사집』(행록 2)에는 위의 「兪內相」(행록 1) 이외에도 「次韻兪內相薔薇宴詩 幷序」 「上兪內相詩 幷序」 등 유천우 관련의 시문이 실려 있다.

34) "天上文星降杳茫 大平東國奉君王 朝朝筆洒金花詔 歲歲門添玉筍行 日下長材支夏屋 堂東脩竹傲秋霜 不因百鍊金無價 爲過三炎玉更光(公嘗三流)" (下略)

보았다고 한다. "세 번 불을 맞아야 옥은 더욱 빛을 낸다"는 것이 그것이다. 개경 환도 이후 충렬왕 원년(1275) 정당문학의 직에서 잠시 귀양을 간다.[35] 이것이 그의 '세 번째 불'에 해당한다. 유천우는 충렬왕조에 중서시랑평장사(정2품)에 올랐고, 1276년 68세로 사망한다.[36]

3) 마도3호선의 침몰

위에서 논의한 바와 같이 마도선의 목간에 등장하는 인명 등의 자료에 근거한다면 마도3호선의 침몰 연대는 1265년의 가능성이 많은 것으로 보인다. 그러나 1264년의 경우도 그 범위에서 배제하기 어렵다. 유천우와 김준의 관력에 대한 검토의 결과이다.

근시직(近侍職)을 지칭하는 '승제(承制)'에 해당하는 직책인 유천우 좌승선의 시기는 1263년 12월~1264년 7월, 그리고 김준이 '영공'의 칭에 적합한 것은 1265년 1월 시중 임명 이후이다. 해양후에 책봉되는 것은 그 해 10월이지만, 시중 임명만으로도 '영공'의 지칭은 자연스러운 것이었다고 할 수 있다.[37]

유천우는 1264년 7월 좌승선에서 지어사대사로 옮겼지만 이 화물표가 공문서가 아닌 편의상의 인식표라는 점에서 마도선의 시기는 1265년도에 해당되는 것이 아닌가 한다. 다만 유천우의 좌승선 재임 기간을 기준으로 할 경우 '승제'는 1264년이 적합할 수 있다. '유승제'라는 지칭을 참고할 경우 마도3호선의 침몰이 1266년 이후가 될 가능성은 희박한 것으로 생각된다.

---

35) 『고려사』 105, 유경전.

36) 『고려사』 105, 兪千遇傳.

37) 충렬왕조 이승휴의 시에서 문하시중 이장용과 평장사 유경을 '두 영공(兩令公)'으로 칭하고 있다(『동안거사집』 행록 2, 「次韻李柳兩令公唱和詩 幷序」). 문하시중은 '영공'이라 지칭 받을 수 있는 충분한 직위임을 알 수 있다.

마도3호선은 다량의 곡물을 함께 적재한 일종의 조운선이라 할 수 있고, 여기에 강도의 주요 관직자 혹은 주요 기관에 전달되는 특산물을 포함하고 있다. 일반적 조운선의 운행이 2월부터 4월까지라는 점을 감안하면 마도3호선의 침몰 시점도 그 범위에 들어갈 가능성이 많다고 할 수 있을 것이다. 요컨대 마도3호선의 침몰 시기는 1264년 혹은 1265년이고, 가능성이 많은 것은 역시 1265년이라는 생각이다.

1264년 김준은 참지정사로서 교정별감에 임명되었다. 원종 몽골에 입조하기 직전에 취한 조치이다. 이것은 국왕 원종이 과거 절대 권력을 가진 최씨 집정자에 준하는 지위를 김준에게 공인하는 동시에 내정에 대한 절대 권력을 인정한다는 의미를 갖는다. 이러한 흐름에서 몽골에서 귀국한 원종은 이듬해 1265년 김준을 시중에 임명하고 해양후에 봉책함으로써 종래의 조치를 재확인한 것이다.

1264, 1265년의 원종의 배려에 대하여 김준은 원종의 국왕으로서의 권위를 존중한다는 의사를 표하고 있다. 문하시중에 임명된 직후인 1265년 3월, 김준은 장군 이타(李椯)를 시켜 왕에게 음식을 드리게 했다. 술과 과일이 풍성하고 사치스럽게 음식이 갖추어졌다고 한다. 이러한 행사가 성황리에 이루어졌던 듯 김준은 이타를 포상, 가죽 띠를 주고 있다.

마도3호선을 통해 김준에게 배달되던 음식은 '乾蛟生□合伍缸', '乾蛟一缸入三斗' 등이었다. 1265년, 3월 행사에 사용된 음식은 풍성한 술과 과일을 포함하여 전체적으로 대단히 '사치스러웠다'고 한다. 원종에 대한 이 잔치는 말하자면 김준의 시중 임명에 대한 인사치례의 성격을 가지고 있다. 전국 각지의 사치한 음식을 최대한 동원하였을 것임이 분명하다. 그렇다면 마도3호선의 경우도 이 행사에 맞추어 강도로 향했던 선박의 하나일 가능성도 없지 않다. 마침 '1265년'(원종 6)이라는 앞서의 추정에 부합하는 연대이기도 하다.

4. 맺음말

2006년 이후 태안 해역에서는 고려선의 수중 조사가 현재까지 이어지고 있다. 그 가운데 태안선 이후 마도3호선에 이르는 고려선은 구체적 연대를 거의 확인하였고, 이에 의하여 이들 자료가 모두 무인정권기의 자료임이 밝혀졌다. 그 중 12세기 태안선은 청자의 편년에 대한 견해 차로 인하여 논자에 따라 1세기의 간격이 벌어진 바 있고, 13세기 중반 마도3호선의 경우는 1265년에서 1268년 사이라는 견해가 임경희의 분석에 의하여 제출되어 있다.

필자는 기왕에 태안선의 침몰이 1134년(인종 12) 태안의 굴포 운하 개착과 연관된 사건일 가능성에 대하여 의견을 제안한 바 있다. 이후 임경희는 미판독 태안선 목간의 1점(25017)이 '신해(辛亥)' 또는 '신미(辛未)'로 판독되었음을 밝혔다. 신해는 1131년(인종 9), 신미는 1151년(의종 5)이 되는데, 그 중 '신해'는 굴포 운하 개착 3년 전에 해당한다. 즉 태안선의 사고 이후 그에 대한 대책이 구체적으로 논의되어 1234년의 운하 개착에까지 이른다는 가설이 실제로 가능해진 것이다. 이러한 가설을 전제로 할 때 태안선의 침몰 시점은 1131년(인종 9)으로 특정(特定)하는 것이 가능해진다.

마도3호선의 연대, 침몰 시기는 임경희에 의하여 1265~1268년이라는 시점으로 범위가 좁혀진 바 있다. 본고에서는 '유승제'에 해당하는 유천우의 연대에 주목하여, 그 가운데 1265년의 가능성이 높다는 점을 강조한 것이다. 이상의 논의에 의하여 본고는 태안선을 1131년(인종 9), 마도3호선을 1265년으로 각각 제안하고자 한다. 화물의 적재와 침몰이 같은 해의 일이었을 것이기 때문에 이 연대가 곧 두 선박의 침몰 시기가 되는 것이다.

* 이 논문은 『한국중세사연구』 44(한국중세사학회, 2016)에 실린 것임.

제3부

고려 말의 왜구와 내포

제1장 보령지역의 왜구와 김성우
제2장 서산 부석사 금동관음보살과 왜구
제3장 서천 진포대첩, 나세와 이색

제3부 고려 말의 왜구와 내포

제1장
보령지역의 왜구와 김성우

1. 머리말

역사적 인물 중에는 국가적으로 널리 알려진 저명 인물이 있는가하면, 지역에서의 활동을 통하여 지역사회에 공헌한 지역사회의 위인이나 향토인물도 있다. 보령에는 지역사회 공헌의 역사적 인물의 한 사람으로 김성우(金成雨)가 있다. 14, 15세기 고려 말 조선 초의 인물로서, 보령에 침입한 왜구를 격퇴하여 지역을 수호하였다는 전공에 대한 기록이 전하고 있고, 이후 보령에 정착하여 영향력 있는 가문을 형성하였기 때문이다.

김성우에 대한 본격적 관심은 이 지역(보령시 청라면 향천리)에 군부대(육군 제8361부대)가 이전되면서부터였다. 특히 1992년 부임한 연대장 최학수는 부대의 소재지가 바로 왜구와의 전투지로 전하고 있는 사실에 주목하여 김성우에 대한 조사와 관련 자료의 정리에 진력하였다. 그리하여 1993년 최학수 대령에 의하여 간행된 자료가 군의 정훈자료로서만이 아니라 향토사 자료로서 배포되어 알려지게 되었다.

그러나 유감스럽게도 김성우에 의한 보령에서의 왜구 격퇴에 대해서는 『고려사』 등의 신빙성 있는 사서에 언급되어 있지 않다. 그에 대한 기록은 후대의 묘비와 조선조 후기의 지리지와 읍지, 혹은 문중 자료에 등장한다. 이 때문에 묘비문이나 읍지 등 후대의 이 기록이 과연 어느 정도 실제적 진실을 반영하고 있는 것인지는 구체적인 고증을 필요로 하는 문제이다. 기록된 자료가 반드시 역사적 사실이라고 확정되는 것은 아니기 때문이다. 이 때문에 고려 말 김성우의 왜구 격퇴에 대해서는 당시의 사정을 전반적으로 검토하면서, 아울러 관련 기록의 사실성 여부를 검토하는 작업이 필요한 실정이다.[1)]

본고에서는 고려시대의 보령과 왜구 침입에 대한 충남 서해 연안의 전반적 상황을 살펴봄으로써 고려 말 김성우의 활동에 대한 신빙성 혹은 사실적 개연성에 대한 문제를 유추해보고자 한다. 다만 당대 기록의 한계로 인하여 풍부한 논의에는 여전히 일정한 한계가 있다는 점을 전제하여 둔다.

2. 고려시대의 보령과 보령의 바다

현재의 보령은 일제강점기 초, 1914년 행정구역 통합 작업시에 보령현과 남포현을 합한 것이다. 이들 두 현은 충청도의 서쪽 해안에 자리하여 연해라는 지리적 특성을 가지면서 발전해왔다. 보령현은 백제 때 신촌현(新村縣), 또는 사촌현(沙村縣)이었으며, 신라 때 신읍(新邑)이라 고치고, 고려 초 이후 '보령'이라는 이름을 갖게 된다. 남포현은 백제 때 사포현(寺浦縣)이었는데,

1) 본고는 충남대학교 인문과학연구원 주최 학술대회 <고려 절신 김성우장군 재조명>(2010.9.3)에서 처음 발표한 것이다. 이 세미나에서는 필자 이외에 최근묵(「고려 절신 김성우장군과 보령」), 황의천(「금석문 및 사료에 나타난 김성우 장군」), 한기범(「김성우 장군의 후예」), 이해준(「보령 광산김씨 사적과 문화사적 성격」) 등의 논문이 발표되었다. 김성우의 왜구 격퇴에 대한 근년의 연구로는, 지명의 口傳에 토대하여 김성우 부대의 군사 활동을 검토한 이재준의 논문(「고려 말 김성우 부대의 왜구 토벌에 관한 군사학적인 검토」(『군사』 80, 2011)가 있다.

신라 때부터 '남포'라는 이름이었다. 보령현의 이름이 백제 때 '신촌'이었다는 것은 당시 새로 간척되고 개간된 토지의 비중이 많았음을 암시한다. 남포현의 옛 이름 사포(寺浦)는 통일신라의 거찰, 성주사의 존재 때문일 것이다. 성주사는 고려시대에도 계속 발전하여 육로만이 아니라 이 지역의 해로를 통하여 외부와 연결되었고, 연안의 포구는 이점에서 매우 중요한 것이었다.

『신증동국여지승람』에 의하면 15세기 남포에는 미조포(彌造浦, 현 남쪽 30리), 성주포(聖住浦, 현 서쪽 15리), 청연포(靑淵浦, 현 남쪽 23리) 등 여러 포구가 기록되어 있다. 보령에는 해소포(蟹所浦, 현 남쪽 24리) 이외에 오천에 조선조 충청수영이 설치되어 있어서 연안 교통에 있어서의 입지적 중요성을 반영하고 있다. 오천의 충청수영은 조선 중종 5년(1510) 비로소 성곽을 축성하였으며[2] 고려시대에는 '대회이포(帶回伊浦)'라는 이름의 항구였다.[3] 바다를 삶터로 가진 보령과 남포의 풍광은 여러 가지로 묘사되어 있다. 고려후기의 명문장가 최해(崔瀣, 1287~1340)는 한때 보령현의 현령으로 파견되었는데, 그가 지은 시에서의 보령의 이미지는 무엇보다 바다가 있는 해변의 마을이라는 점이었다.[4]

> 바다 가운데 위태한 봉우리는 조심 조심 서있는 것 같고
> 포구의 맑은 물은 한층 더 꿈틀대며 흐른다.
> 베 돛대의 모습이 물 속에 박히니 하늘 그림자를 갈라 놓고
> 모래 쌓여 있어 지나간 물 흔적을 알겠도다.

---

2) "正德庚午始築 石城周三千一百七十四尺 高十一尺 內有四井一池"(『신증동국여지승람』 20, 보령현 관방)

3) "水營在縣西十三里 帶回伊浦"(『세종실록지리지』 보령현) ; 보령군, 『오천성(충청수영성) 지표조사 보고서』, 1990 참고.

4) 『신증동국여지승람』 20, 보령현 산천조. 남포에 대한 다음과 같은 李承召의 시도 함께 실려 있다. "萬古의 외로운 옛 성이 있는데 / 바깥바다와 안의 산이 웅장 하도다 / 산 아지랑이 깊어 항상 비를 지어내고 / 바다가 가까우니 바람 많은 것이 괴롭다 / 소금 굽는 가마에선 불 때는 연기 하얗게 오르고 / 어부의 마을은 반사된 빛에 붉게 물들어 있다 / 대나무 숲속을 뚫고 지나가니 / 푸른 눈조각이 분분히 길 가운데 흩어지네"

조선조에 충청수영이 설치되었던 오천항

보령과 남포는 해로가 발달한 서해 연안의 군현이라는 공통점이 있고, 한편으로 이러한 지리적 특성 때문에 왜구의 침입이 심각하였던 14, 15세기의 시대에 주민의 거주 여건이 극도로 악화되었을 것은 짐작하기 어렵지 않은 일이다.

한편 남포현의 읍치가 있었던 남포면 읍내리에는 조선조 축성의 읍성이 충남도 기념물(제10호)로 지정되어 있다. 남포읍성은 조선 초 세종, 문종년간(1445~1451)에 축성된 것으로서, 『문종실록』에 의하면 둘레 2,476척, 높이 12척, 그리고 3척 높이의 여장이 시설되었으며, 3개소의 성문과 옹성, 그리고 우물 2개소(뒤에 3개소)가 시설되어 있었다. 근년 성곽에 대한 현지 조사 결과 둘레는 825m로 확인되고 『세종실록』 혹은 『문종실록』에 기재되어 있는 성곽에 대한 기록도 대체로 사실적인 것으로 인정되었다.[5] 그러나 기록

---

5) 이남석 · 서정석, 『남포읍성』, 공주대학교 박물관, 2003.

에 의하면 남포읍성 이전에, 고읍이 있었던 것으로 되어 있고 특히 고려 말 왜구 침입시 남포의 읍치는 바로 이 '고읍(古邑)'에 치소가 있었던 시절이었다. '고남포(古藍浦)'로 언급된 원래 남포의 치소 위치는 조선조 읍치의 남쪽 15리 지점으로 되어 있다. "고남포는 지금 치소 남쪽 15리 지점이며, 옛 현의 터가 남아 있다"[6]고 한 것이 그것이다.

현지에 대한 조사에 의하면 남포현의 고읍치는 웅천읍 수부리에 있었다. '동헌자리', '옥담안밭' 등의 지명이 남아 있으며, 여러 개의 문초석을 포함하여 와편이 산재하여 관아의 유적을 입증하고 있다. 『세종실록지리지』 보령현조에 언급된 둘레 317보의 읍석성은 바로 이 수부리의 고남포 현치를 지칭하는 것으로 인식된다. 지리적으로 이 고읍치는 옥마산 줄기를 배경으로 웅천천 하구에 펼쳐진 평야를 끼고 있으나 지대가 낮아 홍수 때의 피해를 면하기 어렵다고 하였다.[7] 이것이 읍치 이동의 중요한 배경이라 하였는데, 그 밖에 고려 말 이후의 왜구 침입으로 인한 피해와 위협도 읍치가 이전되는 하나의 요인이 되었을 것이다.

왜구 침입 이전 고려시대의 보령지역 연안은 개경에 이르는 조운로와 해양교통로의 일부를 구성하고 있었다. 원래 고려는 물류의 거점으로서 12조창을 설정하고 육로와 내륙수로, 연해해로를 연결하여 전국의 세수 및 주요 물품이 개경으로 수집될 수 있도록 치밀한 물류 체계를 성립시켰다. 보령 연해는 조운선만이 아니라 국내외 각종 선박이 운행하는 해상교통로의 일부를 구성하고 있다. 보령 서쪽 해안에 위치한 고만도정의 존재는 이같은 점을 잘 설명한다. 호남과 개경의 연안 해로를 연결하는 노정에는 객관이 설치되어 있었는데 충남 서해안에 안흥정이 창건된 것이 문종 31년(1077)의 일이고, 안흥정이 창건되기 이전에는 보령의 고만도(高巒島)에 객관이 운

6) 『신증동국여지승람』 20, 남포현 고적조.

7) 황의천, 「남포현과 남포읍성」 『남포읍성』, 공주대학교 박물관, 2003, pp.34~64.

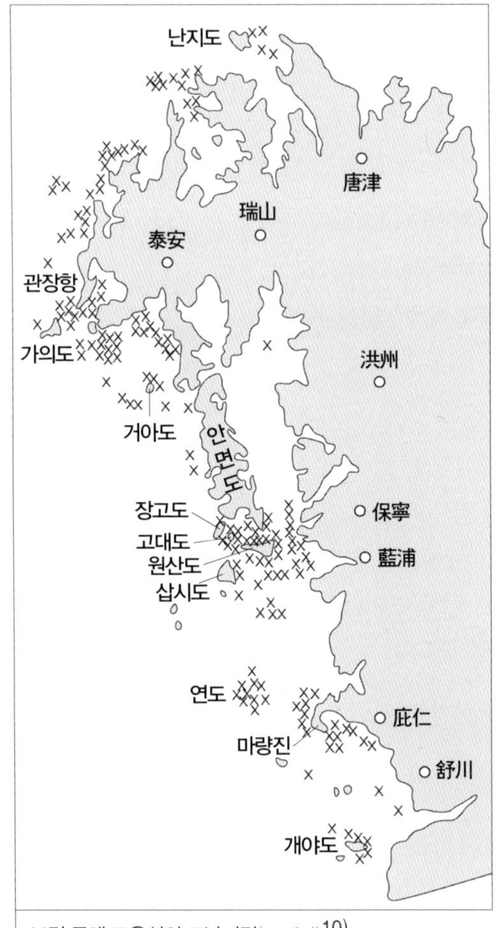

보령 근해 조운선의 조난지점(19세기)[10]

영되고 있었다.[8]

최근 수년 간 마도(馬島)를 비롯한 태안군 연해에서 4척의 고려 선박이 조사되는 등 수중발굴의 많은 성과가 거두어졌다. 이로 미루어, 보령 연해 역시 귀중한 수중 문화유산의 보고일 것이라는 점은 분명하다. 19세기의 자료이기는 하지만 이 시기의 조운선의 해난 사고 자료는 146건에 이르고, 그 가운데 보령도 태안에 버금가는 비중을 보여주고 있다.[9] 이러한 경향은 고려시대에도 비슷한 추이였다고 추정할 수 있기 때문이다.

---

8) 보령 고만도정에 대해서는 이 책에 실린 「태안 안흥정의 위치에 대한 논의」 참고.

9) 146건 등 태안이 56건으로 가장 많은 비중을 차지한다. 다음으로 홍주 27건, 서산 19건, 비인 25건, 보령 5건, 남포 3건이지만, 홍주 27건은 실제 지금의 행정구역으로 보면 보령지역의 것이 대부분을 차지하고 있다. 이에 대해서는 吉田光男, 「十九世紀忠清道の海難 -漕運船の遭難190事例を通して」 『朝鮮學報』 121, 1986, pp.59~62 참고.

10) 吉田光男, 「十九世紀忠清道の海難 -漕運船の遭難190事例を通して」 『朝鮮學報』 121, 1986의 지도를 문경호가 수정하여 작성한 것임.

실제 보령 연해의 수중 문화유산의 존재는 기왕의 조사에서 그 일부가 드러났다. 보령시 주교면 송학리 앞바다는 고려 청자 매장지역으로 사적(제321호)으로 지정되어 있고, 원산도 북쪽 사창마을 앞에서는 1천 여 점에 이르는 청자편이 발굴 조사된 바 있다. 2005년과 2007년 국립해양유물전시관에 의하여 조사된 유물은 최고급의 상감청자와 비색 청자가 주류를 이루었는데 접시 1점을 제외하고는 모두가 파편 상태로 출토하였다. 수습 유물의 일부에서는 톱날 같은 도구로 잘게 부순 흔적이 있어서 이들 파편이 인위적으로 파쇄된 것으로 추정되고 있다.[11]

청자 유물의 기종은 발 · 접시 · 잔 · 잔탁 · 완 · 향로 · 호 · 의자 · 베개 · 연적 · 유병 · 매병 · 장경병 · 정병 · 주자 등 매우 다양한 기종을 보이고 있다. 출토품의 제작 시기는 12세기 후반 혹은 13세기 전반으로 추정하고, 제작지는 강진으로 인식되어 왔지만, 최근 부안 유천리 제작설이 제기되었다.[12] 특히 이들 출토유물과의 유사한 자료로서 희종 석릉(1237년 조성), 강종비 곤릉(1239년 조성), 선원사지(1245년 창건) 등 강화도의 자료가 들어지고 있다. 이 사실은 이들 원산도의 청자편 유적의 형성 시기가 13세기 전반기, 강화천도(1232) 전후의 일임을 암시하고 있다.

원산도 출토 청자편에는 음, 양각과 상감 기법에 의한 다양한 무늬가 사용되었다. 앵무새, 연꽃, 국화, 당초, 여의두, 용, 구름, 봉황, 매죽, 운학, 유로수금(柳蘆水禽) 등이 그것이다. 그 가운데 다소 특이한 문양은 원추리(萱草, 忘憂草)이다. 원추리문이 시문된 예는 부안 유천리 12호에서 찾을 수 있는데, 2점의 잔편 하나는 이화대학교 박물관, 또 하나는 부안 청자박물관에 소장되어 있다.[13] 원산도의 원추리는 유천리 출토와 같이 상감 기법으로

11) 국립해양유물전시관, 『보령 원산도 -수중발굴조사보고서』, 2007.

12) 한정화, 「보령 원산도 출토품의 문양을 통해본 편년과 제작지」 『해양문화재』 3, 2010, pp.83~86.

13) 한정화, 위의 논문, pp.55~78.

시문된 2점인데 "꽃잎과 잎의 끝부분이 가늘고 뾰족하게 휘어 있는"[14] 모양이다. 원추리는 백제 부흥운동과 관련한 전설이 전하는 식물이다.[15] 봄에 새잎은 나물로 먹으며, 여름에 뿌리에서 올라온 긴 꽃대에 등황색 꽃이 핀다. 요로결석, 불면, 변비 등에 효능이 있다고 한다. 14세기 목은 이색의 한산에 대한 시 가운데도 원추리가 나온다. "눈에 가득한 강산이 수려한 경치 더하니 / 맑은 날에 북당(北堂)의 원추리(萱草) 곱기도 하여라."[16]

국립해양문화재연구소에 신고 접수된 수중 발견 신고 유물 가운데 보령 연안 출토의 사례가 많이 포함되어 있다. 그 내역을 간단히 정리하면 다음과 같다.

수보령 연안 수중 발견 신고 유물[17]

번호	유물명칭	수량	시기	발견장소	발견년	소장처
1	청자 대접 등	36	고려	웅천읍 황교리 근해	1977	부여박물관
2	청자대접 등	15	고려/조선	웅천읍 독산리 황죽도 부근	1978	부여박물관

14) 한정화, 위의 논문, p.78.

15) "삼국시대 사비성의 구드레나루 건너 평화로운 산골마을에 효성이 지극하고 의좋은 형제가 부모님을 모시고 행복하게 살고 있었다. 어느날 평화로운 나라에 큰 전쟁이 일어나자 아버지는 나라를 구하기 위해 창칼을 들고 전쟁터에 나가 싸우다 황산벌에서 장렬히 전사하였다. 어머니도 곧이어 돌아가셨다. 충성심과 효성이 지극한 형제는 나라를 잃은 슬픔과 부모님이 돌아가신 상심으로 몸져 눕게 되었다. 병은 깊어만 갔고, 어떠한 약을 써도 낫지 않았다. 어느 날 밤 두 아들의 꿈속에 부모님이 원추리 꽃을 들고 나타나 말하기를, 이 꽃을 달여 먹어 근심을 잊고 힘을 얻어 백제의 부흥을 기약하라고 했다 한다. 그리하여 두 아들은 원추리 꽃을 달여마시고 자리에서 일어나 백제의 부흥을 위해 노력했으며, 그 후 사람들은 원추리 꽃을 일컬어 근심을 없애주는 꽃이라는 뜻의 '망우초'라 불렀다는 것이다."(양종국, 『의자왕과 백제 부흥운동 엿보기』, 서경문화사, 2008, pp.93~94)

16) 『목은시고』 3, 『至韓山』.

17) 국립해양문화재연구소, 「수중발견 신고유물 목록」 『바닷속 유물, 빛을 보다』, 2010에서 발췌하여 정리함.

번호	유물명칭	수량	시기	발견장소	발견년	소장처
3	흑유소병 등	2	고려	대천 앞바다	1979	중앙박물관
4	청자사이호	1	송	오천면 원산도 앞바다	1981	중앙박물관
5	매병 등	5	고려	오천면 삽시도리 해상	1982	부여박물관
6	청화백자발	1	조선	오천면 용섬 앞바다	1982	경주박물관
7	청자대접, 동전	2건	고려/조선	대천읍 천수만 해역	1983	중앙박물관
8	청자완 등	11	고려	오천면 용섬 부근	1983	부여박물관
9	청자완	1	고려	웅천면 석대도 앞바다	1984	부여박물관
10	상감청자 대접	4	고려	대천읍 신흑리 앞 해상	1984	부여박물관
11	청자대접 등	30	고려	대천읍 해상	1985	중앙박물관
12	토기옹	1	통일신라	원산도 납작도 앞 해상	1985	부여박물관
13	청자접시	2	원	오천면 삽시도 부근	1985	부여박물관
14	흑갈유 등	2	조선	오천면 삽시도 부근	1985	부여박물관
15	청자완	1	고려	오천면 원산도 부근	1986	부여박물관
16	호	1	고려	오천면 효자도리 근해	1986	부여박물관
17	백자발	1	조선	오천면 용섬 앞바다	1987	중앙박물관
18	청자대접 등	5	고려	오천면 삽시도 부근	1987	부여박물관
19	분청사기	1	조선	오천면 고대도 앞	1988	부여박물관
20	흑갈소유호	1	고려	대천항 앞바다	2005	부여박물관
21	상감청자 접시	3	고려	외연도 근해	2007	부여박물관
22	청자접시	1	고려	오천면 원산도 부근	2007	부여박물관

1990년대 이후 수중 유물의 신고는 많이 줄었지만, 보령이 가지고 있는 잠재적 수중문화유산의 존재와 가치를 확인할 수 있는 자료이다.

3. 고려 말의 왜구와 충남 연해 지방

충남은 고려시대 왜구의 침입이 가장 심각했던 지역의 하나로 꼽히고 있는 지역이다. 침입 횟수는 경남에 이어 두 번째이며 군현별 침입 지역의 범위는 가장 높은 비율을 보여준다는 것이다. 이러한 점에서 왜구 침입의 문제는 충남 역사에 있어서도 주목되어 취급될 필요가 있는 것이다.[18)]

중세의 왜구가 『고려사』에 처음 등장하는 것은 고종 10년(1223)부터이다. 이후 고려에 대한 왜구의 침입이 본격화되는 것은 충정왕 2년(1350)부터로서, 이른바 '경인년 이후의 왜구'가 그것이다. 1350년 이후 고려 말의 왜구는 지방 관아를 습격하고 약탈이 끝나도 현지에 그대로 눌러 있거나 사람을 죽이고 납치해가는 등 그 피해의 심도가 이전과는 다른 것이었다.

이 시기 왜구의 침입은 고려의 국가 기반을 크게 타격하였고, 고려의 정규군을 위협할 정도의 막강한 수준이었다.[19)] 기록상 1350년부터 1391년까지, 고려 말 왜구의 침입은 도합 591건의 사례가 나타난다. 1223년부터 1265년까지의 이른바 '13세기 왜구' 발생이 11건에 머물렀던 것에 비한다면 비교할 수 없는 정도의 상황이다. 왜구의 선단은 최소 20척에서 최다 500척에 이른다. 이영 교수가 작성한 왜구의 침입빈도(1350~1391) 표를 참고로 제시한다.[20)]

왜구의 침입 빈도(1350~1391)

연도	지역	횟수	집단	연도	지역	횟수	집단
1350	8	6	5	1355	2	2	1
1351	5	3	2	1356	0	0	0
1352	13	10	7	1357	3	3	2
1353	1	1	1	1358	12	10	2
1354	1	1	1	1359	4	4	2

18) 이정란, 「왜구의 충청지역 침구의 시기별 추이와 고려의 대응」 『사림』 52, 2015, pp.145~146.

19) 이영, 「고려 말 왜구의 실상」 『잊혀진 전쟁, 왜구』, 에미스테메, 2007, pp.10~11.

20) 이영, 「왜구와 마산」 『잊혀진 전쟁, 왜구』, 에미스테메, 2007, p.82.

연도	지역	횟수	집단	연도	지역	횟수	집단
1360	19	5	1	1376	50	15	6
1361	11	4	2	1377	58	32	7
1362	2	2	1	1378	51	23	7
1363	2	1	1	1379	31	22	5
1364	12	8	5	1380	40	14	5
1365	6	3	1	1381	33	14	6
1366	3	3	2	1382	25	8	5
1367	1	1	1	1383	55	13	6
1368	0	0	0	1384	19	12	8
1369	5	2	5	1385	17	11	5
1370	2	2	2	1386	0	0	0
1371	4	4	3	1387	7	4	3
1372	18	11	5	1388	23	9	4
1373	10	6	4	1389	9	5	3
1374	15	13	7	1390	7	3	3
1375	13	5	3	1391	1	1	1

기록에 의하여 확인되는 왜구의 침입 지역 수는 591개소, 침구 횟수는 303회, 침구 집단의 수는 16에 이르고 있다.[21] 이영에 의하면 1350~1353년의 왜구는 쇼니[少貳賴尙]와 아시카가[足利直冬]의 동향과 밀접히 연관되어 있고, 1372년은 전년 말에 큐슈에 들어온 이마가와[今川了俊]와의 관련이 크다. 이마가와의 큐슈 침입으로 북큐슈에서 군사적 위기가 고조되었으며 이에 남조측은 군량미와 피난처를 구하여 고려에 대거 내도하였다는 것이다. 1376년의 경우는 고려정부가 왜구에 대한 대책으로 해상운송을 포기하고

21) 李領, 「高麗の倭寇對策と倭寇の實像」『倭寇と日麗關係史』, 東京大學出版會, 1999, p.254. 『倭寇と日麗關係史』는 번역본이 『왜구와 고려 · 일본 관계사』(혜안, 2011)라는 제목으로 간행되었다.

육로운송으로 전환함으로써 식량의 약탈을 위한 왜구의 침입이 내륙 깊숙이 확산된 결과이며, 1381년 침구지역이 감소하는 것은 전년도의 진포대첩과 황산대첩으로 타격을 입은 영향이었는데, 왜구들이 동해안까지 침구지역을 다변화한 결과라고 분석하였다.[22] 식량과 인물을 약탈하는데 주목적이 있었던 왜구의 침입이 일본의 국내정세와 밀접히 연관되어 있다는 점을 지적한 것이라 할 수 있다.

왜구 침입은 영, 호남과 함께 충청지방이 특히 심하였다. 그리하여 충남의 경우만 53건이 기록되고 있다. 충남의 경우 왜구의 피해를 입은 지역은 서천, 한산, 결성, 안흥, 태안, 서산, 홍성, 아산, 온양, 천안, 목천, 공주, 연산, 금산 등 전도에 걸치는 것이었다.[23] 이들 지역에 대한 왜구 침입 기록을 근거로 고려 말 충남지역의 왜구 침입 내용을 검토하면 왜적의 가장 중요한 침입 루트는 금강과 아산만 연안이었다. 금강을 통해서는 공주, 논산, 회덕, 옥천 등 내륙 깊숙이 빠른 속도로의 진입이 가능하다는 이점이 있었던 것 같고, 아산만 연안은 연안에 접한 경기 남부 및 충남 북부의 광범한 지역을 쉽게 공격할 수 있다는 장점이 있었던 것이다.[24] 그런데 이와는 구

---

22) 李領, 위의 책, pp.255~256.

23) 왜구의 충남지역 침입 기사에 대한 정리는 김상기 『신편 고려시대사』, 서울대학교 출판부, 1985, pp.837~863의 <왜구관계표> 및 국방군사연구소, 『왜구토벌사』, 1993의 <왜구 침입 연표>가 참고 되며, 충남지역 공민왕, 우왕대의 왜구 침입에 대한 개황을 연도별로 정리한 것으로는 윤용혁, 「왜구의 침략과 충남」 『충청남도지』 5, 2000, pp.280~281 참조.

24) 이영 교수는 왜구 침입의 양상을 유형화 하면서 충남지역에 침입한 왜구에 대해서는, <전라도 해안에 상륙하여 내륙을 전전하면서 충청도에 침구한 형태(B·C·d형)>, <충청도를 침구하여 금강을 거슬러오르며 침구, 때로는 금강 남안의 전북까지도 횡행한 형태(C·c·B·d형)>, <충청도 연안을 침구하여 내륙까지 들어가 전전한 형태(C·d형)>, <충청도 연안을 침구하여 내륙부로 들어가 경기도지역까지 전전하는 형태(C·D·d형)>, <충청도에 침구하여 금강을 거슬러올라 충청도 내륙 깊숙이 들어간 다음 경상도, 전라도를 전전한 형태(C·b·A·b·d형)>, <충청도와 경기도 연안을 공격하는 형태(C·D·a형)>, <충

별되는 나머지 또 하나의 유형은 연해 지역을 개별적으로 직접 공격 대상으로 삼는 것이다. 보령지역은 제3의 유형인 연해 지역에 대한 개별 침입에 해당한다고 할 수 있다. 이를 유형별로 구분하여 표로 정리하면 다음과 같다.

충남지역 왜구 침입의 유형

유형	지역	침입 사례(시기)
A	금강수로 이용	1358(4), 1376(7), 1376(10), 1377(9), 1377(11), 1378(3), 1378(4), 1378(5), 1378(9), 1378(10), 1380(7), 1380(8), 1382(2), 1382(윤2), 1382(10), 1383(8), 1387(10), 1388(8)
B	아산만과 내륙수로	1358(5), 1360(5), 1369(7), 1369(7), 1375(9), 1377(2), 1377(3), 1377(10), 1378(4), 1378(6), 1378(7)
C	충남 연해지역	1352(3), 1372(6), 1375(9), 1377(4), 1377(5), 1377(9), 1378(2), 1378(9), 1379(8), 1380(5), 1381(5), 1381(6), 1381(9), 1381(11), 1383(8), 1389(10)

이 가운데 본고와 밀접한 관련이 있는 C 유형의 사례를 뽑아 제시하면 다음과 같다.

공민왕 원년(1352)	3월	김휘남이 부사 장성일과 함께 착량 · 안흥 · 장암에서 왜적과 싸워 적선 1척을 노획함.
공민왕 21년(1372)	6월	왜구가 홍주를 침입함.
우왕 원년(1375)	9월	왜구가 천안 · 목천 · 서산 · 결성을 침입함.
우왕 3년(1377)	4월	왜구가 여미현(서산)에 침입함.
	5월	왜구가 양광도 연해의 주군을 침구.

청도와 경기도 연안을 공격한 후 한강으로 올라가는 형태(C·D·a·b형)> 등으로 분류하였다(李領, 「高麗の倭寇對策と倭寇の實像」『倭寇と日麗關係史』, 東京大學出版會, 1999, pp.246~250). 이는 전국을 시야로 한 분류의 일부이기 때문에 오히려 그 양상이 일목요연하게 파악되지 않는 약점이 있다.

	9월	왜구가 홍주를 도륙하고 불태우고, 목사 지득청(池得淸)의 처를 죽이고 판관의 처자를 잡아감. 다음날 적이 온수현(아산)을 구략하고 이산(덕산)의 군영을 불태움.
우왕 4년(1378)	2월	왜구가 태안에 침입함.
	9월	왜구가 서주를 침입함.
우왕 5년(1379)	8월	왜구가 여미현을 침입함.
우왕 6년(1380)	5월	왜적 100여 척이 결성 · 홍주에 침입함.
우왕 7년(1381)	5월	왜구가 이산수(伊山戍)를 치자 양광도도순문사 홍언이 싸워 격퇴하고 8명을 참하고 1명을 사로잡음.
	6월	왜구가 비인현을 구략함.
	9월	왜구가 영주, 서주를 침입함.
	11월	왜구가 보령에 침입함.
우왕 9년(1383)	8월	왜적이 옥천, 보령 등지를 함락하고 개태사에 들어가 계룡산에 웅거함.
창왕 원년(1389)	10월	왜구가 양광도 도둔곶(비인현)에 침입하므로 도체찰사 왕안 · 덕이 싸웠으나 대패함.

이같은 기록에도 불구하고 침입에 비교적 시간이 소요되고 피란의 시간이 주어지는 내륙에 비하여 연안은 기습적 습격, 혹은 수시 습격이 가능하였기 때문에, 연안의 경우 실제 기록에 나타나 있지 않은 왜구의 침입이 훨씬 빈번했을 것으로 추측된다.

4. 보령지역의 왜구와 김성우

정대(鄭帶)의 동헌기(東軒記)에 "보령은 경인년부터 왜구의 해를 입었다"고 하였다. 여기에서의 경인년은 고려 충정왕 2년(1350)을 지칭하는 것인데, 이는 보령지역에 1350년부터 왜구가 침입했다는 것이라기보다는 왜구 침입의 일반적 시점을 지칭하는 말이라 할 수 있다. 1350년에 왜구들이 남해안의 합포, 순천 등지에 대거 침입하였고, 이는 고려 후기 왜구의 본격적 침입이 개시된 시점이었기 때문이다. 한편 보령지역에서의 왜구에 대한 대표적인 방어책이 '태조 경진년'에 성을 쌓은 것이었다.[25] 여기에서의 '태조 경진년'은 조선 정종 2년(1400)으로서, 고려 말 왜구의 연이은 침입에 대한 항구적 대책의 하나가 보령에 읍성을 축성하는 것이었던 것이다.

왜구 침입기에 충청도의 경우는 금강과 아산만 등이 왜구의 주요 침입 루트였다. 이것은 내륙으로 침입하기 위한 통로로서 이들 지역이 이용되었기 때문이다. 해안지역 침입은 이보다 빈도가 적게 기록되어 있기는 하지만 해안지역의 특성상 왜구의 침입을 피할 수 없었다. 김성우의 왜구 격퇴에 대한 문제를 검토하기 위해서는 우선 보령지역에 침입한 왜구에 대한 기록을 검토할 필요가 있다. 『고려사』에 등장하는 보령지역의 왜구에 대한 기록은 우왕 3년(1377), 같은 왕 7년(1381), 9년(1383) 등이고, 조선조에 넘어가서는 태조 2년(1393)의 기록이 보인다.

우왕 3년(1377) 보령지역은 왜구로 인하여 "인물이 사방으로 흩어졌다"[26]고 하였다. 우왕 3년은 왜구가 서, 남해 연안 전역에 걸쳐 침입하면서 강화 등 개경 인근을 여러 번 공략하여 도성이 들끓던 시기이다. 그러나 왜구가 보령에 출현한 시기와 상황은 구체적으로 명기되어 있지 않다. 그 후 우왕 7년(1381) 11월 왜구가 보령현에 침입하고, 같은 왕 9년(1383) 8월에는 왜구가 보령현을 "함락하였다"는 기록이 남겨져 있다.[27] 우왕 7년에 이어 9년(1383)에 보령현이 함락된 것은 보령 일대가 왜구로 인하여 심각한 상황이 되었던 사정을 전하는 것이다. 이상 기록상으로 보면 왜구가 보령지역을 위

25) 『신증동국여지승람』 20, 보령현 궁실조.

26) 『세종실록지리지』 충청도 보령현.

27) 『고려사』 134, 신우전.

협했던 시기는 주로 왜구가 창궐했던 우왕대의 일이었다.

그로부터 몇 년이 지난 공양왕 2년(1390), 정부는 남포에 진을 설치하고 유망인을 다시 불러 모았다.[28] 왜구에 대한 보다 적극적 대책으로서 남포에 해안 군사거점을 설치하여 주민들이 안착할 수 있도록 조치한 것이다. 당시 남포에 설치하였다는 진은 웅천면 황교리 소재 구 마량진일 것이다. 마량진은 그후 조선 중종 5년(1510)에 석성을 축조하였으나, 효종 때에 비인으로 진을 옮기면서 폐진되었다.

조선 건국 직후인 태조 2년(1393) 3월, 왜구들은 보령 고만량에 침입하여 병선 3척을 탈취하여갔다.[29] 이에 정부는 이화, 박위 등을 파견하여 고만량에 침입한 왜구를 포획하도록 하였다. 5월 7일 왜구는 13척의 군선으로 다시 고만량을 습격하였다. 왜구의 공격으로 만호 최용유와 두 아들이 살해 당하고 인근 지역이 왜구에 의하여 약탈 당하였다. 이들 왜구는 다시 도성에 가까운 경기 연안을 출몰하며 서울을 위협하였다. 조선조에 들어서도 왜구는 여전히 연안을 위협하고 보령지역도 그 위험에 노출되어 있었던 것이다. 조선 초 보령 고만량에의 왜구 침입은, 해로상의 고만량의 지리적 위치를 생각할 때 고려 말에 이미 일대에 대한 왜구의 침입이 있었다는 의미이기도 하다.

김성우의 왜구 격퇴에 대한 공로에 대해서는 조선조 후기의 지리지 기록에 자주 등장한다. 그의 공로는 고려 왜구 관련의 역사에 기록되지 않았고, 이 때문에 왜구에 대한 연구 과정에서도 김성우는 전혀 논외로 되어 있다. 보령지역의 향토사적 입장에서 김성우의 왜구 격퇴 사실이 지리지의 기록을 근거로 정리된 바 있지만, 왜구 격퇴의 역사에서 여전히 김성우는 포함되어 있지 않는 것이다. 18세기 『여지도서』 보령현 인물조의 김성우에 대한

---

28) 『고려사』 56, 지리지 남포현.

29) 『태조실록』 3, 2년 3월 경신.

다음 기록은 김성우에 대한 가장 일반적 내용을 담은 기록이다.

> 김성우는 광주인(光州人)이다. 시중 김주정(金周鼎)의 증손이며 판도판서 윤장(允臧)의 아들이다. 고려 말 도만호초토사로 명을 받들어 왜적을 토벌하면서 군사가 보령을 지날 때, 보령은 오래도록 왜구의 소혈(巢穴)이었는데 공이 이를 모두 쳐부셨던 것이다.

이 자료의 기록에는 김성우의 왜구와의 전투 과정에서 발생한 것이라는 다음과 같은 지명 연원을 기록하고 있다.

> 옥마(봉): 공이 힘을 다하여 싸울 때 신마(神馬)가 왔으므로 봉우리를 '옥마(玉馬)'라 함
> 비도: 보검이 저절로 나왔으므로 마을 이름을 '비도(飛刀)'라 칭함
> 군입포: 군사가 해문(海門)을 들어왔으므로 군입포(軍入浦)라는 이름이 붙음
> 복병평: 군사들이 화애에 복병하였으므로 복병평(伏兵坪)이라 함
> 관암: 포구의 돌에 관을 놓았으므로 '관암(冠岩)'이라 이름 함
> 의평리: 왜구의 시체에 개미가 운집하여 의평리(蟻坪里)라 함

지명 유래에 이어, 김성우는 보령에 애착을 가져 청라에 세거하게 되었다고 기록하고 있다. 한편 『여지도서』에 앞서, 17세기 중엽(1656~1673) 반계 유형원 찬 『동국여지지』 보령현조에 김성우는 이 책의 인물(김맹권)조에 부수적으로 "증조인 도만호 김성우는 여말에 왜를 정벌한 공으로 보령에 토지를 받아 자손들이 집안을 이루었다"고 하였다.

이렇게 보면 김성우의 이름이 지리지에 오르게 되는 배경은 김맹권, 김극성 등 가계의 인물 기록이 포함되어 인물의 수록범위가 확산되면서였다. 한편 1607년에 세웠다는 김성우의 묘갈명에는 그의 인적 사항을 다음과 같이 적고 있다.

보령시 청라면 김성우 묘

공은 여말에 전라우도 도만호였는데 지금의 수사(水使)이다. 일찍이 왕명으로 왜구를 토벌하였는데, 보령현을 지나면서 그 땅을 즐거워하여 터를 잡게 되고 드디어 현인(縣人)이 되었다.

한편 이들 지명 연원과 관련하여, 1974년 한글학회에서 조사한 지명 조사에서는 김성우의 왜구 격퇴에 대한 지명들이 다음과 같이 언급되어 있다.[30)]

군두리(군입, 군입리) : 신흑리에서 으뜸되는 마을. 고려 때 김성우 장군이 내포에 침입한 왜병을 치기 위하여 군사를 이끌고 이곳으로 들어와 왜병을 섬멸하였음.

상주막(常住幕) : 고잠 북쪽에 있는 고개. 고려 때 김성우 장군이 이곳에 군사를 주둔시키고 적병을 감시하였다 함. (이상 대천읍 신흑리)

개미벌(蟻坪) : 의평 둘레에 있는 큰 들. 고려 때 김성우 장군이 군사를 장산리 북방에 매복시키고 침입하는 왜적을 습격하여 섬멸했는데 개미들이 그 시체에 모여 개밋둑을 이루었다 함. (청라면 의평리)

복병이 : 서산 밑 남쪽에 있는 마을. 고려 때 김성우 장군이 이곳에다 군사를 매복시키고 침입하는 왜적을 맞아 크게 파하였음.

불못골 : 복병이 남쪽에 있는 마을. 고려 때 김성우 장군이 이곳에 불뭇간을 두고 병기를 만들어서 침입하는 왜적을 크게 섬멸하였다 함. (이상 청라면 장산리)

불무골 : 시루성이 서쪽에 있는 마을. 고려 때 김성우 장군이 이곳에 풀무간을 두고 병기를 만들어서 침입하는 왜적을 갬밭들(개미벌, 의평리)에서 섬멸하였다 함.

시루성(증성) : 창터 북쪽에 있는 성. 꼭대기에 흙으로 쌓은 성이 있는데 둘레

30) 한글학회, 『한국지명총람』(충남편, 상), 1974.

288m 됨. 고려 때 김성우 장군이 이곳에서 군사를 훈련하고 복병리에서 복병을 시키었다가 침입하는 왜적을 갬벌(개미벌, 의평리)에서 맞아 섬멸하였다 함. (이상 청라면 장현리)

이상의 지명 이외에도 군들재는 "김성우의 군대가 넘은 고개", 관암(冠岩)은 김성우가 "갓을 벗어 놓은 자리", 흑포(黑浦)는 "죽은 왜구의 피가 갯벌을 검게 물들였다"는 등의 구전 혹은 기록이 전하고 있다.[31)]

이것은 오늘날 지역민의 인식을 일정부분 반영하고 있는 것이기도 하지만, 그 사실성의 경계를 명확히 확정하기가 쉽지 않다. 필자로서는 이들 후대 기록은 일정 부분 구전을 근거로 기록된 것이겠지만, 그러나 동시에 후대에 만들어지거나 덧붙여진 점도 있을 것으로 생각한다.

5. 김성우의 선계(先系)에 대한 검토

김성우는 14세기 충렬왕대 문무를 아우르며 시중직에 오른 김주정(金周鼎, 1228~1290)의 증손에 해당한다. 이같은 가문의 배경으로 그가 유력한 관직에 종사하고, 왜구 침입에 당하여 왜구 방어전에 투입되는 것은 퍽 자연스러운 일이다. 이러한 점에서 김성우의 선대에 대한 자료를 먼저 검토하고자 한다.

김성우의 증조(13世) 김주정은 문음으로 서산지역 부성위(富城尉)에 임명되고 몽골군의 침입에 잘 대처한 결과 이름이 알려지게 되었다.[32)] 그는 원종 5년(1264) 과거에 장원급제하고 여러 관직을 거쳐 벼슬이 최고위 시중직에

31) 이재준, 「고려 말 김성우 부대의 왜구 토벌에 관한 군사학적 검토」『군사』 80, 2011, p.55.

32) 『고려사』 104, 김주정전: 김용선, 「신자료 고려묘지명 17점」『역사학보』 117, 1988; 윤용혁, 『고려 대몽항쟁사 연구』, 일지사, 1991, pp.326~327.

해당하는 지도첨의부사(知都僉議府事)에 이르렀다. 1281년에는 일본 정벌전에 참가하였는데, 때마침 태풍을 만나 위기에 처하였으나 기지를 발휘하여 400여 명을 살려냈다.[33] 「소원록(溯源錄)」에서는 그의 슬하에 '2남 1녀'가 있으며 장남은 류(流), 차남은 심(深), 딸은 윤광손(尹光孫)에게 시집갔다고 하였다.[34] 류(流)는 김성우의 조부에 해당하며, 판도판서, 밀직부사를 지낸 김성우의 부 윤장(允臧)이 류의 아들로 되어 있다. 그런데 여기에서 문림랑(文林郎), 감찰어사를 역임하였다는 조부 류(流)에 대해서는 자료 간의 차이가 있다.

우선 『광산김씨세보』에서는 심(深)을 장남, 류(流)를 차남으로 배열하였다.[35] 「김주정」전에서는 그의 아들이 김심 1인만으로 되어 있다. 「김주정묘지명」에서는 김주정이 장덕현(章德縣)의 사호(司戶) 장득구(張得球)의 딸을 아내로 맞아 '1남 2녀'를 두었다고 하며, 아들은 역시 심 1인만 등장하고 있다. 아울러 장녀는 낭장 진□단(陳□端)에게 시집가고, 차녀는 장군 윤□손(尹□孫)에게 시집갔다고 하였다. 『고려사』 열전에서 아들 김심 1인만 언급된 것은 딸을 생략한 것이라는 점에서 묘지명과 배치되는 것은 아니지만 「소원록(溯源錄)」에서 '2남 1녀'라 한 것은 묘지명의 '1남 2녀'와 배치된 것처럼 보인다. 그런데 「김주정 묘지명」에서는 장득구의 딸과의 사이에서 얻은 1남 2녀에 이어, "□찬성사 김련(金璉)의 딸과 결혼하여 1남을 낳으니, 가(珂)인데 지금 □녹사이다. 뒤에 판합문사 이신손(李信孫)의 딸과 결혼하였다"고 하였다.[36] 이로써 김련의 딸을 어머니로 한 가(珂)가 바로 류(流)이며,[37] 류는 심의 동생에 해당하고 이신손의 딸과 혼인하였음을 알 수 있다. 약간의 차이는 있

33) 「김주정 묘지명」(김용선, 「신자료 고려묘지명 17점」 『역사학보』 117, 1988).

34) "諡 文肅公 有二男一女 男長流 次深 府院君 女適尹光孫(光一作吉)"(『憂亭集』 4, 溯源錄)

35) 『광산김씨 판도판서공파 세보』 首卷, 1992, pp.277~278.

36) 「김주정 묘지명」(김용선, 『역주 고려묘지명집성』, 한림대학교 아시아문화연구소, 2001).

37) 김인, 『광산김씨 상계사의 고찰』, 광산김씨 제주도종친회, 2003, p.110.

지만 전체적으로 그 선대 기록이 매우 정리된 것임을 알 수 있는 것이다.

한편 김류(金流)와 형제관계인 김심(金深, 1262~1338)에 대해서는 『고려사』에 비교적 상세히 언급되어 있으며,[38] 「김심 묘지명」(충숙공 묘지)이 족보에 남겨져 있어서 그 관력의 전반을 파악할 수 있다. 김심이 김성우의 조부 김류와 형제관계라는 점에서는 김심의 관력은 하나의 참고적 자료가 될 수 있다. 「김심 묘지명」에는 그의 관력이 비교적 상세히 정리되어 있고 또 그 인물에 대해서는 다음과 같이 묘사되어 있다.[39]

> 공은 사람됨이 씩씩하고 뛰어 났으며, 몹시 엄하여 사람들이 바라보고는 두려워하고 복종하였다. 그러나 손님을 접대하면서 차별하지 않고 즐겁게 대하였다. 집안에 있을 때에는 사소한 일에 관심을 두지 않고 살림을 돌보지 않아 집에는 변변한 재물이 없었다. 관직에 있을 때에는 나라를 다스리는 일을 소임으로 삼아 밤늦도록 게으르지 않고, 어려운 일이 있을 때에나 그렇지 않을 때에나 절조를 한결같이 하여 바꾸지 아니하였으니, 이른바 신하가 충성되고 곧다고 한 것이 아니겠는가. (충숙공묘지)[40]

김심에서 주목되는 한 가지는 부 김주정이 받았던 만호직을 세습하고 있다는 점이다.[41] 김심에게는 승사(承嗣), 승한(承漢), 승진(承晋), 승로(承老), 석견(石堅) 등 아들 다섯이 있는데 이는 『고려사』 열전의 기록과 족보의 기록이 별로 다르지 않다. 한편 『고려사』 기록에 승사에게는 아들 김종연(金宗衍)이 있었다. 김종연은 김성우와는 6촌 형제간이 되는데, 우왕대에 여러차례 왜

38) 『고려사』 104, 김심전.

39) 『광산김씨 족보』(1934년) 「충숙공묘지」(김용선, 『역주 고려묘지명집성』, 한림대학교 아시아문화연구소, 2001에서 재인용).

40) 위와 같음.

41) 변동명, 「고려 충렬왕대의 만호」 『역사학보』 121, 1989.

구 격퇴에 파견되었고, 공양왕대에는 이태조의 '혁명파'에 맞선 인물로 언급되어 있다.[42] 왜구 방어전에 투입되고 조선왕조의 개창에 대한 소극적 저항으로 초야에 몸을 숨기고 말았던 김성우의 행적을 연상시키는 바가 있다.

김성우의 부 15세(世) 김윤장(金允藏)에 대해서는 「소원록」에 봉익대부 판도판서 밀직부사의 직을 역임하였다고 하였다. 광산김씨 「판서판도공파」는 이에서 비롯된다.

6. '전라도 도만호' 김성우와 왜구 격퇴문제

왜구 격퇴시 김성우의 관직 명칭은 자료에 따라 약간씩 차이가 있다. 그 중 가장 기준을 삼을 수 있는 자료는 후손 김극성의 문집에 수록된 자료라고 생각된다. 김극성(金克成, 1474~1540) 찬 『우정집(憂亭集)』의 「소원록(溯源錄)」에서는 김성우의 직을 '절충장군 전라우도 도만호 겸 초토영전사'라 하였고, 「가장(家狀)」에서는 '전라도 도만호'라 하였다. 또 '전라우도 도만호'에 대해서는 '지금의 수사(水使)' 즉 조선조 수군절도사에 해당하는 것이라 하였다.[43] 따라서 장군의 직책은 '절충장군(折衝將軍) 전라우도 도만호 겸 초토영전사(招討營田事)', 혹은 '전라도 도만호'라는 것이 가장 공식적인 직함이 될 것이며, 그 직은 조선조로 말하면 전라우수사에 해당한다는 것이 후손들의

---

42) 김종연은 혁명파에게 몰려 도주중 체포되어 사망하였는데, 그가 실제로 혁명파에 맞서는 정치적 행동을 한 것인지, 아니면 무고로 인하여 애매하게 정치적으로 희생된 것인지는 분명하지 않다. 체포된 김종연이 자신의 혐의를 적극 부인하였고, 그의 죽음에도 의혹이 있기 때문이다. 그러나 신왕조 개창 세력과는 정치적으로 이질적 입장에 있었던 것만은 사실인 것 같고, 이점 김성우가 신왕조 개창에 부정적 입장에 있었던 것과 맥락을 같이하는 것이라는 점에서 유의되는 사항이다. 이에 대해서는 『고려사』 104, 김종연전 참조.

43) 『憂亭集』 5, 6.

인식인 것이다.

'절충장군 전라우도 도만호 겸 초토영전사'라는 직이 과연 장군의 실제 직명을 그대로 반영하고 있는 것인지, 아니면 후대의 변형이 포함된 것인지는 단언하기 쉽지 않다. 관직명의 기본이 되는 '전라도 도만호'에 대해서도 혹 '전라도'가 장군의 본관지라는 점에서 김성우의 '도만호' 직에 얹혀진 것은 아닐까 하는 의심을 해볼 수도 있다. 이러한 의심은 조선조의 기록에 등장하는 김성우의 관직이 고려 말의 기록에서는 분명히 확인되지 않는 부분이 있다는 점, 직책상의 '전라도'와 작전지역이 된 '보령'과의 엇갈림 때문에 야기되는 의문인 것이다.

우선 '도만호'에 대한 문제부터 검토해보고자 한다. '도만호'의 직은 왜구와 관련한 조선 초의 기록에 종종 등장하는 관직이다. 다음은 『태종실록』에서의 기록이다.

> 전라도의 군관이 왜적을 막지 못한 죄를 다스리었다. 수군첨절제사 구성미(具成美) · 좌도 도만호 정간(鄭幹)은 태형을 가하여 환임(還任)시키고, 우도 도만호 방구령(房九齡)은 두 번이나 범하였으므로 장형 60대를 가하여 환임시켰다. (태종 8년 1월 신미)

> 전라도 병선이 바람을 만나 파선되었다. 수군도만호 이흥무(李興武)가 해도(海島)에 들어가 왜적을 수색하다 익사한 자가 21인이었다(태종 9년 9월 을해).

몽골의 군제에서 비롯된 '만호'가 고려에 처음 등장하게 되는 것은 고종 18년(1231) 경 홍복원이 몽골에 투항한 다음 '고려군민만호(高麗軍民萬戶)'라는 직을 받은 것에서 비롯된다. 그 후 2차 일본정벌전과 관련하여 충렬왕 6년(1280) 김주정(金周鼎), 박구(朴球) 등에게 '관고려국정일본군민만호(管高麗國征日本軍民萬戶)'의 직을 수여한다. 그리고 이듬해 일본정벌이 실패하자 원은 고려

김성우 학술세미나

에 군사기구인 만호부를 설치한다. 일본을 제압하기 위하여 "금주(金州) 등처에 진변만호부(鎭邊萬戶府)를 설치하였다"[44]고 한 것이 그것이다. 금주만호부는 곧 합포만호부로 개칭되었으며, 이어 전라도진변만호부, 왕경만호부, 서경만호부, 서경만호부, 탐라만호부 등이 연이어 설치됨으로써 주요 거점에 5만호부가 들어서게 된다. 5만호부는 공민왕대 폐지되었으며, 대신 공민왕 말년 이희, 정지의 상서를 계기로 전라도안무사로 하여금 만호를 겸하게 하였다. 우왕 13년(187) 경상도 통양포에 수군만호를 배치하였으며 공양왕 2년(1390) 이후 수군만호는 각처에 배치되었다.[45]

왜구 방어와 관련한 '도만호'의 직책은 우왕 3년(1377)의 기록에 보인다. 6월 2백 척에 이르는 왜구의 대선단이 제주를 치자 '전라도 수군도만호' 정용(鄭龍), 윤인우(尹仁祐) 등이 군사를 거느리고 척후활동을 하던중 이를 발견하고 1척을 격파하였다. 이에 조정에서는 정룡 등에게 옷 한 벌을 상으로 내렸다.[46] 이들 왜구는 7월에도 제주를 침입하였고 역시 '전라도 수군도만호' 정룡 등이 병선 2척으로 출동하여 적을 섬멸하고 적선 1척을 나포하였다.[47] 도만호 이외에 좌우도의 칭도 고려 말부터 등장한다. 공양왕 원년

---

44) 『고려사』 29, 충렬왕 7년 10월 기해.

45) 최근성, 「고려 만호부제에 대한 연구」 『관동사학』 3, 1988.

46) 『고려사』 133, 열전 46, 신우 3년 6월.

47) 『고려사절요』 30, 신우 3년 7월.

(1389) 기록에 의하면 박인우(朴麟祐)를 '양광좌우도 수군도만호'를 삼았다.[48] 도만호의 존재와 함께 '양광좌우도'라 한 것이 주목된다. 수군의 도만호에 대해서는 "각 도별로 분장(分掌)되는 수군의 최고지휘관"으로 추정된 바 있고,[49] 수군만호부에는 사령관 격인 도만호가 임명되었다.[50]

왜구가 출몰하던 고려 말 이 시기의 군직(軍職) 명칭은 매우 다양하게 나타나는 특징이 있다. 가장 일반적인 직책은 만호와 각도의 도순문사이다. 그 밖에 포왜사, 진변사, 도진무, 추포사, 방어사, 도순어사, 도지휘사, 절제사, 도절제사, 도체찰사, 도관찰사, 왜적체복사, 안렴사, 원수 등 매우 다양한 양상을 보여준다. 그중 '도만호'에 대해서는 홍건적 침입시인 공민왕 9년(1360) 안우(安祐)를 '안주군민 만호부 도만호(安州軍民萬戶府都萬戶)'에, 이방실을 상만호(上萬戶), 김어진을 부만호(副萬戶)에 임명한 예가 있다.[51] 안우는 다음달 2월에 선주(宣州) 땅에서 적 수백을 베고 개선하였다. 그는 전공으로 추충절의정란공신(推忠節義定亂功臣)의 공신호와 함께 중서평장정사(정2품)의 직에 승진하였다.[52] 그의 직전 관직은 참지정사(종2품)였다.[53] 이에 의하여 도만호라는 직은 전란시에 일정기간 군권을 맡기는 임시적 직책이었으며, 반드시 무신에 한정하는 군직이 아니었음을 알 수 있다. 또 도만호의 직은 휘하에 상만호, 부만호 혹은 만호와 같은 하위의 군사직을 거느리는 사령관의 직이었으며, 공민왕 당시 종2품의 고위직에서 이를 임명하였다는 것도 참고 되는 사항이라 할 수 있다. 이에 의하여 '도만호'의 직이 고려 말 공

---

48) 『고려사』 지37, 선군, 공양왕 원년 10월.

49) 민현구, 『조선초기의 군사제도와 정치』, 한국연구원, 1983, p.177.

50) 최근성, 1988 「고려 만호부제에 대한 연구」 『관동사학』 3, 1988.

51) 『고려사』 39, 공민왕 9년 정월 을묘.

52) 『고려사』 39, 공민왕 9년 2월 임자.

53) 바로 전년 공민왕 8년 6월의 교서에 안우의 관직을 '참정'이라 하였다(『고려사』 39, 공민왕 8년 6월 정해).

민왕대에 이미 설치되어 있었음을 알 수 있다.

다음으로 '전라도(혹은 전라우도) 도만호'였던 김성우가 어떻게 충청지역 보령의 왜구를 치게 되었는지에 대한 의문이다. 이에 대해 현재로서 문집 혹은 조선조 읍지류의 기록을 보완할 수 있는 보다 신빙성 있는 자료적 근거를 찾기는 어렵다. 그러나 여기에는 두 가지 가능성이 있다. 한 가지는 '전라도 도만호'의 직이 보령지역 왜구 격퇴시의 직책과는 무관한 것일 가능성이다. '전라도 도만호'는 김성우가 오른 가장 높은 직을 가리키는 것이라고 보면 보령의 왜구 격퇴에 투입된 시점은 그 이전이 되는 것이다. 다른 한 가지 가능성은 전라도 도만호로서 보령지역 왜구 격퇴에 투입된 경우인데, 이 경우는 다소 자연스럽지 못한 느낌은 있지만 불가능한 것은 아니었다. 필자는 여기에서 전자, 즉 김성우가 보령지역에서의 작전 이후의 시기에 승진하여 전라도 도만호로 전임되었을 가능성이 높다고 보지만 그렇지 않고 전라도 도만호로서 보령지역에서 작전을 전개한 경우를 상정하여 그 가능성을 좀더 검토해보고자 한다.

보령은 개경과 전라도의 중간 경유지에 해당되기 때문에 전라도에의 출입과정에서 보령지역에 대한 출입이나 경유가 당연한 것이었다는 점, 그리고 바다를 무대로 하는 수군도만호는 활동 범위가 육상에 비하여 매우 넓었다는 점이 유의된다. 앞에서 우왕대의 전라도 도만호 정룡이 제주도를 수시로 출입하며 작전을 전개한 점도 이를 뒷받침한다. 한편 왜구 출몰시기에 연안을 항해하는 조운선이 왜적의 습격 목표가 되었기 때문에 해당 도의 세곡을 운반하는 조운선의 안전한 운항을 보호하는 것도 수군 지휘부의 중요한 기능의 하나였던 것 같다. 그리고 조운선의 엄호를 위해서는 해당 지역과 무관하게 작전을 수행하는 것이 가능하였다. 『고려사』 공민왕 13년(1364) 4월의 기록에 "전라도도순어사 김횡(金鋐)이 조운선으로 내포에까지 이르러 왜적과 싸워 패하였는데 절반 이상이 전사하였다"고 한 것이 그 예이다. 여기에서의 '내포'가 삽교천 유역 일대를 지칭한 것임은 의심의 여지가 없는

보령의 바다

데, 김횡이 전라도 조운선을 호위하고 상경하게 된 것은 남해안 일대에 왜구들이 기습하여 조운로가 마비상태에 이르렀기 때문이다. 고려 정부에서는 교동 · 강화 · 동강 · 서강 등 개경 방어에 임하던 군선 80여 척을 차출하고 이를 좌도 병마사(李善)와 우도 병마사(邊光秀)의 2부대로 나누어 긴급 출동시키는 동시에 전라도도순어사 김횡이 직접 조운선을 엄호하여 상경하는 양면 작전을 전개한 것이다.

김횡이 패전한 '내포'는 전라도에서 개경에 이르는 항로의 중간인 충남의 서해안, 태안반도와 그 주변지역 일대를 지칭한다.[54] 조금 남쪽으로 치우쳤지만, 보령지역도 그 범위 안에 포함된다고 할 수 있다.[55] 전라도 조운선

54) '내포'의 위치에 대하여 '삼천포의 蛇梁'이라한 견해도 있으나(국방군사연구소, 『왜구토벌사』, 1993, p.296) 이는 적절하지 않다. 삼천포지역이라면 전라도 조운선과는 관련이 있을 수 없다.

55) 조선시대 내포의 범위에 보령이 들어가기도 하지만, 보령을 바로 '내포'로 지칭하는 경

을 호위하는 김횡의 군이 상경하고 있을 때, 이를 엄호하기 위하여 개경 연안에서 긴급 출동한 80척 선단이 강화 남쪽 대도(代島)에 이르렀다. 이 때 왜구에게 포로로 붙잡혔다가 탈출한 '내포'의 백성이 적정(賊情)을 제보하면서 이들의 남진을 만류한다. 적이 지금 이작도(伊作島)에 매복해 있다는 것이다. 내포민의 제보를 묵살한 고려 수군은 왜구의 유인책에 말려 이작도 인근에서 큰 피해를 입고 말았다.[56] 이 때문에 김횡이 이끌고 상경하는 전라도 조운선을 왜구로부터 엄호하려던 계획은 무산되었고, '내포'에까지 이른 전라도 조운선은 왜구에 의하여 궤멸되고 말았던 것이다.

이상과 같은 사례는 고려 말의 다양한 군직(軍職)이 왜구와의 전투만이 아니라 세곡 운송의 보호에까지 미쳤으며, 그 활동범위도 특정 지역에 제한되는 것이 아니었음을 알 수 있게 된다. 요컨대 전라도 도만호 김성우가 군선을 이끌고 보령 연해 지역을 출입하는 것이 불가능한 일은 아니었다. 그러나 김성우의 관력에 대한 정확한 정보를 가지고 있지 못한 현재의 여건에서 보령에서의 왜구 격퇴가 시간적으로 선행하는 사건이고, '전라도 도만호'로서의 활동이 이후의 시점일 것이라고 보는 것이 더 가능성 있는 것이 아닐까 생각된다.

이상, 김성우의 선계 족보 기록, 그리고 그의 '도만호'라는 직책에 대하여 검토함으로써 관련 가계 기록이 신빙성을 가지고 있으며, '도만호'라는 관직이 김성우의 활동에 모순되지 않는다는 사실을 파악하였다. 왜구의 보령 지역 침입 사실도 사건 자체는 분명한 것이지만 실제 김성우가 보령지역 왜구를 격퇴한 사실이 있는지에 대해서는 조선조의 기록을 뒷받침 할 추가적

우도 발견된다. 김성우 장군이 보령의 왜구를 칠 때 "高麗 金將軍成雨 討倭內浦"[『호서읍지』(1895) 중의 「보령현읍지」] 운운하여 보령지역을 '내포'로 지칭한 것이 그것이다.

56) 아산만의 外洋에 위치한 이작도는 대이작도와 소이작도가 있으며 풍도와 덕적도 사이에 해당한다.

근거를 보완하지는 못하였다. 그러나, 역시 후대의 자료이기는 하지만 김성우가 왜구 격퇴에서 공을 세웠다는 것을 다음의 자료는 보다 구체적으로 보여주고 있다. 1550년경 이언적이 지은 김극성(金克成) 행장의 자료가 그것이다.

> 전에 도만호(金成雨) 공께서 자제들을 타이르시기를 "내 평생 기록할만한 덕이 없구나. 여러차례 왜구를 물리쳤으니, 저들이 비록 추한 무리라 하나 살육을 너무 많이 하였구나. 살육은 도가(道家)에서도 꺼리는 것이니 너희들은 오직 덕을 수행하여 출세할 뜻을 깨끗이 없애면 대대로 덕을 보전할 수 있을 것이다"라 하였다. 이 때문에 판서공(金南浩)께서는 가난한 이들을 구휼하고 환란을 당한 사람을 구제하는 데 전념하였다.[57] (『우정집』)

행장의 내용은 우정 김극성이 선대로부터 좋은 가풍을 물려받았으며, 그 가운데 고조되는 김성우가 자제들에게 남긴 가르침이 큰 기반이 되었다는 줄거리이다. 그리고 그 가르침은 자신이 왜구를 여러 번 격퇴하는 과정에서 많은 적을 죽여 공을 세웠지만, 이것도 엄밀히 말하면 많은 생명을 앗은 것이라 내세울 만한 것이 아니며, 아무쪼록 불필요한 욕심으로 출세와 권력을 탐하기보다는 오직 덕을 닦아 대대로 보전하는 것이 최선이라는 가르침이다. 이것은 당대 자료가 거의 없는 상태에서의 김성우의 육성과 같은 성격의 자료이며, 특히 왜구 격퇴에 공을 세웠던 자신의 경력과 자신의 정치관 내지 가치관을 담은 것이라는 점에서 매우 뜻 깊은 의미를 담고 있다. 여기에서 보면 김성우는 현실 정치와는 거리를 두고 싶어 하였고, 현실 사회에서의 출세와 인정보다 더 중요한 것은 자기 스스로를 도야하는 일이라

57) "初 都萬戶公 戒子弟曰 吾平生無德可紀 累鑿倭寇 彼雖醜類 殺戮過多 道家所忌 汝輩能惟德是修 而掃刮救世之念 則庶保世德 故判書專以恤窮賙救患難爲事"(『憂亭集』)

는 생각을 보여주고 있다.

자제들에 대한 언급에서 보여준 김성우의 정치관은 다분히 자신이 겪은 현실 정치에 대한 회의를 나타내고 있다. 그것은 그가 고려 왕조 말, 권력을 장악한 신흥 유신들의 '혁명'에 대하여 부정적 입장을 가지고 보령에 터를 잡았던 그의 행적과 정확히 일치하는 것이기도 하다. 이 행장의 자료는 전후 문맥 등으로 보아 의도적으로 만들어진 문장이라고 보기는 어렵다. 김성우 당대의 자료는 아니지만, 극히 생생한 내용을 담고 있다는 점에서 매우 중요하다. 그리고 이점에서 김성우가 고려 말의 혼란기에 여러 차례 왜구 격퇴에 공을 세운 인물이었다고 하는 것을 부인하기 어려운 것 같다. 또 이같은 맥락은 김성우에 의한 보령에서의 왜구 격퇴에 대한 후대의 기록에 대해서도 긍정적으로 파악할 수 있는 근거가 된다.

김성우가 고려 말의 혼란기 왜구 격퇴에 공을 세운 인물임에도 불구하고 『고려사』의 기록에 남겨지지 않은 이유가 무엇일까 하는 것이 이제 마지막으로 남은 문제가 된다. 이에 대해서는 첫째는 『고려사』의 자료의 한계상 모든 관련 자료가 치밀하게 정리된 것은 아니라는 점, 둘째는 의도적으로 기록에서 배제되었을 가능성을 검토해 볼 수 있다. 김성우가 만년에 정치와 인연을 끊고 보령에 터를 잡은 것은 조선왕조 개창세력과 대척적 관계에 있음을 증명하는 것이고, 친족 김종연이 이성계 세력에 의하여 죽임을 당한 사실을 염두에 둔다면 김성우에 대한 기록은 의도적으로 배제되었을 가능성이 많은 것으로 생각된다. 이같은 그의 처지는 김성우가 자제들에게 남긴 가르침, "너희들은 오직 덕을 닦고, 출세할 뜻[救世之念]을 깨끗이 없이하라"는 가르침과 일치하는 것이기도 하다. 이성계의 신왕조는 김성우를 배척하였고, 김성우도 신왕조와는 마음의 담을 높게 하고 있었던 것이다.

7. 맺음말

본고는 고려 말 왜구를 격퇴하고 보령 청라지역에 정착하게 된 김성우의 행적을 실증적 관점에서 검토하는 작업으로 이루어졌다. 김성우 관련 후대 기록의 사실성을 검증하는 방법의 하나로 '도만호', 혹은 '전라우도 도만호' 등의 관직, 선대의 자료까지 소급하여 검토하였으며, 그 결과 도만호가 고려 말 이후 군직의 하나였음을 확인하였다. 또 '전라도' 혹은 '전라우도'라 한 것도 후대의 인식을 반영한 것일 수도 있지만, 고려 말의 실제 직명으로 성립 불가능한 것은 아니라는 점을 확인하였다.

장황한 검토에도 불구하고 김성우의 보령지역에서의 왜구 격퇴에 대해서는 그 사실 관계를 명확하게 확인하지는 못하였다. 이는 김성우에 대한 기록이 『고려사』에 남겨져 있지 않기 때문이다. 그러나 김성우가 고려 말에 실제 왜구 격퇴에 많은 공을 세운 인물이라는 점, 세상을 구한다는 명분으로 명예를 구하는 정치적 욕심을 경계하며 인간으로서의 기본덕목을 더 중요하게 여기는 가치관의 위인이었다는 점을 본고를 통하여 확인하였다. 비록 김성우의 구체적인 왜구 토벌의 흔적을 정사의 기록에서는 찾을 수 없지만 그의 왜구 토벌전에서의 활약이 역사적 사실이라는 점에서, 보령지역에서의 대왜구 작전도 긍정적 근거를 갖게 된 것이라 할 수 있다. 고려의 정사 기록에 그의 이름이 나타나지 않은 것은, 정치적으로 이성계 신왕조 세력과 대척적 입장에 있었던 데에서 비롯된 결과일 것이다.

김성우의 왜구 격퇴에 대해서는 전공비의 수립을 비롯한 지역에서의 활발한 선양 작업이 이루어지는 한편으로, 그 역사성에 대한 회의적 의견이 함께 공존해왔다. 이같은 모순의 결과, 특히 후자의 회의적 견해는 김성우에 대한 관련 자료가 갖는 한계에 기인한 것이다.

조선조의 지리지와 현지의 땅이름에 대한 구전에는 김성우의 왜구 격퇴와 연관 지은 지명이 다수 있다. 이러한 지명 전설은 일반사료에 대한 참고적 자료로 활용할 수 있지만, 이를 근거로 하여 당시 전투의 상세한 진행을 복원하는 등의 추론에 이르는 것은 학술적으로는 대단히 위험한 것이라 하지 않을 수 없다.[58] 이같은 논의 전개는 김성우 장군의 행적이 갖는 사실성을 전설화함으로써 오히려 비역사화 하는 일이라는 점에서 경계해야 할 일이다.

* 이 논문은 『역사와 담론』 66(호서사학회, 2013)에 실린 같은 제목의 논문을 보완하여 정리한 것임.

58) 이재준, 「고려 말 김성우 부대의 왜구 토벌에 관한 군사학적 검토」 『군사』 80, 2011, pp.46~59.

제3부 고려 말의 왜구와 내포

제2장

서산 부석사 금동관음보살과 왜구

1. 머리말

일본 쓰시마 관음사(觀音寺)에서 보관하고 있던 고려 금동관음보살이 국내에 반입된 지도 몇 년이 지났다. 이 금동관음보살이 특히 관심을 끌었던 것은 주성결연문(鑄成結緣文)에 의하여 이 불상이 원래 서산(부석면 취평리) 부석사(浮石寺)의 것이었다는 점이 확인되었기 때문인데, 제작 시기는 1330년(천력 3, 충숙왕 17)으로 밝혀져 있다. 2013년 6월 7일 서산에서 관련 학술회의가 개최된 것도 이같은 지역적 관련성에 기반 한다.

발표 가운데 부석사의 관음보살이 쓰시마로 옮겨진 것에 대해서, 문명대 선생은 1370년 경 '왜구에 의한 약탈'로 규정하였다. 구체적으로는 1352년 3월, 1375년 9월, 1378년 9월, 1380년 7월, 1381년 9월 중의 일로 보았다.[1] 이는 왜구 침입에 대한『고려사』등의 서산 관련 자료를 검색하여 언급한 것이지만, 그러나 이 각각의 자료에 대한 구체적 검토가 없기 때문에 과연 당

1) 문명대,「서산 부석사 금동관음보살좌상의 역사적 의미」『서산 부석사 금동관세음보살조상 봉안 학술발표회』(세미나 자료집), 서산문화발전연구원, 2013, p.6.

시 왜구의 침입 상황이 어떤 것이었는지, 혹은 왜구의 부석사 약탈 시기를 1380년 혹은 1381년으로 특정(特定)한 근거가 어느 정도의 신빙성을 가진 것인지 등에 대한 궁금증을 풀어주지는 못하고 있다.

이상과 같은 점을 전제로 하여, 서산 부석사 금동관음상의 '왜구 약탈'설에 대한 문제를 좀더 구체적으로 파악해보고자 하는 것이 본고의 목적이다.

2. '부석사 금동관음보살' 문제

잘 알려진 것이기는 하지만 논의의 진행을 위하여 먼저 부석사 금동관음보살에 대하여 간략히 소개 하고자 한다.

일본 쓰시마의 관음사에 보관되고 있던 서산 부석사 금동관음보살이 우리나라에 처음으로 알려진 것은 1985년 문명대 교수에 의해서였다.[2] 특히 불상의 복장 자료에 의하여 이 불상이 원래 서산 부석사에 봉안되었던 것이며, 조성 시기는 1330년(천력 3, 충숙왕 17년; 충혜왕 즉위년)[3] 2월의 일이라는 사실이 확인되었다. 또 제작에는 계진(戒眞)을 비롯한 30여 명의 단월(檀越)이 참여하고 있는 것으로 되어 있다. 이 복장 결연문은 1951년 종자만다라, 목제 후령통 등과 함께 발견되었으며, 후령통 안에는 오색삼베, 곡물, 마노, 수정 등이 함께 들어 있었다.[4]

---

2) 문명대, 「대마도의 한국 불상 고찰」 『불교미술』 8, 동국대박물관, 1985, pp.23~44.

3) 문명대 교수는 1330년의 연대(천력 3)를 '충선왕 즉위년'으로 적고 있고, 이에 근거하여 "이 금동관음보살상은 충선왕 즉위를 축하하기 위하여 만들어졌다고 할만치 당대를 대표하는 보살상의 특징을 모두 가지고 있다."(「서산 부석사 금동관음보살좌상의 역사적 의미」 『서산 부석사 관세음보살좌상 봉안 학술발표회』(세미나 자료집), 2013, p.3·6·10)고 하였다. 그러나 이는 '충혜왕 즉위년'의 착오이며, 이 해는 王曆上으로는 충숙왕 17년이 된다.

4) 관음보살 복장물의 내용과 특징, 발원문의 분석에 대해서는 정은우, 「서일본지역의 고

높이 50.5cm, 무릎 너비 35.8cm의 부석사 관음보살좌상은 결가부좌에 아미타불의 9품인을 맺고 있는 단정한 모습의 상이다.[5] 보관이 상실되어 높게 튼 상투가 그대로 노출되어 있는데, 두 눈은 지긋이 감은 채 명상에 잠겨 있다. 1313년 민천사 금동불상, 1346년의 장곡사 금동약사불상 및 문수사 금동아미타불상과 함께 부석사 관음보살은 연대를 알 수 있는 고려 후기 불상이라는 점에서 주목되어 왔다. 고려 전통적 불상의 요소를 계승하고 있으며, 국립전주박물관 소장 금동관음보살좌상(높이 60cm)과 매우 흡사한 상이다.[6] 정은우는 이 관음보살의 특징을 "또렷한 이목구비에 부드러운 미소를 띤 온화한 얼굴 모습과 대의 착의법, 묵직한 영락 처리 등에서 부드러우면서도 안정된 느낌을 주는 조형적으로도 우수한 작품"이라고 정리하고 있다.[7]

부석사 금동관음보살상(정은우 사진)

려불상과 부석사 동조관음보살좌상」『동악미술사학』 14, 2013, pp.62~69 참조.

5) 부석사 관음보살의 상세한 제원은 다음과 같다. 전체 높이 50.5cm, 얼굴 폭 12.1cm, 이마에서 턱 17.4cm, 어깨 두께 15.5cm, 무릎 너비 35.8cm(菊竹淳一, 「西日本に殘る朝鮮半島の佛教美術」『九州のなかの朝鮮』, 九州の中の朝鮮文化を考える會 編, 明石書店, 2002, p.61).

6) 문명대, 앞의 논문, pp.6~8; 정은우, 『고려 후기 불교조각 연구』, 문예출판사, 2007, pp.106~108.

7) 정은우, 「서일본지역의 고려불상과 부석사 동조관음보살좌상」『동악미술사학』 14,

쓰시마의 관음사에는 부석사 관음보살 이외에, 또 한 구 금동불상의 두부(머리)가 남아 있다.[8)] 머리만 남아 있지만 상과 그 표현이 부석사관음과 유사한 점 때문에 그 협시 보살상으로 추정되기도 하였다. 그러나 부석사 관음의 조성기에 "관음 일존(一尊)을 주성하여 부석사에 안치하였다"는 것으로 보면 부석사 관음과 함께 만들어진 자료로 보기는 어려운 것 같다. 쓰시마를 비롯하여 서일본지역(山口를 포함한 九州지역)에는 36건에 이르는 고려 불상이 보고되어 있다. 부석사 관음보살 문제를 이해하는 데 유익한 자료라는 점에서 본 논문의 뒤에 참고 자료로서 소개한다.

쓰시마 관음사에 보관되어 있던 부석사 관음보살에 대해서는 그 존재가 여러 기회를 통하여 국내에도 소개되어 왔다.[9)] 이 불상이 돌연 세간의 화제가 되고 한일관계의 문제로 등장하게 된 것은 2013년 1월 이 불상을 절취하여 국내로 반입했던 문화재 절도범 5명이 검거되고 절취품이 회수됨으로써였다. 이후 문화재의 반환 여부를 둘러싸고 많은 논쟁이 전개되었으며, 이와 관련 2월 대전지방법원에서는 문제의 유물에 대하여 일본으로의 인도를 보류하는 판결을 내렸다. 특히 이 불상이 원 봉안처인 부석사로 되돌려져야 한다는 부석사와 조계종 혹은 지역사회에서의 문제 제기가 들끓는 가운데 6월에 관련 학술세미나가 서산에서 개최되었던 것이다.[10)]

2013, p.72.

8) 관음사 불두의 제원은 다음과 같다. 높이 17.5cm, 髮 끝에서 턱까지 11.6cm, 얼굴 폭 10.9cm(菊竹淳一, 앞의 글, p.61).

9) 박은경 · 정은우, 『서일본지역 한국의 불상과 불화』, 민족문화, 2008, p.154; 최성은, 「중생 구원의 이미지; 14세기의 금동보살상」『고려시대 불교조각 연구』, 일지사, 2013, pp.362~368도 그 한 예이다.

10) 2013.6.7. 서산시청에서 개최된 세미나의 발표내용은 다음과 같다. 「서산 부석사 금동관음보살좌상의 역사적 의미」(문명대), 「문화재반환의 국제법적 근거 및 일본 소재 한국 문화재 반환 제문제」(허권), 「고려 말 왜구와 일본소재 고려의 불교문화재」(이영), 「문화유산 반환의 전제조건에 대하여」(김형남).

3. 고려시대의 서산 부석사

서산은 고대 이래 많은 불교유적을 보유하고 있는 곳이고, 불사도 그만큼 많은 사례를 보여주고 있다. 백제 마애삼존불로부터 시작하여, 보원사, 개심사, 문수사, 안국사, 부석사 등이 그 대표적 예이다. 『신증동국여지승람』에는 이들 절 이외에도, 보현사(상왕산), 운암사(팔봉산), 안흥사 · 일악사 · 수도사(이상 가야산) 등의 절 이름이 기록되어 있다. 부석사 역시 이러한 서산의 불교문화 전통을 보여주는 것이지만, 특별히 부석사의 경우는 해안에 가까운 위치의 절이라는 점이 인식된다.

해안의 절로서 바다를 배경으로 한 독특한 입지의 절로서는 서산의 경우 간월암이 대표적이다.[11] 우리나라 불교문화는 사실상 거의 모두가 육지를 배경으로 하고 있다. 그리고 그 중의 많은 절이 산곡을 입지로 하고 있는데, 이것은 속세를 초월하여 인간의 심연을 고찰하며 진리에의 천착을 위한 공간의 선택이 될 것이다. 그러나 불교사원의 기능은 수도와 진리 탐구와 극락왕생 만이 아니고 사람들이 가지고 있는 현실적 문제의 해결이라는 과제를 포함하고 있다. 간월암과 같은 절은 말하자면 해로 혹은 해촌과 밀접한 연관을 가지면서 그 존재 의미가 부각된 절이라 할 수 있다. 부석사는 이러한 점에서 기본적으로 산곡을 배경으로 하는 절의 성격을 갖는 것이지만 동시에 해안에서 가까운 위치여서 경우에 따라서는 바다를 배경으로 한 기능이 가능했던 곳이라 할 수 있다.

현재의 부석사는 주전인 극락전과 안양루가 중심 건물로서 바다가 멀리 내다 보이는 풍치를 가지고 있는 소박하고 아름다운 절이다. 안양루는

11) 간월암은 1941년 萬空스님과 안면면장 朴東來에 의하여, 옛 절터에 세워진 것이라 한다(한글학회, 『한국지명총람』 4, 1974, p.26). 간월암 이전의 이 옛 절터는 아마 '舞堂寺'라는 이름의 절이었던 것 같다(『서산군지』 상, 1909, 64장).

서산 부석사 경내

언제 이름을 붙인 것인지 알 수 없으나, 앞서 금동관음보살 제작 결연문에 "현세에서는 재앙을 소멸하고 복을 부르는 것이며, 후세에서는 함께 태어나 안양(安養)을 바란다"고 하여 제작 목적에 '안양'이라는 목표가 제시되어 있는 점이 유의된다. '부석사'라는 이름의 절은 서산보다는 경북 영주의 부석사가 더 유명하다. 영주의 부석사가 유명한 것은 고려 후기의 건축물 무량수전이나 신라의 명승 의상대사의 덕이 크다고 할 수 있다.

서산 부석사의 유래는 잘 알 수 없다. 영주 부석사의 경우와 같이 신라 의상대사의 창건으로 일컬어지고 있지만, 이는 같은 이름의 유명 사찰의 이야기가 후대에 덧붙여진 것일 가능성이 많다고 생각된다.[12] 한편 전하는

12) 1950년에 쓰여진 극락전 상량문에 "新羅文武王十七年 義湘祖師 自唐還國時 以紀念的創建 是寺 其后無學王師係踪 重建"이라 하여, 677년 의상대사 창건에 1400년 전후한 시기 무학대사에 의하여 중건되었다는 내용이 적혀 있었다고 한다. 도원석, 「서산 부석사 금동관음보살좌상의 이해」『서산의 문화』 25, 2013, p.92 참조.

바에 의하면 조선 초(15세기) 고려의 충신 '유금헌(柳琴軒)'이 나라가 망한 것을 슬프게 생각하고 이곳에 건축을 하고 독서하며 세월을 보냈는데 그가 세상을 뜨자 수종하던 승 '적감(赤感)'이 절로 만든 것이라는 전설이 있다.[13] '유금헌(柳琴軒)'이라고 하면 조선 초에 〈천상열차분야지도(天象列次分野之圖)〉라는 천문도를 제작한 고려 말의 천문학자 유방택(柳方澤, 1320~1402)을 일컫는 것이다. 유방택은 고려 말에 서운관의 판사를 지낸 인물로서, 조선 태조년간에 〈천상열차분야지도〉를 완성하였다. 부석사의 창건이 적어도 1330년 이전으로 소급된다는 점에서, "유방택을 수종하던 승 '적감(赤感)'이" 류방택의 거처를 부석사로 만들었다는 '전설'은 일단 신빙성이 떨어진다. 물론 유방택이 만년에 고향 가까운 부석사와 인연을 맺고 있었을 가능성까지 배제할 수는 없다.[14]

부석사의 절 이름 '부석(浮石)'의 유래에 대해서는, "해중에 있는 암반이 뜬 것 같이 보이므로", '부석사'라는 이름을 붙였다고 한다.

> (부석과 부석사 샘물) 부석사 앞 바다에는 큰 바위가 있는데 물이 많을 때에는 떠있는 것처럼 보여서 '부석'이라고 한다. 이 바위가 명당자리라 하여 어떤 사람이 거기에 흙을 붇고 묘를 썼다. 그랬더니 부석사의 샘물이 말라버렸다. 그래서 그 묘를 옮기니 샘물이 전과 같이 되었다.[15]

부석사는 도비산의 7, 8부 능선, 다소 높은 고지에 위치한다. 때문에 양

13) 충청남도지 편찬위원회, 『충청남도지』, 1979, p.720.

14) 유방택은 공주 계룡산 동학사의 三隱壇(三隱閣, 충남도 문화재자료 제59호)에 고려 말의 충신 3隱(정몽주, 이색, 길재)과 함께 고려 節臣의 한 사람으로 모셔져 있다. 유방택이 삼은단에 追配된 것은 광해군 13년(1621)의 일이었다고 한다. 이에 대해서는 『공주군지』, 1957, 제1편 57장 참고.

15) 경희대학교 민속학연구소 편, 『서산민속지』 하, 서산문화원, 1987, p.176.

부석사 경내의 샘

질의 수원(水源)을 확보하는 것은 필수적인 요소이다. 현재의 부석사 경내 중앙에는 풍부한 수원의 샘이 석축으로 시설되어 있다. 위치와 구조물의 현상으로 보더라도 부석사에서 차지하는 이 샘의 위치가 각별하다는 것을 짐작할 수 있다. 이같은 샘의 중요성이 '부석'과 얽혀 위와 같은 구전이 발생한 것 같다. 문제의 '부석'에 대해서는 다음과 같은 지명 유래 이야기가 전한다.

> (쌀 위에 있는 부석) 부석 앞바다에 검은 여(바위)가 있는데, 이 바위는 사리때 물이 들어오면 물에 뜬 것처럼 보인다. 그래서 '부석(浮石)'이라고 한다. 부석사 절 이름 역시 여기에서 유래된 것이다. 예로부터 그 부석 밑에는 "우리나라 사람 전체가 사흘동안 먹을 양식이 들어 있다"고 전해왔다. 그런데 최근에 부석 앞바다에 간척 공사로 많은 농경지가 생기게 되자, 사람들은 이 전설이 맞았다고 이야기 한다.[16)]

구전에서 공통되는 것은 이 '부석'이 경내의 돌이 아니고, 천수만 바다의 검은 암초(작은 섬)라고 말하고 있는 점이다. 앞의 구전에서 '사흘 동안 먹을 양식'이 있다는 이야기는 암초로 인한 세곡선의 파선 사실을 말하고 있는 것으로 보인다. '부석'에 대해서는 위의 구전과 유사하기는 하지만, 보다 구

16) 위의 책, p.195.

부석면 갈마리 해안의 거문녀(검은여)

체적인 다음과 같은 설명이 기록으로 남겨져 있다.

> 부석 : 부석면 갈마리 서단(西端), 천수만 가운데 있다(해안에서 약 10町 거리이다[17]). 이 돌은 만조(滿潮) 때에도 잠기지 않으므로 사람들이 '부석'이라는 이름을 붙였다. 이 암석 위는 수 백명이 앉을 수 있는 공간이고, 암석 아래는 용추(龍湫)가 있어서 봄가을로 많은 사람들이 경치를 즐기러 찾아온다.[18]

요컨대 '부석'은 천수만 연안에 형성되어 있는 일종의 암초이며, 사람들이 오르거나 탐방이 가능하여 일찍부터 명승지와 같은 공간으로 인식되고 있었다는 것이다.[19] 이 '부석'의 위치는 갈마리 고잔마을 서쪽에 있으며, '거

17) 1町은 60間, 1間은 6척이므로, 10町의 거리는 대략 1km가 되는 셈이다.

18) 『서산군지』 상, 권4, 1909, 54~55장.

19) 천수만의 암초 '부석' 이외에도, 또 다른 작은 '부석'도 있었던 것 같다. "부석면 소도비산 아래 지산리(옛 이름, 지파동) 길 가에 큰 바위 하나가 있는데, 크기는 1평 정도가 된다. 갑자기 처음 오르면 움직이며 소리가 나는데, 다시 오르면 움직이지 않는다. 이곳을 '부석'이라 하였다고 한다."(『서산군지』 상, 권4, 1909, 65장)

문녀'로 불린다고 하였다.[20] 현재는 현대그룹의 대규모 간척 사업으로 육지화 되었지만, 바위 자체는 그 자취를 남기고 있다. 1990년대 이후로는 '검은여보존위원회'에서 양력 5월 15일 경에 제사도 지낸다고 한다.[21]

『호산록』에서는 부석사와 해사(海寺)는 "앞으로 대양의 바다에 임해 있다"[22]고 하여, 유사한 입지의 절로 부석사 이외에 '해사'란 절도 있었음을 알 수 있다. 이 '해사'의 위치가 지금의 어느 곳인지는 잘 알 수 없다. 절의 이름으로 보아, 해변 혹은 섬에 소재하여 특히 천수만 연안을 지나거나 이곳을 삶터로 삼고 있는 바닷사람들과 밀접한 연관을 가지며 운영되는 절이었을 것이다. 또 항해 선박 또는 해변 지역민들과의 관련이라면, 아무래도 고려시대 이래의 전통을 가진 절이었을 것이 틀림없다. 앞에 언급한 간월암의 경우와 유사한 성격의 절이었다고 생각된다.

부석사는 해변의 절은 아니지만, 해안에서 가까운 위치의 절이어서 왜구 침입시에 이들의 공격 표적이 되었으리라는 것은 충분히 가능한 일이다. 부석사의 입지가 갖는 이같은 특성이 다음과 같은 한 줄기 전설로 전해온다.

> (부석과 부석사) 신라시대에 의상대사가 당나라에 가서 공부를 하고, 배를 타고 부석으로 왔다. 의상대사가 도비산에 절을 지으려고 하니, 그 산에 본거지를 둔 해적들이 방해하여 절을 지을 수가 없었다. 이때 의상대사가 당나라에서 올 때 만났던 용녀가 도비산 꼭대기에 나타나 큰 바위를 들고, 해적들에게 이 산을 떠나라고 했다. 도둑들이 떠나자 용녀는 들고 있던 바위를 앞 바다에 던졌다. 그 바위는 간만의 차에 구애 없이 물에 떠있는 것처럼 보이므로 뜬바위, 즉 '부석'이라 하였다.[23]

---

20) 한글학회, 『한국지명총람』 4, 1974, p.26.

21) 충남발전연구원, 『문화유적분포지도(서산시)』, 1998, p.182·311.

22) 韓汝賢, 『湖山錄』, 1992, 서산문화원 간행본, 佛宇.

23) 경희대 민속학연구소 편, 『서산민속지』 하, 서산문화원, 1987, p.258.

의상대사의 이야기는 영주 부석사의 전설이 덧붙여진 것이라 생각되지만, 여기에 등장하는 '해적(도둑)'은 부석사가 갖는 입지적 조건을 상징하고 있다. 왜구와 같은 해적들의 공격 목표가 되고 피해를 입을 수 있는 입지라는 점을 암시하고 있는 것이다. 부석사가 위치한 도비산(島飛山)은 천지개벽 때에 중국에서 날아왔기 때문에 '도비'라는 이름이 붙게 되었다는 이야기가 있다.

마지막으로 도비산의 현재 부석사에 대해서 한 가지 더 언급하고 싶은 것이 있다. 현재의 부석사는 일제시기에 만공선사, 경허스님의 부흥에 의하여 재흥된 것으로 알려져 있다. 극락전, 안양루를 비롯한 현재의 건축물도 이 시기에 조성된다. 사역의 중앙에 판석으로 잘 만들어진 수량 풍부한 고풍(古風)스러운 우물은 이 사역이 매우 전통성 있는 부지일 것임을 암시하고 있다. 그러나 현재의 부석사가 고려시대의 부석사와 동일한 장소인지에 대해서는 아직 명확히 입증되어 있지 않다. 부석사 금동관음보살의 문제는 단순히 이 불상의 반환 여부를 둘러싼 문제만이 아니라, 그동안 문화유적으로서의 관심의 대상이 되지 않았던 부석사에 대한 역사적, 고고학적 조명 또한 매우 중요한 앞으로의 작업이라는 점을 강조하고 싶다.

4. 고려 말 서산지역의 왜구와 부석사

부석사 금동관음보살이 어떻게 쓰시마로 흘러갔는지에 대해서는 여러 가능성이 있는 것이 사실이다. 그러나 가능성이라는 점에서는 역시 다른 불교문화재와 마찬가지로 왜구에 의한 침탈 가능성이 매우 높다는 점을 부인하기는 어렵다.[24] 쓰시마를 비롯하여 왜구의 거점지역이 다수의 고려 불교문

24) 정은우는 부석사 관음보살의 일본행에 대해, 왜구에 의한 약탈이 가장 높다는 점에 동의하면서도, 기증 등의 다른 계기를 완전 배제할 수는 없다는 점도 부기하고 있다. 정은

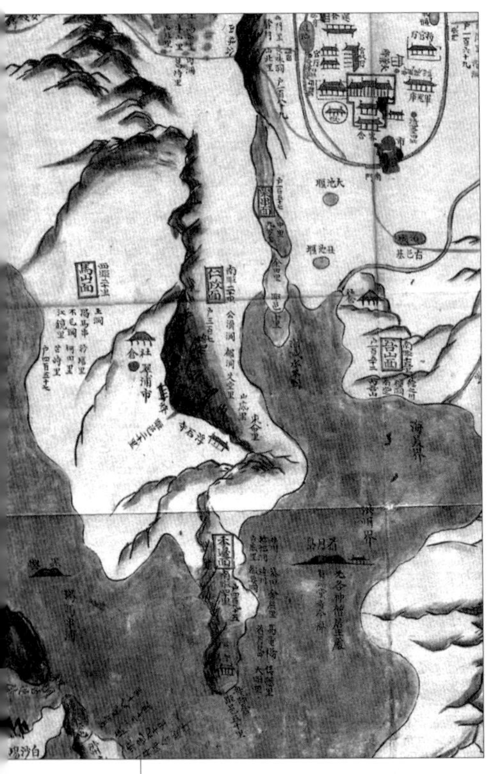

서산지도(규장각 소장)의 부석사

화재의 소재와 깊은 상관성이 있다는 점도 이를 방증한다.[25] 서산 일대를 여러 차례 침입한 왜구가 해변에서 가까운 위치의 부석사를 내버려 두었으리라고 보기는 어렵다. 쓰시마 관음사의 내부 자료에서는 1526년(大永 6) 이 절이 건립되면서 관음보살을 모신 것으로 되어 있다.[26] '관음사'라는 절 이름도 이 불상에 기원한 것임을 짐작할 수 있는데, 1526년이라면 왜구로부터 대략 150년 후의 일이다. 왜구에 의한 침탈일 경우를 전제로, 가장 가능성이 높은 시점이 언제인가를 검토하는 것이 우선적으로 필요한 작업이다.

고려 말 왜구의 침입이 본격화되는 것은 1350년부터이다. 기록에 의하여 확인되는 왜구의 침입 지역 수는 591개소, 침구 횟수는 303회, 침구 집단의 수는 16개에 이르고 있다.[27] 이 시

우, 「서일본지역의 고려불상과 부석사 동조관음보살좌상」『동악미술사학』 14, 2013, pp.60~61

25) 본 논문의 뒤에 옮겨놓은 菊竹淳一의 <서일본 지역의 고려불상 일람>이 이점에 참고 된다. 이영이 지적한 쓰시마 쯔쯔 다구쓰다마 신사의 청동제 반자, 가라쓰 카가미 신사 고려 수월관음도도 이같은 왜구에 의한 피탈 사례에 해당한다. 이영, 「고려말 왜구와 일본 소재 고려의 불교문화재」『서산 부석사 관세음보살좌상 봉안 학술발표회』(세미나 자료집) 참조.

26) 정은우, 앞의 논문, p.66.

27) 李領, 「高麗の倭寇對策と倭寇の實像」『倭寇と日麗關係史』, 東京大學出版會, 1999,

기 왜구의 집단적 침입은 가마쿠라에서 무로마치로 넘어가는 남북조의 대립이라는 일본 내부의 정치적 변동 내지 내전 상태의 조건이 그 배경이 되고 있는 것으로 인식되고 있다.

왜구 침입은 영, 호남과 함께 충청지방이 특히 심하였다. 충남의 경우만 53건이 기록되어 있는데, 충남에서 왜구의 피해를 입은 지역은 서천, 한산, 결성, 안흥, 태안, 서산, 홍성, 아산, 온양, 천안, 목천, 공주, 연산, 금산 등 거의 전도에 걸치는 것이었다.[28] 이들 지역에 대한 왜구 침입 기록을 근거로 고려 말 충남지역의 왜구 침입 내용을 검토하면 왜적의 가장 중요한 침입 루트는 금강과 아산만 연안이었다. 그런데 이와는 구별되는 또 하나의 유형은 연해 지역을 각개(各個) 공격의 대상으로 삼는 것이었다. 서산지역은 제3의 유형인 연해 지역에 대한 개별 침입에 해당한다고 할 수 있다. 본고와 밀접한 관련이 있는 이 유형의 사례를 뽑아 정리하면 다음과 같다.

공민왕 원년(1352)	3월	김휘남이 부사 장성일과 함께 착량 · 안흥 · 장암에서 왜적과 싸워 적선 1척을 노획함.
공민왕 21년(1372)	6월	왜구가 홍주를 침입함.
우왕 원년(1375)	9월	왜구가 영주(천안) · 목천 · 瑞州(서산) · 결성을 침입함.
우왕 3년(1377)	4월	왜구가 여미현(서산)에 침입함.
	5월	왜구가 양광도 연해의 주군을 침구.
	9월	왜구가 홍주를 도륙하고 불태우고, 목사 池得淸의 처를 죽이고 판관의 처자를 잡아감. 다음날 적이 온수현(아산)을 구략하고 이산(덕산)의 군영을 불태움.
우왕 4년(1378)	2월	왜구가 태안에 침입함.

p.254.

28) 김상기, 『신편 고려시대사』, 서울대학교 출판부, 1985, pp.837~863의 <왜구관계표> 및 국방군사연구소, 『왜구토벌사』, 1993의 <왜구 침입 연표>.

	9월	왜구가 서주(서산)를 침입함.
우왕 5년(1379)	8월	왜구가 여미현(서산)을 침입함.
우왕 6년(1380)	5월	왜적 100여 척이 결성 · 홍주에 침입함.
우왕 7년(1381)	5월	왜구가 이산수(伊山戍; 덕산)를 치자 양광도도순문사 오언(吳彦)이 싸워 격퇴하고 8명을 참하고 1명을 사로잡음.
	6월	왜구가 비인현을 구락함.
	9월	왜구가 영주(천안), 서주(서산)를 침입함.
	11월	왜구가 보령에 침입함.
우왕 9년(1383)	8월	왜적이 옥천, 보령 등지를 함락하고 개태사에 들어가 계룡산에 웅거함.
창왕 원년(1389)	10월	왜구가 양광도 도둔곶(비인현)에 침입하므로 도체찰사 왕안덕이 싸웠으나 대패함.

이같은 기록에도 불구하고 침입에 비교적 시간이 소요되고 피란의 시간이 주어지는 내륙에 비하여 연안은 기습적 습격, 혹은 수시 습격이 가능하였기 때문에, 연안의 경우 실제 기록에 나타나 있지 않은 왜구의 침입이 훨씬 빈번했을 것으로 추측된다. 인근 태안지역의 경우 "해상의 구적(寇賊)들이 왕래 출몰하는 요충지"[29]가 되었다고 평할 정도로 왜구가 심했다고 하였지만, 실제 『고려사』 기록에 나오는 왜구의 태안지역 침입 사례는 공민왕 원년(1352) 3월, 우왕 4년(1378) 2월의 단 2, 3회에 불과하다. 왜구 침입에 대한 기록이 그만큼 정밀하지 않다는 이야기이다.

기록이 갖는 이상과 같은 한계가 있는 것은 사실이지만, 위의 왜구 침입 기록에 근거할 때 1375, 1377, 1378, 1379, 1381년이 서산지역에 왜구가 침입했던 시기이다. 이 가운데 여미현 침입은 부석사와는 방향이 같지 않으므로 1377, 1379년을 일단 범위에서 제외하는 것이 좋을 것 같다. 남는 것

29) 『신증동국여지승람』 19, 태안군 궁실

천수만에서 바라본 도비산

은 1375년 9월, 1378년 9월, 1381년 9월의 3건이다.[30] 3건 모두 추수 중이거나 막 추수가 끝날 무렵의 시점이라는 것이 흥미 있다. 그런데 이 세 시기 가운데 부석사 침입 가능성이 가장 높은 것은 1378년(우왕 4) 9월이라고 필자는 생각한다.

1375년 9월에는 왜구가 서산만이 아니고 천안, 홍성지역으로 넓게 침입하였다. 1381년에도 역시 왜구는 서산만이 아니고 천안지역까지 침입하였다. 이에 비해 1378년의 경우는 '서산'만 기록되어 있다. 서산의 읍치는 천

30) 문명대 교수는 부석사에 대한 왜구 침입의 가능성을, 1352년 3월, 1375년 9월, 1378년 9월, 1380년 7월, 1381년 9월의 5시기를 들면서, 이 5시기 중의 어느 때에 부석사가 왜구들에 의해 약탈되었을 것이라고 하였다(문명대, 「서산 부석사 금동관음보살좌상의 역사적 의미」 『서산 부석사 관세음보살좌상 봉안 학술발표회』(세미나 자료집), 2013, p.6). 그러나 1352년은 태안군의 '안흥'이 등장하지만 지리적으로 부석사와는 방향이 같지 않다. 1380년 7월에는 "왜적이 西州를 침략하고" 계룡산까지 진출한 것으로 되어 있는데, 여기의 西州는 瑞州(서산)가 아니고 서천을 말하는 것이어서, 역시 해당사항이 없다.

수만을 타고 북으로 올라온 다음의 막다른 지점에 위치한다. 이 시기에는 안면도가 섬이 아니었기 때문에 천수만은 마치 자루처럼 형성된 내만(內灣) 지역이었다. 이 때문에 서산 침구 이후 인근 지역으로 침입 지역을 확산하는 데는 편리한 곳이 아니다. 더욱이 부석사는 서산 방면 목전에서 다시 좌측으로 방향을 돌려 부석사 자체를 목표로 들어가지 않으면 안된다. 따라서 서산으로 침입한 왜구는 당연 읍치인 서산 시내를 그 1차 목표로 삼지 않을 수 없다. 지리적으로 부석사는 부차적 목표지점이 되는 것이다.

앞의 3회에 걸치는 서산 침입 시기 중, 1375년과 1381년의 2회는 서산만이 아니고 천안 등의 지역이 동시에 왜구의 피해를 입었다. 서산을 침입한 왜구가 천안 방면까지 진출한 것일 가능성이 많다. 그렇다면 당시 왜구는 서산읍치에서 바로 동쪽으로 향해야만 한다. 동시에 부석사는 접근성에 애로가 있다는 입지상 서산 읍치 이후 2차 침입 대상에 해당한다는 점에서 첫 번 째 보다는 두 번째가 가능성이 높다고 말할 수 있다. 이같은 두 가지 측면에서 서산 부석사가 왜구에 의하여 약탈된 시기는 일단 1378년(우왕 4) 9월일 가능성이 가장 높다는 것이 필자의 의견이다.

왜구 침입의 연대별 통계에 의하면 1375년 10지역 5회, 1381년 27지역 14회로 기록되고 있다. 부석사 침입 시기로 지목한 1378년은 53지역 23회로서, 58지역 32회를 기록한 1377년과 함께 왜구의 준동이 가장 심각했던 시기이다.[31)]

5. 서산 동문동 사지의 문제

고려 말 왜구의 서산 침입과 부석사에 대한 문제를 본고에서 검토하였거

31) 이영, 「고려의 왜구대책과 왜구의 실상」 『왜구와 고려·일본 관계사』, 혜안, 2011, p.284.

니와, 계제에 역시 고려시대 서산지역의 대표적 사원의 하나였을 서산 시내 읍내리 동문동(東門洞)의 고려절터 유적에 대해서도 잠시 언급하고자 한다. 서산시 읍내리 동문동에는 충남도 유형문화재로 지정되어 있는 '5층석탑'(제195호)과 당간지주(제196호)가 남아 있다. 4m 가까운 높이(397cm)의 당간지주와 함께 있는 석탑은 현재 3층(5m)까지 남아 있지만, 원래는 5층이었던 것으로 추측되고 있다. 전체적으로 신라양식을 계승한 고려기의 석탑이다.[32] 무너진 것을 새로운 부제를 끼워 넣어 재건립한 것으로 보인다. 부석사의 경우, 관음보살의 실물 자료 이외에 정작 절에는 14세기 관련의 아무런 자료가 남겨져 있지 않은데, 이에 비하여 서산 시내의 '큰 절'은 탑과 당간지주가 건재함에도 불구하고 이 절의 성격에 대해서는 아무런 지식을 가지고 있지 못하다. 서산 관아에 가까운 중심부에 위치하여, 고려시대 서산 읍치의 자복사(資福寺)였음을 짐작하게 할 뿐이다.[33]

석탑, 석주(당간지주)의 조성 시기에 대해서는 다음과 같이 '신라'라는 후대 조선조의 기록이 있지만, 사실은 고려조에 만들어진 것이다.

---

32) 충남발전연구원, 『문화유적분포지도(서산시)』, 1998, p.285 및 문화재청 홈페이지 참조. 탑의 조성 형식은 다소 높게 조성된 2층의 기단 위에 정리된 탑신을 올린 통일신라 양식을 가지고 있지만, 고려 전기에 조성된 신라 양식이라 할 수 있다. 탑에 대한 엄기표의 보고를 참고로 인용해 둔다. "오층석탑은 기단부가 2층기단으로 하층기단은 동일석으로 마련하였으며, 상층기단은 우주와 탱주를 모각하였다. 기단부는 단순하고 간략화의 경향이 진전된 결구수법을 보이고 있다. 그리고 갑석에는 부연이 생략되어 있으며, 갑석 상면에 각형 1단으로 높은 탑신괴임을 두었다. 옥개받침은 상층으로 가면서 5단에서 3단으로 감소하고 있다. 옥개석 상면의 낙수면은 현수곡선을 그리고는 있으나 둔중한 인상을 주고 있다." (엄기표, 『한국의 당간과 당간지주』(개정증보판), 학연문화사, 2007, pp.477~478)

33) 資福寺는 邑基의 성립 때부터 읍내의 중심부에 형성되어 읍민을 불교 이념으로 결집하는 역할을 하였던 사찰로서 고려시대 널리 일반화되었던 경향이다. 서산 동문동의 절터도 고려시대 富城縣의 자복사로 파악된 바 있다. 이에 대해서는 한기문, 「고려시대 資福寺의 성립과 존재 양상」 『민족문화논총』 49, 2011, p.307 참고.

석탑과 석주(石柱)는 군청 동문 밖에 있다. 세상에서 전해오기를 신라에서는 불교를 숭상했기 때문에 군읍을 창설할 때에는 먼저 사찰을 지었으므로 백제가 망하고 본읍에 신라가 들어와 다스렸는데 그 석탑과 석주는 그때에 만들어진 것이라 한다. 아, 내가 항상 한탄하는 것은 당시에는 불교에 빠지게 되어 다른 곳으로 옮겨갈 줄을 알지 못하였으니, 이것을 세우는데 몇 집의 재산을 박탈하고 몇 명의 돈을 갈취하여 그러한 쓸 데 없는 물체를 이루었을까? (『湖山錄』 佛宇)

서산인 한여현(韓汝賢)이 지은 이 자료에서는 당 시기 지식인의 척불적 인식이 노골적으로 표현되어 있는 것이 눈에 뜨인다. '석주'로 표현된 당간지주와 석탑의 거리는, 현재 남북 약 50m 간격으로 위치하고 있어 한 사역(寺域)의 구성물이라는 점을 알 수 있다. 따라서 동문동 사지의 탑과 당간지주는 같은 시기에 조성되었을 가능성이 많다. 당간지주의 편년에 대해서는 '고려 말 조선 초'라는 설명이 있다.[34] 그러나 이미 지역에서 영향력을 상실한 사원을 관아에 가까운 시내의 주거 지역에 중창한다는 것은 상식적으로 성립하기 어려운 일이다. 당간지주의 연대가 고려 말이 될 수 없는 이유이다. 당간지주는 입자가 아주 거친 화강암 재질인데, 동일한 석재가 석탑에도 사용되고 있는 점은 양자가 같은 시기에 제작된 것임을 암시한다. 동문동의 당간지주와 석탑, 양자를 같은 시기의 조성으로 본다면 당간지주 역시 석탑의 연대에 의거하여 고려 전기, 혹은 중기로 설정되어야 할 것이다.[35]

이 절은 조선시대에 이미 절 이름조차 남겨져 있지 않아, 15세기의 지리지에 이름이 등장하지 않는다. 고려시대 후기 내지 말기에 일찍 폐사된 것

---

34) 문화재청 홈페이지, '문화유산정보' 자료.

35) 엄기표는 이 석탑과 당간지주가 같은 시기에 제작된 것으로 파악하고, 조성 시기는 '고려 전기'라 하였다. 다만 고려 전기 중에서 연대가 '하강할 것'으로 추정하고 있어서, 11~12세기의 편년관을 암시하고 있다. 엄기표, 앞의 책, pp.476~478 참조.

동문동 사지의 석탑과 당간지주

임을 암시한다. 관아에 근접한 위치 때문에 폐사 이후 이 절의 부지는 급격히 도시화가 진전되어 주거가 밀집하는 지역이 되었다. 그리하여 조선조 후기 자료에는 '대사동면(大寺洞面)', '탑동리(塔洞里)'와 같은 행정구역 이름으로 절터의 존재 사실이 전하고 있다.[36]

13세기 말 이후 14세기의 서산은 서산 정씨 정인경(鄭仁卿, 1241~1305)의 영향력이 매우 높았다. '서산'이라는 이름이 이 시기에 만들어진 것도 13세기 말 이후 정인경의 존재감이 반영된 것이다. 이 시기 동문동의 이 '큰 절'은 정인경의 정치적 영향력과 연계하여 나름대로 사세를 유지하여 갈 수 있었으리라 생각된다. 따라서 이 절의 몰락은 정인경 시대 이후의 일로 보아

36) 『여지도서』 충청도 서산군, 방리조 참조. '탑동리'의 위치는 '自官門東距二里'라 하였다.

야 할 것이다.[37)]

서산 시내의 '큰 절'이 고려시대 후기 내지 말에 폐사된 것이라면, 14세기 왜구에 의하여 절이 불태워지고 이후 회복되지 못한 절일 가능성이 높다고 생각된다. 사세가 기울어 자연적으로 폐사된 경우라면, 적어도 조선 초까지는 유지되었을 것이기 때문이다. 왜구에 의하여 피해를 입었다면, 그 시기는 서산에의 왜구 침입에 대한 첫 기록인 1375년의 일이었을 가능성이 높다는 생각을 갖게 된다. 이와 관련하여 서산읍치에서 '서쪽 6리 지점', 인지면 풍전리에 위치한 풍전역(豊田驛)에 대하여 "옛날에 왜구로 인하여 유망하였다가, 공정왕(恭靖王, 조선 정종 2) 경진년(1400)에 다시 설치하였는데, 여미현의 득웅역(得熊驛)을 떼어 붙였다"[38)]는 기록이 있다.[39)]

풍전역이 풍비박산한 왜구의 침입이 어느 때의 일이었는지는 명시되어 있지 않지만, 앞에서 언급한 1375년 9월, 1378년 9월, 1381년 9월의 3건 중에 해당할 것이다. 읍치 서쪽 6리 지점의 풍전역이 피해를 입었을 때, 서산 읍치 역시 큰 피해를 입었으리라는 것은 말할 필요가 없다. 서산 풍전역을 공격하였던 바로 그 왜구가 동문동의 절을 불태운 바로 그 왜구일 수도 있을 것이다. 주택가에 겨우 목숨만을 부지하고 있는 석탑과 당간지주가 남겨진 서산 동문동의 불사, '큰 절'의 운명은 인근 부석사의 경우도 함께 묶어서 이해하는 것이 좋을 것이라고 생각한다.

37) 『서산정씨 가승』 상, 「양렬공실기」에 의하면 정인경은 11세 되던 1251년 간월도에서 나와 서산시내 대사동으로 거처를 옮겼다고 한다. '대사동'이라면, 바로 시내의 이 '큰 절' 부근에서 거주하였다는 이야기이다. 윤용혁, 「정인경가의 고려 정착과 서산」 『충청역사문화연구』, 서경문화사, 2009, p.206 참조.

38) 『신증동국여지승람』 19, 서산군 역원.

39) 서산시 인지면 풍전리에 '역터', '역말' 등의 지명이 남아 있다. 한글학회, 『한국지명총람』 4(충남편 하), 1974, p.71 참조.

6. 맺음말

서산 부석사 금동관음보살이 한국으로 반입된 사건은 문화재의 가치에 대한 문제 이외에 그 사건 경위의 황당함으로 인하여 많은 화재가 되었고, 동시에 일본에 소재한 한국 문화재에 대한 관심을 불러일으키는 계기가 되었다. 이 불상이 왜구에 의하여 약탈된 것이므로 불상을 일본으로 돌려보내서는 안된다는 주장이 크게 일었지만, 다른 한편으로 증거가 명확하지 않은 단계에서의 무리한 조치와 요구가 초래할 부작용의 측면을 걱정하는 의견도 제시되었다.

필자는 부석사 금동관음보살의 처리 문제를 정리하기 위해서도, 이 불상의 이동 경위에 대해서는 좀 더 깊이 있는 논의가 이루어져야 한다고 생각한다. 뿐만 아니라 원래 불상이 소재하였던 부석사를 비롯하여 도비산의 불적(佛蹟)에 대해서도 종합적 학술조사가 필요하다는 생각이다. 그러나 지금까지의 논의는 다소 감성적으로 흘러 문제에 대한 의미 있는 진전을 보여주지 못했다.

본고에서 필자는 부석사 관음보살이 쓰시마에 옮겨진 것이 왜구의 침입에 의한 약탈이었을 가능성이 많다는 점을 재확인하였다. 동시에 부석사가 왜구에 의하여 피해를 입었던 시기로서 가장 가능성이 높은 시기로서는, 1378년(우왕 4) 9월을 지목하였다. 그리고 그 이전 1375년에는 읍치가 있었던 지금의 서산 시내가 왜구의 피해를 입어 이 무렵 동문동의 이름 모르는 절도 불태워진 것으로 본고에서는 추측하였다.

더 이상 새로운 증거 제시가 불가능한 것이기는 하지만, 부석사 관음보살이 왜구에 의하여 피탈되었을 가능성이 가장 높다는 점은 부인하기 어려운 것으로 생각한다. 그러나 이것으로 '왜구에 의한 약탈'이 입증되었다고 보기는 어렵다. 동시에 현재의 문화재 관련 국제 협약상으로는 왜구 피탈 혐의가 높은 이들 문화재를 돌려받을 수 있는 규정의 구조가 명확하지 않다.[40] 반출 문화재의 회복을 위해서는 사안이 지나치게 감정적인 방향으로 흐르지 않도록 유의해야 한다는 지적도 있다.[41]

현재의 단계에서 일본 소재 문화재의 반환 문제는 부석사 관음보살 1건만을 해결하기에는 버거운 점이 있다. 이러한 점에서 부석사 관음보살을 계기로 해외 유출문화재에 대한 보다 본질적 접근이 필요한 시점이 된 것이라고 생각된다. 그리고 여기에는 목표를 향하여 작은 한 걸음을 내딛는 긴 호흡의 시간을 필요로 하는 점이 있다. 동시에, 정리되지 않은 여건에서의 문제 해결은 한 가지 길만 있는 것이 아니고 여러 가지 길이 있으며, 시기와 단계에 따라 해결의 방식도 동일할 수는 없다. 그러나 부석사 관음보살이, 연화세상을 이루기 위한 간절한 소망에서 봉안된 불교문화재인만큼, 현 단계에서의 이에 대한 가장 바람직한 해결 방식은 불교적 입장에서의 대승적 상호 이해로부터 출발되어야 하는 것이 아닌가하는 생각이다.

* 이 논문은 『역사와 담론』 69(호서사학회, 2014)에 「고려 말의 왜구와 서산 부석사」라는 제목으로 실린 것임.

40) 서산문화발전연구원, 『서산 부석사 금동관세음보살조상 봉안 학술발표회』(세미나 자료집), 2013에 실린 허권, 「문화재반환의 국제법적 근거 및 일본 소재 한국문화재 반환 제문제」 및 김형남, 「문화유산 반환의 전제조건에 대하여」 등이 참고 된다.

41) 정영호, 「한일간 문화재 반환 문제의 과거와 미래를 말하다」 『한일간 문화재 반환 문제의 과거와 미래를 말하다』, 국외소재문화재재단, 2015, pp.34~37.

(부) 서일본지역의 고려불상 일람(菊竹淳一)[42]

번호	불상의 존명	재질	소재지/소장자	높이(cm)	어깨 폭(cm)
1	석가여래좌상	동조	長崎 · 大興寺	78.1	34.4
2	약사여래좌상	동조	長崎 · 圓通寺	57.4	14.2
3	약사여래좌상	동조	長崎 · 崇福寺址	46.5	19.0
4	여래형좌상	동조	長崎 · 原免釋迦堂	76.9	31.0
5	여래형좌상	동조	長崎 · 金藏寺	73.4	28.7
6	여래형좌상	동조	福岡 · 聖種寺	71.2	33.8
7	여래형좌상	동조	長崎 · 黑崎釋迦堂	67.2	23.7
8	여래형좌상	동조	山口 · 洞泉寺	66.8	26.1
9	여래형좌상	동조	長崎 · 金泉寺	66.7	29.0
10	여래형좌상	동조	佐賀 · 山田藥師堂	64.1	23.0
11	여래형좌상	동조	福井 · 傳芳院	58.8	
12	여래형좌상	동조	長崎 · 普光寺	54.6	24.1
13	여래형좌상	동조	長崎 · 志多留釋迦堂	53.6	23.2
14	여래형좌상	동조	熊本 · 大覺寺	42.4	16.2
15	여래형좌상	동조	長崎 · 大興寺	29.4	13.9
16	여래형좌상	동조	福岡 · 淸谷寺	54.8	
17	여래형좌상	동조	熊本 · 金福寺	40.9	17.6
18	여래형 頭部	동조	長崎 · 浩養寺	35.0	
19	여래형좌상	동조	福岡 · 大入堂		
20	비로사나불좌상	동조	山口 · 滿願寺	76.7	25.7
21	비로사나불좌상	동조	山口 · 國分寺	51.6	20.4
22	비로사나불좌상	동조	長崎 · 西山寺	51.0	18.0
23	보살형좌상	동조	長崎 · 多久頭魂神社	74.5	28.0
24	보살형좌상	동조	長崎 · 金谷寺	73.9	20.9

42) 菊竹淳一, 「西日本に殘る朝鮮半島の佛教美術」『九州のなかの朝鮮』, 九州の中の朝鮮文化を考える會 編, 明石書店, 2002, pp.60~61의 게재 자료를 이용에 편리하도록 간략히 재정리하였음.

번호	불상의 존명	재질	소재지/소장자	높이(cm)	어깨 폭(cm)
25	보살형좌상	동조	福岡 · 德田家	73.8	25.2
26	보살형좌상	동조	島根 · 本願寺	68.8	22.8
27	보살형좌상	동조	福岡 · 志賀神社	60.5	20.4
28	보살형좌상	동조	佐賀 · 普明寺	65.8	20.6
29	보살형좌상	동조	長崎 · 觀音寺	50.5	
30	보살형좌상	동조	福岡 · 安昌院	38.5	13.3
31	보살형좌상	동조	佐賀 · 長得寺	75.5	29.3
32	보살형좌상	동조	山口 · 滿願寺	51.6	10.9
33	보살형반가상	동조	長崎 · 萬松院	11.9	
34	여의륜관음좌상	동조	長崎 · 普泉寺	16.1	7.2
35	지장보살반가상	동조	長崎 · 古藤家	38.0	11.8
36	보살형 頭部	동조	長崎 · 觀音寺	17.5	

제3부 고려 말의 왜구와 내포

제3장

서천 진포대첩, 나세와 이색

1. 머리말

고려 말 우왕 6년(1380) 8월의 진포대첩은 해도원수 심덕부, 상원수 나세, 부원수 최무선 등이 지휘하는 고려 수군 1백 척이 5백 척 규모 왜구의 대선단을 섬멸한 싸움이다. 홍산대첩, 황산대첩 등과 함께 왜구에 대한 가장 결정적 진압전, 3대첩의 한 사례로 널리 알려져 있다. 진포대첩의 경우 특히 최무선이 화약무기를 발명하여 이를 처음으로 전투 현장에 투입, 승리를 거둔 것이었다는 점에서 그 군사사적 의의가 크다. 임진왜란에서 화포의 위력이 왜군을 막는데 크게 공헌하였다는 점에서 최초의 화약무기가 현장에 투입된 1380년 진포대첩의 역사적 의미는 적지 않다.[1]

1) 교과서를 비롯하여 역사서에는 '진포대첩'이라는 것이 일반적 지칭이다. 이영 교수는 '진포'의 정확한 위치, 혹은 사료상의 지명 '진포구'에 착안하여 '진포구 전투'라는 용어를 사용하고 있다. '진포'와 '진포구'를 구분하고 있는 점에서는 정확한 용어 사용이다. 그러나 진포대첩, 진포전투, 혹은 금강하구 전투 등 가능한 여러 이름 가운데 '진포구 전투'라는 이름이 추가됨으로써 이해의 혼선도 있을 수 있다는 생각에서, 본고는 '진포대첩' 혹은 '진포전투'라는 용어를 사용한다.

진포대첩의 현장 '진포'는 금강의 하구를 지칭하는 것으로서, 고려 말 내내 금강을 이용하여 내륙으로 침입하는 왜구의 출입구로서 이용된 공간이다. 이러한 점에서 '진포'의 위치를 행정 구역상으로 서천이냐 군산이냐를 가른다는 것은 적절하지 못한 논의인 것처럼 생각된다. 그러나 실제 진포대첩의 현장을 둘러싸고 서천설과 군산설로 나뉘어 종종의 견해 차가 제기되어 온 것이 사실이다. 또한 진포대첩과 관련하여 군산시에서는 금강 하구변에 '진포 해양테마공원'을 조성하고 진포대첩 전시실 혹은 기념물을 조성하는 등 진포대첩에 대한 적극적인 활용을 도모하고 있다. 한편 당시 금강 하구에 위치한 서천의 장암진이 전략적으로 중요한 군사 거점이었다는 점에서 당시의 왜구 문제는 서천지역과도 밀접한 역사적 연계를 가지고 있는 것이다.

이상과 같은 배경에서 이 글에서는 고려 말 서천지역에 침입한 왜구 문제와 함께 진포대첩 현장에 대한 논란을 소개하는 한편, 이 무렵 서천지역 관련의 인물 이색과 나세에 대하여 왜구 문제에 연계하여 정리하고자 한다.

2. 왜구, 서천을 구략하다

서천지역에 대한 왜구 침입의 첫 기록은 공민왕 원년(1352) "왜구가 장암진을 쳤다"는 기록이다. 여말 금강 하구, 서해안의 군사거점의 하나였던 장암진은 현재 장항읍 장암리에 성터가 남아 있거니와, 이 장암진으로 인하여 서천은 일찍부터 왜구의 주요 공격 대상이었음을 알 수 있다. 이후 서천지역에 대한 왜구 침입이 심각한 상황에 이른 것은 우왕대의 일이었다. 1376년(우왕 2) 9월, 전북의 고부, 태인으로부터 북상한 왜구가 임피, 진포를 거쳐 10월에는 금강 북쪽의 한산으로 침입하였다.[2)]

---

2) "倭寇鎭浦", "倭寇韓州 崔公哲擊之"(『고려사』 133, 신우전, 2년 10월)

우왕 4년(1378) 3월에는 임천과 한산으로 왜구가 침입하였으며, 이어 같은 해 5월에는 서천 및 비인현으로 침입하였다.[3] 1380년(우왕 6)은 금강을 루트로 이용하는 왜구가 피크를 이루었던 해이다. 7월에 왜구가 서천을 친데 이어 금강을 따라 부여와 정산을 치고 아울러 내륙으로 진입하여 운제, 고산, 유성 등지를 치더니 계룡산까지도 구략하였다.[4] 아마도 왜적을 피하여 산중으로 입보한 사람들을 추격하여 구략을 자행하면서 인근의 사찰 등지에 피해를 입힌 것으로 보인다.[5] 1380년의 '경신년 왜구'로 불리는 이들 집단은 경상도 상주 등지까지 들어가 많은 피해를 입혔다.[6] 1380년 8월 금강 하구에서 벌어진 진포대첩은 바로 이 '경신년 왜구'와의 전투이다.

서천에 대한 직접적 언급은 없지만, 금강하구를 통하여 중, 상류지역으로 왜구가 진출한 사례도 많이 발견 된다. 1377년(우왕 3) 11월 왜구는 부여, 정산, 홍산을 치고, 1382년(우왕 8) 2월에는 임천에 이어 부여, 석성 등지를 침구하였다.[7] 금강 하류인 서천, 한산지역에 피해가 있을 수 있는 상황이기도 하였다.

이에 의하면 서천지역에 왜구가 주로 침입한 것은 1376년부터 수년 간의 기간이었다. 그리고 그것은 대개 금강을 따라 왜구가 내륙으로 진입하는 과정에서의 일이었다. 이러한 사정을 참고하면, 1352년 왜구의 장암진 침

---

3) "又倭寇林韓二州" "倭寇西州庇仁縣"(『고려사』 133, 신우전, 3년 3월 및 5월)

4) "倭寇西州 又寇扶餘定山雲梯高山儒城等縣 遂入鷄龍山"(『고려사』 133, 신우전, 6년 7월)

5) 근년 계룡산에서는 고려시대 축성으로 보이는 석성과 함께 '계룡산방호별감 김'이라는 명문 기와가 다수 발견되었다. 바로 이 시설은 왜구의 침입시 주변지역민들의 피란 입보처로 이용되었을 것이다. 조성열, 「계룡산 성터와 출토 문자기와」 『충남 역사속의 외국인』(제6회 충남향토사대회 발표자료집), 충남향토사연구연합회, 2013, pp.103~110 참조.

6) 이영, 「경신년(1380) 왜구의 이동과 전투」 『잊혀진 전쟁 왜구』, 에피스테메, 2007 참고.

7) "倭寇扶餘定山鴻山" "倭寇扶餘定山石城"(『고려사』 133, 신우전, 3년 11월 및 8년 2월)

왜구 침입의 통로가 된 금강하구

구에 의하여 장암진은 왜구 방어의 기능을 크게 상실하였던 것처럼 보인다. 왜구는 이후 금강하구를 수시로 출입하였던 것이다. 왜구의 출입처가 되었던 서천지역의 피해상은 짐작하고도 남음이 있다. 1380년의 경우, "왜적의 배 5백 척이 진포 어귀에 들어와 큰 밧줄로 서로 잡아매고 군사를 나누어 지키며, 드디어 언덕에 올라 각 주군(州郡)으로 흩어져 들어가서 마음대로 불사르고 노략질하니, 시체가 산과 들을 덮었다"[8]고 기술하고 있다. 14세기 이후 왜구의 창궐로 그 출입구에 해당하는 서천지역의 피해가 매우 컸을 것임을 충분히 짐작할 수 있다. 그러나 진포대첩이 있었던 1380년 이후로는 서천지역에 대한 왜구의 침입이 소강 상태에 들어간다. 진포대첩은 그만큼 이 지역의 방위에 큰 전환점이 되었던 것이다.

진포는 금강 하구에 해당하는데, 금강 하구 일대에서 왜구가 노략질로

8) 『고려사절요』 31, 신우 6년 8월.

일제강점기에 건축된 한산 길산포구의 미곡창고(윤건혁 사진)

사방을 휩쓸었던 사정을 전하는 것이다. 이때 많은 인명이 피해를 입었고, 창고들은 탈취되어 무참하게 노략질을 당했다. "시체는 산과 들을 덮었고 곡식을 배로 운반하는데 땅에 흩어진 쌀이 한자 두께가 되었다"[9]는 것이다. 이 전투에서 결정적으로 위력을 발휘한 것이 최무선이 발명한 화약무기이다. "나세 등이 진포로 가서 최무선이 만든 화포를 사용하여 적선을 불태웠다. 연기와 불길이 하늘을 덮었고 배를 지키던 적병은 거의 타죽었으며 바다에 뛰어들어 죽은 자도 적지 않았다"고 기록되어 있다.[10] 『조선왕조실록』에는 이에 대해 보다 상세하게 묘사되어 있다.

> 경신년 가을에 왜선 3백여 척이 전라도 진포에 침입했을 때 조정에서는 최무선의 화약을 시험해보고자 하여, 최무선을 부원수에 임명하고 도원수 심덕부, 상원수 나세와 함께 배를 타고 화구(火具)를 싣고 바로 진포에 이르렀다. 왜구는 화약이 있는 줄을 알지 못하고 배를 한곳에 집결시켜 힘을 다하여 싸우려고 하였으므로, 최무선이 화포를 발사하여 배를 다 태워버렸다.[11]

---

9) 『고려사』 114, 나세전.

10) 김기섭, 「고려 우왕대 왜구의 동향과 최무선의 활약」 『진포구대첩 학술대회』, 2007, pp.59~65.

11) 『태조실록』 7, 4년 4월 임오, 최무선 卒記.

화약무기가 고려에서 처음 사용된 것은 1270년대이다. 이때 고려에 대한 지배권을 확보하게된 몽골군은 삼별초의 진압을 위하여 진도와 제주도에서 화약무기를 사용한 것으로 믿어지고 있다. 당시의 화약무기는 오늘의 수류탄과 같이 투척식이었는데, 그 후 공민왕 5년(1356)에는 총통을 사용하여 화살을 발사하였다는 기록이 있어 14세기 중반에는 유통식 화기가 사용되었음을 짐작할 수 있다. 그러나 아직 화약무기를 제조할 수 있는 능력을 보유하지는 못하였다. 14세기 왜구의 침입이 창궐하자 고려는 화약무기의 필요성이 크게 고조되었으며 이를 위해 명으로부터 화약무기의 지원을 요청하기에 이르렀다. 명은 공민왕 23년 5월 염초 50만 근, 유황 10만 근 등 화약무기 제조에 필요한 재료를 할애 받았다.

화약무기 제조의 필요성과 가능성이 이처럼 높아진 가운데 정작 화약무기의 제조에 성공한 것은 최무선의 개인적 노력의 공이 컸다. 최무선은 중국인 이원(李元)에게서 화약무기의 중요 재료인 염초의 제조 기술을 파악하게 되었다. 화약무기의 제조에 성공하게 되자 고려정부는 화약무기의 생산을 위하여 우왕 3년(1377) 화통도감을 설치하였다. 이로써 고려는 군사기술에 있어서 획기적 발전의 토대를 마련하였으며 왜구의 격퇴에 있어서도 큰 힘을 보태게 되었다. 화통도감의 설치에 의해 각종 화약무기가 개발되었으며 우왕 4년에는 화약무기 발사 전문부대인 화통방사군이 편성되고 군선에 화포를 설치함으로써 왜구 격퇴에 위력을 발휘하게 된 것이다. 1380년의 진포대첩은 화약무기의 본격 투입에 의하여 신무기의 위력을 유감 없이 발휘한 전사에 기록될만한 전투였다.

3. 진포대첩과 나세

1380년 8월의 진포대첩은 해도원수 심덕부, 상원수 나세, 부원수 최무선 등이 지휘하는 고려 수군 1백 척이 5백 척 규모의 왜구의 대선단을 섬멸한 것으로 홍산대첩, 황산대첩 등과 함께 왜구에 대한 가장 결정적 진압전의 사례로 널리 알려져 있다.

우왕 3년(1377) 10월 정부에서는 최무선의 건의에 따라 화통도감을 설치하였다. 왜구에 대한 보다 적극적 대응 방안의 일환이었다. 『고려사』 우왕 4년(1378) 3월 "찬성사 목인길과 판밀직 조인벽이 사졸을 거느리고 화포를 쏘고 수전(水戰)하는 연습을 하였다"[12]고 하여 화포의 개발과 함께 실전에서의 투입을 실험한 사실이 기재되어 있다. 우왕 5년 5월에는 단오날 왕이 "시가의 누각에 올라 격구 화포 잡희를 구경하였다"[13]고 하였다. 왜구를 계기로 고려에서 화약이 실용화 단계에 들어서 있었던 사실을 짐작하게 된다.

고려 말 우왕 6년(1380) 8월의 진포대첩은 고려 수군 1백 척이 5백 척 규모의 왜구의 대선단을 섬멸한 것으로 홍산대첩, 황산대첩 등과 함께 왜구에 대한 가장 결정적 진압전의 사례이다. 진포대첩의 경우 특히 최무선이 개발한 화약무기를 처음으로 전투 현장에 투입, 대승리를 거둔 것이었다는 점에서 그 군사사적 의의가 크다.

나세(羅世, 1320~1397) 등이 지휘한 당시 전투의 경과를 『고려사』에서는 다음과 같이 적고 있다.

> (나세는) 심덕부, 최무선 등과 함께 병선 1백 척을 거느리고 왜적을 추포(追捕)하였다. 이때 왜선 5백 척이 진포구(鎭浦口)에 들어와서 배를 매어 두고 일부 병력으로 수비하면서 상륙하여 분산되어 각 지역에 들어가 마음대로 방화와 약탈을 일삼았다. 시체는 산과 들을 덮었고 곡식을 배로 운반하는데 땅에 흩어진 쌀이 한 자 두께가 되었다. (『고려사』 114, 나세전)

12) 『고려사』 133, 신우전.

13) 위와 같음.

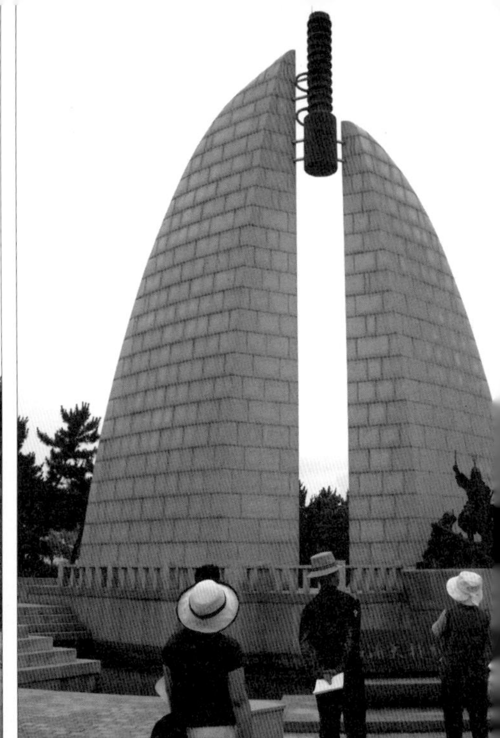

서천의 진포대첩비와 군산의 진포대첩기념비

금강 하구 일대에서 왜구는 노략질로 사방을 휩쓸었다. 이에 의하여 고려는 많은 인명의 피해를 입었고, 창고들은 탈취되어 무참하게 노략질을 당했던 것이다. 진포 전투에서 결정적으로 위력을 발휘한 것이 최무선이 발명한 화약무기였다. "나세 등이 진포로 가서 최무선이 만든 화포를 사용하여 적선을 불태웠다. 연기와 불길이 하늘을 덮었고 배를 지키던 적병은 거의 타죽었으며 바다에 뛰어들어 죽은 자도 적지 않았다"[14]고 당시의 상황이 묘사되어 있다. 비슷하기는 하지만 변안렬전에는 보다 상세하게 상황이 적혀 있다.

14) 『고려사』 114, 나세전.

왜적의 배 5백 척이 진포의 어구(진포구)에 들어와 굵은 밧줄로 서로 얽어 매 놓고 군사를 나누어 그곳을 수비하면서 드디어 상륙하여 나누어 각 주군에 들어가 약탈하였다. 이때 나세와 심덕부 등이 진포에 이르러 화포로 배를 불지르니 배를 지키던 적들이 불에 타고 물에 빠져 거의 전멸되었다. 왜적은 궁지에 빠져 더욱 발악하여 납치한 남녀를 모조리 살해하여 시체가 산같이 쌓였으며 지나는 곳마다 피바다를 이루었고 스스로 빠져나온 자는 330여 명에 불과하였다. (『고려사』 126, 변안렬전)

『고려사』 열전(114)에 의하면 "나세는 원래 원나라 사람"이라 하였다.[15) 그런데 나주 나씨 문중의 자료는 이 문제에 대한 언급이 없고, 다만 시조인 나부(羅富)가 중국 강서성으로부터 동래(東來)하여 고려조에서 감문위 상장군을 역임하고 나주에 정착한 것이 그 기원이라 하였다. 그 후 계보는 실전되어 잘 알 수 없고, 부의 후손 득규로부터 일세(一世)를 시작하여 중윤(仲允, 2세)–송기(松奇, 3세)–수영(守永, 4세)에 이르고, 5세(世)에 이르러 위(位)·계(桂)·석(碩)·세(世)·원(源)의 5형제가 기재되어 있다. 즉 나세 장군은 수영의 제4자인 것이다.[16) 이로써 보면 나세(羅世)의 원나라 귀화인설은 성립하기 어렵다고 할 수 있다. 시기적으로 부합하지 않기 때문이다. 만일 시조 나부가 정말 중국에서 귀화한 인물이라면 나세는 원의 귀화인이 아니라, 남송이나 송으로부터의 '귀화인 후손' 될 것이나, 이 역시 뒷받침할 근거가 없는 가설이다.

원 간섭기인 13세기 말 이후 14세기에는 원으로부터의 귀화인 사례가 많이 있었다. 가령 몽골인 인후(印侯)는 원 공주(齊國大長公主)의 겁령구(怯怜口, 私

15) 이에 근거하여 네이버 백과사전, 두산 엔사이버 백과사전, 에듀넷 브리태니카 백과사전 등에서 모두 나세를 "중국 원나라에서 고려에 귀화"한 인물로 적었다.

16) <나주나씨 Internet 대동보> www.najuna.co.kr 및 2002년 나해균 제작 미간행 자료집 참조.

屬人)로서 고려에 입국하여 중랑장의 직을 받았는데 충렬왕대 장군직에 임용되면서 고려식의 성명을 갖게 되었다. 장순룡(張舜龍)은 회회인(색목인)으로서, 본래 삼가(三哥)라는 이름이었는데, 인후와 함께 원 공주를 수행하여 고려에 입국, 낭장의 직을 받고 뒤에 장군으로 승진하면서 고려식 성명을 가진 것이다. 그는 덕수 장씨의 시조가 되었다. 노영(盧英)은 하서국(河西國, 색목인) 사람으로 본래 식독아(式篤兒)라는 이름이었으나, 고려에 귀화하여 장군에 승진하였다. 본래 회회인이었던 민보(閔甫)는 고려에 귀화하여 충선왕 때 평양부윤 겸 존무사에까지 벼슬이 이르렀다. 남중국인이었던 왕삼석(王三錫)은 충숙왕을 따라 고려에 입국, 고려에서 전횡을 휘둘렀던 인물이다. 역시 남중국 출신의 양재(梁載)는 왕삼석과 함께 전횡하며 우문군(佑文君)에 피봉되었으며, 색목인 출신의 부상(富商)이었던 최로성(崔老星)은 회의군(懷義君)에 피봉되었다. 설손(偰遜)은 투르판(新疆省지역) 지역에 세거하던 위구르인으로 백료(百遼)라는 이름이었는데, 새로 성씨를 설(偰)씨를 칭하였다. 그의 먼 조상이 설련하(偰輦河)라는 곳에서 살았다는 것에 연유한 것이라 한다. 원조에서 추밀원부사의 고위직에 있었던 몽골인 배주(拜住)는 공민왕 19년(1370) 이성계가 올랄산성(兀剌山城)을 공략할 때 그곳에서 이성계에 합류하여 고려에 들어오게 되었으며 공민왕이 그에게 한복(韓復)이라는 이름을 내리고 판사농시사(判司農寺事)에 보임하였다.[17] 즉 14세기 활동 인물 가운데 원으로부터의 귀화인의 많은 사례가 있는 것은 사실이다. 그러나 나세의 경우 원으로부터의 귀화인설은 신빙하기 어렵다.

같은 시기 나세(羅世)와 유사한 사례의 인물로서 변안렬(邊安烈, 1334~1390)이 있다. 변안렬은 심양 출신으로 1351년 즉위한 공민왕을 따라 고려에 입국하였으며 안우(安祐) 휘하에서 홍건적의 침입을 격파하는 데 공을 세워 2등 공신에 수록되었으며, 그 후 특히 진포대첩, 황산대첩 등 왜구와의 전투

17) 김상기, 『신편 고려시대사』, 서울대학교 출판부, 1985, pp.580~581.

에 두루 참여하여 많은 공을 세운 인물이다. 변안렬의 경우 원의 심양에서 태어나 성장하여 귀국한 탓에 원 귀화인설이 나오게 되었다. 그러나 변안렬은 여몽전쟁 말기인 1268년(원종 9) 조부 변순(邊順)이 심양에 들어가 살게 된 인물이었다고 한다.[18] 족보에 기재된 변씨의 중국 도래설도 신빙성이 없다고 하였다.

나세의 정확한 생존 시기, 생몰 연대에 대해서는 『고려사』에서는 확인되지 않는다. 그런데 『태조실록』 6년(1397) 9월 17일(병인)의 기록에 나세의 죽음에 대해서 전하면서 그때 나이 78이었다고 적고 있다. 따라서 그의 출생 연대는 1320년(충숙왕 7)이 된다. 1320년에 태어나 1397년에 세상을 뜬 것이다. 진포대첩의 영웅 나세 후손의 집성촌과 제단이 서천에 형성된 점도 흥미 있다. 집성촌은 나세의 차남 나궤(1349~1411)의 후손으로서, 서천읍과 장항읍 사이의 마서면이다. 나세 장군의 아들, 손자의 묘가 마서면 어리(於里)에 있다는 전언도 있다.[19]

4. 진포, 서천인가 군산인가

최무선의 화약무기, 화포가 투입된 진포대첩의 현장은 '진포구' 즉 금강의 하구이다. 진포의 위치에 대해서는 종래 서천설과 군산설이 대립하여왔다. 1999년 군산시에서는 금강하구의 군산쪽에 진포대첩 기념비를 건립하였다. 그런데 진포(鎭浦)의 위치에 대하여 『신증동국여지승람』(서천군 산천조)에서

18) 이성무, 『변안열 평전』, 글항아리, 2015, p.86. 이 책에 의하면 변안렬은 몽골 침입 초기 몽골군의 강도 공략을 무산시킨 태천현의 향리 邊呂의 7대손으로 되어 있다. 그러나 족보(『황주변씨족보』 葉子譜)에는 변려 활동 시기가 몽골 침입 이전으로, 卒年이 1219년이고 공을 세운 것은 1216년의 일로 되어 있다고 한다(pp.70~71).

19) 이영, 「진포구전투의 역사지리학적 고찰」 『잊혀진 전쟁 왜구』, 에피스테메, 2007, pp.184~188.

대동여지도의 진포(서천쪽에 표시되어 있다)

> 진포는 서천군의 남쪽 26리에 있으며 해포(海浦)이다. 임천의 고다진에서 서천포에 이르는 포구들을 통틀어 '진포'라 하고, 그 사이 여러 진(鎭)과 포(浦)는 진포의 나루터이다.

라고 하였다. 그 밖에 같은 책에서는 "길산포 : 본군의 동쪽 13리 지점에 있다. 수원(水源)이 저령(猪嶺)에서 나와 진포로 들어간다"라 하였고, 혹은 "오포(杇浦)는 군 동쪽 11리 지점에 있다. 그 근원이 월명산에서 나와 진포로 들어간다"고 하였다. 이러한 자료는 진포가 금강의 하구 중에서도 특별히 서천쪽임을 말하는 것이다. 금강 하구 일대를 특별히 '진포'라 한 것은 '장암진'에서 유래한 것으로 보인다.

한편 진포의 군산설은 『세종실록지리지』의 "군산 : 옥구현 북쪽 진포에 있다"거나, 『태조실록』(4년 4월)에서 "왜구 3백여 척이 전라도 진포에 이르렀다"는 등의 기록을 들고 있다. 특히 『태조실록』의 기록에서 지칭한 '전라도 진포'는 1380년 나세, 최무선의 진포대첩에 대한 설명이어서 진포가 전라도임을 명확히 한 것이다. 이 기록의 문제점에 대해서 이영 교수는 당시 왜구가 전라도 진포에 들어왔다는 것만으로 전투의 현장이 바로 전라도였다고

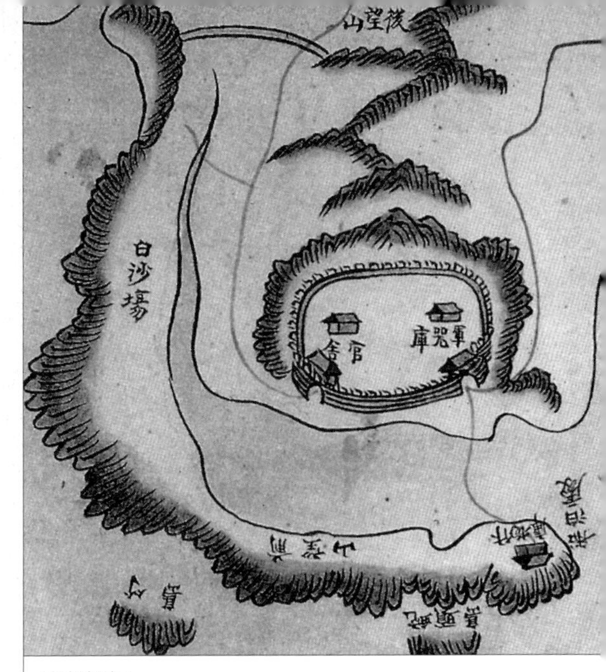

장암진 지도

단정할 수 없는 것이라 하고, 실록 기록의 1년 전인 태조 3년에 '양광도'의 도명이 '충청도'로 바뀜으로써 충청도 도명이 익숙하지 않았으리라는 점, 조선조에 들어와 전라도(전주부)의 중요성이 높아진 점 등의 이유로 구태여 '전라도 진포'라 표현 하였을 것으로 추정하였다.[20]

피아 도합 600척의 선단이 접전한 진포대첩의 현장 위치에 대해서 『고려사』 혹은 『고려사절요』에서는 '진포구(鎭浦口)', 즉 '진포 하구'였다고 기록하고 있다. 이는 당시 전투의 현장이 서해바다에 연접한 금강의 하구였음을 의미한다. 그럴 경우 서천(장항)과 군산 앞의 바다였을 것이다. 그러나 당시 군산포영은 아직 설치되기 전이었고, 반면 서천 쪽은 아포, 용당진, 서천포영 등의 거점을 가지고 있었다. 서천 쪽의 입지조건이 좋았다는 것인데, 이같은 이유로 당시 진포 어구는 서천(장항)에 가까웠다는 것이 이영 교수의 주장인 것이다.

진포 서천설은 이미 안정복의 『동사강목』에도 언급된 바 있다. 『동사강목』의 진포대첩에 대한 기록에서 "때에 적 5백여 척이 진포구로 들어왔다"고 하고 그 주에 "진포는 지금 서천군의 남쪽 26리 지점"이라 한 것이 그것이다.[21] 여기에서 '서천군'이란 서천의 군 치소를 지칭하는 것이기 때문에

20) 이영, 「홍산 · 진포 · 황산대첩의 역사지리적 고찰」 『일본역사연구』 15, 2002, pp.15~26.
21) 안정복, 『동사강목』 16상, 우왕 6년 8월.

서천에서의 학술세미나

'서천군 남 26리'는 군산보다는 서천 쪽의 하구를 의미하는 것이다.

2004년 서천군 주최, 공주대 백제문화연구소 주관의 세미나에서, 이영은 진포대첩 현장이 서천군 장항읍 일대라는 점을 강조하였다. 왜구 선단 5백 척이 정박할 수 있는 포구의 지리적 측면을 감안한 것이다.[22] 663년 일본이 백제 부흥운동을 지원하기 위하여 참전하여 전개된 백강전쟁의 현장이 '백강구'였다는 점이 참고 된다. 2007년 11월 서천문화원에서는 2004년의 세미나 후속으로 『진포구대첩 학술대회』를 개최하였다. 이영 교수가 기왕의 '진포구'의 지리에 대한 문제를 보완하여 발표하고, 김기섭 교수가 최무선을 중심으로 진포대첩에 대한 역사적 사실을 정리 하였다.[23]

이같은 논의에 대해 김종수 교수는 진포의 위치는 임피군의 진성창(전북 군산시 성산면 창오리)을 가리키는 것이라 하였다. 근거는 고려 성종 11년(992) 조운선의 수경가(輸京價)를 정한 기록 가운데 "조종포(朝宗浦) : 이전 이름은 진

22) 이영, 「진포대첩의 현장은 어디인가」 『서천지역 역사문화 자원의 연구』(제2회 서천 역사문화 심포지움)(2004.6.8).

23) 서천문화원, 『진포구대첩 학술대회』 2007.11.22.

포(鎭浦)이다. 임피군에 진성창이 있다"[24]라고 한 기록을 근거로 제시하고 있다. 그리고 고려 말 공양왕 2년(1390)에 지어진 권근의 글(「龍安城漕轉記」)에 "전주 지경 용안의 진포, 나주지경 목포의 영산"[25]이라 한 것을 그 근거로 제시하였다. 『조선왕조실록』의 진포에 대한 기록에 대해서도 인용하고 있다.[26] '진포'의 위치를 명기한 것은 아니지만, 진포를 '전라도 진포'라고 함으로써 진포의 위치가 금강 하류 남안이라는 점을 시사하고 있기 때문이다.[27] 김중규 씨도 진포가 금강 남안에 표시되어 있는 『동여비고(東輿備攷)』의 지도를 인용하면서 "진포라는 이름이 강의 이름이 아닌 군산을 가리키는 지명"이라 하였다. 아울러 당시 왜구들의 활동지역이 계룡산 방면이 아니라 금강 남쪽인 지리산, 덕유산지역이고, 남원 운봉지역에서 왜구가 이성계에 섬멸된 것은 바로 이들 왜구가 전라도지역으로 상륙한 것을 의미한다고 하였다.[28]

군산시 성산면 창오리 창안마을의 '진성창'에 대해서는 "고려시대의 조창 진성창이 있던 곳"이며, "공민왕 7년(1358) 진성창을 폐지하고 조창을 내지인 용안으로 옮겼다"고 하였다.[29] 진포의 위치에 대해서는 이와 같이 서천(장항) 혹은 군산의 의견차가 있는 것이 사실이지만, 진포대첩의 현장 '진포구'는 엄밀하게 정리하면 금강하구를 의미한다. 가령 이색의 시 가운데서도

24) 『고려사』 33, 식화지 조운.

25) 권근, 『양촌집』 11, 「龍安城漕轉記」.

26) "時子安追倭賊 方至全羅道鎭浦"(『태조실록』 11, 태종 6년 5월 기사), "到朝鮮全羅道鎭浦外群山島外 忽逢倭船一十五尺"(『태종실록』 12, 태종 6년 9월 임신).

27) 진포 군산설에 대해서는 김종수, 「진포대첩의 역사적 의의」 『전라문화연구』 12, 전북향토문화연구회, 2000 참고.

28) 김중규, 『군산역사 이야기』, 도서출판 안과밖, 2009, pp.206~208.

29) 군산대학교 박물관, 『문화유적분포지도 -전북 군산시』, 2001, p.193. 진성창의 위치, 구조 등에 대해서는 최근 문경호의 논문 「고려 진성창 연구 -조창의 위치와 구조를 중심으로」(『한국 중세사 연구』 43, 2015)가 제출되었다.

진포대첩에 대한 시가 있다. "갠 하늘 바다에서 적 쳐부수고 돌아오니"[30], 라고 하여 전투현장이 기본적으로는 '바다', 즉 금강 하구였음을 암시하고 있다. 서천과 금강의 구분이 애매한 경계 지역인 것이다. 이색의 시, '한산 8영'에서는 '8영' 가운데 하나로 '진포귀범(鎭浦歸帆)'이 포함되어 있다. '진포로 돌아오는 돛배'라는 의미로서, 여기에서의 진포는 금강 하구 중에서도 한산 쪽을 지칭하는 것이다.[31]

진포대첩 이후 왜구의 진로 문제도 '전라도지역'으로 간단히 정리되지 않는 점이 있다. 이 때문에 이영 교수는 당시의 왜구가 금강 중류로부터 경북 상주 등지를 경유하여 남원에 이르는 것으로 정리하고 있다. "충청도를 침구해 금강을 거슬러 올라간 뒤, 충청도의 내륙 깊숙이까지 침투해 들어가 경상도와 전라도를 전전한 형태"(C-b-A-B-d형)라는 것이다.[32] 전투 이후 금강 중류 유역 일대로 퍼져간 왜군의 잔여 병력도 상륙 이후 육로를 이용한 이동이었다기보다는 주로 군선을 이용한 이동이었던 것으로 생각된다. 이러한 점에서 진포의 위치를 둘러싼 민감한 신경전은 별로 바람직한 것이라고 생각되지는 않는다.

'진포'라는 지명은 특정지역의 지명이기도 하였지만 동시에 금강하구를 전체적으로 지칭하는 지명이기도 하였다. 〈대동여지도〉의 '진포'도 이같은 쓰임새에 해당한다.[33] '진포'를 군산시의 특정지역으로 볼 수 없다는 것이다.

---

30) 『목은시고』 25, 「聞諸將入城病不能卽鎭致賀」.

31) 『목은집』 3, 「吾家韓山雖小邑一」.

32) 이영, 「고려말기 왜구의 실상과 전개」 『왜구와 고려 · 일본 관계사』, 혜안, 2011, pp.276~277.

33) 앞의 문경호 논문 「고려 진성창 연구 -조창의 위치와 구조를 중심으로」에서도 여말선초의 '진포'는 금강하구 전체를 지칭하는 것으로 보았다. 진포의 나중 이름인 '朝宗'이 『書經』(禹貢編)의 '江漢朝宗于海'에서 연유한 것으로, "금강이 바다에 접어드는 모양에 따라 이름 지어진 것"이라는 것이다(p.175).

5. 목은 이색과 왜구

서천 한산 출신 목은(牧隱) 이색(1328~1396)의 문집에는 당시 출몰하던 왜구에 대한 자료가 많이 게재되어 있다. 시를 모아 놓은 문집이지만, 당시의 정세를 바라보던 목은의 걱정과 불안이 시를 통하여 표현된 것이다.[34)]

목은 시문의 관련 자료는 단편적으로 인용되기는 하였지만, 2007년 서천문화원 주최의 세미나 자료집에 관련 자료를 발췌하여 수록함으로써, 이에 대한 관심을 증대 시켰다.[35)] 목은은 가정(稼亭) 이곡과 함께 서천이 자랑하는 저명한 학자이다. 한산 문헌서원(文獻書院)의 존재가 가정 · 목은과 서천

한산군 치소에 자리한 한산이씨 시조묘

34) 목은 이색에 대한 최근의 연구 현황에 대해서는 도현철, 「목은 이색 연구의 어제와 오늘」『충남향토사대회(서천대회)』, 충남향토사연구연합회, 2012, pp.2~13 참조.

35) 서천문화원, 「왜구 관련 이색 선생의 시」『진포구대첩 학술대회』, 2007, pp.79~123.

문헌서원에 세워진 목은 이색의 상

의 관계를 잘 말해주고 있다. 목은의 고향에 대한 애정도 극진하여, 개경에서 관료로서의 생활에 분주한 시기에도 자주 한산을 출입하고 때로는 이곳에 머물기도 하였다. 목은이 활동하던 시기는 왜구가 도처에 횡행하여 고려의 안위를 위협하던 시기였다. 그 왜구는 고려의 조정만이 아니라 향리인 서천지역까지도 위협하였다.

이 때문에 목은의 관심이 왜구에 미치지 않을 수 없었던 것이고, 마침 『목은시고』에는 실제 왜구에 대한 많은 자료가 남겨져 있다. 이러한 점에서 서천의 왜구 문제를 목은을 통하여 검토하는 것도 매우 유익한 작업이 된다. 목은이 생각하는 일본은 이웃나라이기는 하지만 우리에게는 불행과 재난을 가져다준 불편한 나라였다. 그러나 언젠가는 원래의 국교와 선린관계가 회복되어야 하는 나라이기도 하였다.

> 일본은 멀리 떨어진 바다 밖의 나라로서
> 섬 오랑캐 도발한 것이 벌써 오래된 일
> 우호관계 끝내 이루어질는지는 미지수이나
> 어려운 시대 가고 태평한 시대 올는지도[36]

36) 『목은시고』 28, 「聞昨日日本使者入城」. 목은 시의 번역은 김정기 · 이상현이 번역한 『국역 목은집』, 민족문화추진회, 2000~2003에 의하였음(이하 같음).

그러나 오랜 왜구의 침입은 고려 각지를 극도로 피폐케 하였다. 왜구로 인한 피해상이 생생하게 묘사되어 있다.

적의 배가 갑자기 나는 듯이 빨리 달려
바람 돛이 푸른 강 하늘을 가로 질러와서
번갯불처럼 번쩍번쩍 칼날을 휘두르며
언덕을 내려 외치면서 그대로 돌격하니
아녀자들은 허둥지둥 달아나고 넘어지며
오리 갈매기 구별 않고 수택(藪澤)에 숨어들 제[37)]

경인년에 처음 좀도둑질을 하고
해마다 점점 더욱 포악을 떨치니
해안 고을에 쑥이 성하게 자라고
산마을엔 새와 짐승 숨어들었네
서울까지 범할 줄 어찌 알았으랴[38)]

이에 대한 목은의 근심과 걱정은 여러모로 표현되고 있다.

돛바람 타고 해적들이 자주 왕래하면서
강촌을 습격하여 우리 백성 해치는지라
삼십 일 년 동안 해독을 끼쳐온 가운데
그 몇천만 명이 고통을 호소해 왔던고[39)]

37) 『목은시고』 4, 「寄沔州郭員外(翀龍)」.

38) 『목은시고』 11, 「倭賊近畿甸」.

39) 『목은시고』 25, 「歷謁三元帥賀立功 歸而獨詠」.

왜구의 침입을 고려는 백방으로 대처하였고, 그 중 최영의 분전은 국가의 안위에 결정적 버팀목이었다. 목은의 최영에 대한 기대감이 적극적으로 표현되고 있다.

큰 바다 물결 만 리에 위풍을 떨치어라
흰머리 흰 수염에 두 볼은 붉으래하네
하루아침에 사직 편케 함이 더욱 기뻐라
태산 같은 공 위에 태산 같은 공 더 했네[40)]

왕경 개경만이 아니고 원의 수도 대도(북경)에 드나들며 국제적 명성을 가진 인물이었지만, 목은은 항시 자신의 향리였던 한산을 잊지 못하였다. 그는 자신의 명성으로 인하여 서천의 한산이 널리 알려지게 된 것을 무척 기뻐하였다. "우리 집이 있는 한산은 비록 작은 고을이지만, 우리 부자(父子)가 중국의 제과에 급제한 까닭으로 천하가 모두 동국에 한산이 있는 줄을 알게 되었다."[41)] 왜구 침입으로 인하여 고향의 마을과 산천이 짓밟히는 것이 그는 항상 근심이었다.

우리 집은 진강의 어귀에 자리 잡고 있어
대창살 부들자리가 강 연기 머금었는데
나졸들이 달려와 남촌이 격파되었다고 하기에
온 가족이 쏜살같이 북녘으로 올라 왔네
절규하는 미련한 백성들 참으로 가련해라[42)]

---

40) 『목은시고』 11, 「賀判三司崔相國戰退倭賊」(1378년 4월 작). 저작시기 표시는 이익주, 『이색의 삶과 생각』, 일조각, 2013에 의함.

41) 『목은집』 3, 「吾家韓山雖小邑一」.

42) 『목은집』 4, 「扶桑吟」.

왜구는 이처럼 목은의 근심이었지만, 그는 왜구를 일본과 동일시하지는 않았다. 왜구가 일본 정부의 통제를 벗어난 체제 밖의 집단이라는 것을 잘 파악하고 있었기 때문이다. 그는 많은 일본 승려와도 교유하였으며, 이러한 교류에 의하여 일본에 대한 균형 있는 인식을 가질 수 있었던 것이다.[43)]

한편 왜구의 침입에 대비하여 치소에 읍성을 쌓아 대비하는 방어책이 진전되고 있었다. 서천지역 읍성은 대략 조선조 세종, 혹은 중종조에 구축된 것으로 알려져 있다. 그러나 목은의 시에는 서천 읍성과 관련하여 '서주(西州)의 성루에 제하다'라는 제목으로 "서림(西林)의 돌 성곽이 구름 끝에 들어오고 / 정자는 바람을 머금어 여름에도 서늘해라"라는 언급이 나타나고 있다.[44)] 이 서천읍성은 아마 서천읍 남산리 소재 남산성으로 추정된다.[45)]

진포대첩과 관련하여 한 가지 흥미 있는 것은 전투지 부근 한산 출신 목은 이색(1328~1396)이 이 싸움에 깊은 관심을 표시한 사실이다. 『목은시고』에 남겨진 그의 시에는 심지어 군대와 전투의 장면까지 연상시키는 시가 실려 있다.[46)]

적의 배는 가볍고 작아 나는 듯이 빨라서
우리 변방 어지럽혀 잦은 기근 들게 하자
조정의 정책은 그대로 적중하여
군대 위엄은 정숙하고도 기회를 잘 타서
배에 불 질러 이미 도망 못가 게 하였으니

---

43) 도현철, 「이색의 유교교화론과 일본인식」『한국문화』 49, 2010; 도현철, 『목은 이색의 정치사상 연구』, 혜안, 2011, pp.300~309.

44) 『목은시고』 34, 「題西州城樓」.

45) 심정보, 『한국 읍성의 연구』, 학연문화사, 1995, pp.108~116.

46) 목은시의 왜구 관련 자료는 이영 교수에 의하여 소개된 바 있다. 이영, 「진포구 전투의 역사지리학적 고찰」『잊혀진 전쟁, 왜구』, 에피스테메, 2007, pp.137~140.

한산의 금강 풍광

회군할 때에는 의당 개가 부르며 돌아와야지
짐승이란 궁하면 움킨다는 걸 생각하면서
축하시 쓰고 나니 생각이 자꾸 연연해지네 [47]

우리 군왕의 명령으로 군대 이름 떨치어
갠 하늘 바다에서 적 쳐부수고 돌아오니
온 조정 마중 나가 모두 기뻐 뛰는데
병석에 누운 나는 홀로 그리울 뿐이로세
궁한 짐승이 덤비는 건 경계해야 하겠지만
우리 무력은 떨칠 때마다 적을 무찌르네
남은 적을 지금까지 다 소탕하였을 터이니
원컨대 순임금 간무추고 옷 드리웠으면 [48]

47) 『목은시고』 25, 「聞羅沈崔三元帥師回 病不能郊迓」(1380년 8월 작).

48) 『목은시고』 25, 「聞諸將入城病不能即進致賀」.

시에서 보는 것처럼 목은 이색이 진포대첩에 각별한 관심을 표방하고 있는 것은 매우 인상적이다. 이것은 이 전투가 특별히 고향 인근에서 벌어진 것이며, 동시에 고향 한산지역의 안위와도 직접 연관된 때문이었을 것이다. 금강 하구에 위치한 한산은 왜구에 의하여 여러 차례 피해를 입었으며 이 때문에 그는 개경에 있으면서도 항상 노심초사하는 마음이었던 것을 알 수 있다. 그는 개경에 벼슬하며 동아시아 천하를 넘나들었지만, 그의 마음에는 항상 고향 한산에 대한 추억이 지워지지 않고 있었다. 그의 마음 가운데 자리한 고향에 대한 심경을 다음의 시가 전해주고 있다.

> 내 고향 진강(鎭江) 한 굽이는 경치도 좋은데
> 서울에 오래 머무르니 세월만 더디어라
> 울타리 대나무의 새 죽순이 매양 생각나고
> 마당의 늙은 배나무 꽃 안 핀 것도 기억나네 [49)]
>
> 백사장 마을 길에 가랑비가 내릴 제
> 순채와 농어회가 정히 좋을 때로세
> 그 당시 함께 놀던 이 지금 몇이나 있는고
> 고금의 감회에 절로 슬픈 맘이 생기누나 [50)]
>
> 등잔 앞에서 자주 길 떠난 꿈을 깨어라
> 천리 밖 내 고향은 바닷가의 성(城)이로세
> 숭정사(崇井寺)에 모인 솔은 구름 속의 그림자요
> 장암진(長巖鎭) 부딪는 조수는 달빛 아래 소리로다 [51)]

---

49) 『목은시고』 7, 「思鄕 二首」.

50) 『목은시고』 7, 「憶家山」.

51) 『목은시고』 12, 「憶家山」.

> 해마다 한식만 오면 나그네 심정 울렁울렁
> 고향 산천 아득해라 푸른 물결도 잔잔하리
> 어떡하면 띠집(茅舍)에 돌아가 성묘를 하고나서
> 땅을 밝히는 배꽃 아래 취해서 누워볼거나 52)

14세기 동아시아의 세계인이기도 했던 목은이, 진정한 '한산인'이었다는 사실을 실감한다.

6. 맺음말

고려 말 왜구 침입 때 금강은 왜구의 가장 중요한 침입로의 하나였다. 서천은 금강의 하구에 위치하여 있기 때문에 이 시기 왜구로 인한 피해가 적지 않았다. 1380년 진포대첩은 우리나라에서 처음으로 화약무기를 투입한 대규모 전투로서, 적의 대선단을 격파하여 왜구의 기세를 꺾는 중요한 분수령이 되었다는 점에서도 전쟁사의 중요한 소재이다. 마침 이 시기 한산 출신 이색의 향리(鄕里)이기도 하여, 관련 자료가 이색의 문집에 다수 실려 있고, 진포대첩의 지휘관인 나세의 경우는 후손의 집단세거지가 서천에 형성되어 지역적 연관이 겹치고 있다.

본고는 고려 말 왜구들의 서천 침입에 대하여 정리하고, 진포대첩의 현장을 둘러싼 '진포구'의 서천설과 군산설의 내용에 대해서 검토하였다. '진포구'의 공간을 둘러싼 논란은 행정적으로 구역을 가를만한 성격은 아닌 것으로 필자는 생각한다. 이것이 바다가 갖는 공간적 성격이기도 하다. 따라서 '진포구'의 의미를 특정 도시의 전유 공간, 전유 콘텐츠로 인식하는 것은 바람직하지 못하다는 것이다.

---

52) 『목은시고』 31, 「寒食 三首」.

금강 하구에 위치한 서천의 장항은 일찍부터 서해 바다의 외양과 맞닿는 금강 하구의 전략 요충이었고, 이것이 서천의 지리적 특성의 하나를 형성하고 있다. 따라서 진포대첩과의 관계만이 아니고, 고대 혹은 근대의 다양한 해양 역사의 공간 축이 되어 왔던 것이다. 중요한 것은 진포대첩 현장이기도 하였던 금강 하구를 어떻게 활용할 것인가 하는 문제이다.

서천군은 왜구와 관련한 유력한 현장 유적을 가지고 있다. 장항의 전망산과 장암진성 등의 유적은 왜구 관련 사적으로 부각될 수 있는 유적이다. 이에 의하여 왜구만이 아니라 여기에 금강의 역사, 장항의 역사를 묶어서 보다 포괄적 역사문화 콘텐츠를 확보하는 일이 가능하다. 장항의 근대건축물을 금강, 왜구(진포대첩) 등과 관련하여 적극 개발한다. 금강, 왜구(진포대첩), 근대 건축물은 일본과 관련이 있다는 공통점이 있다. 진포대첩은 백제 부흥운동 혹은 663년 백강전쟁과도 연계가 가능하다. 고대-중세-근대를 연계한 한일관계사의 현장으로 부각시킬 수 있을 것이다.[53] 여기에 서천의 대표적 상징인물인 목은 이색이 왜구, 혹은 일본과 연결이 가능한 소재라는 점에서 콘텐츠의 일관성 유지가 가능하다는 장점을 가지고 있다.

본고를 통하여 진정한 '한산인'으로서의 목은 이색을 확인한 것은 또 하나의 성과라고 생각한다.

53) 백강전쟁에 대해서는 서천군에서 국제심포지움을 개최한 바 있다. 공주대 백제문화연구소 주관, 서천군 주최, 『백제 부흥운동과 백강전쟁』(발표자료집), 2003 참고.

제4부
내포의 역사문화 콘텐츠

제4부 내포의 역사문화 콘텐츠

제1장

천안의 역사문화 콘텐츠, 왕건과 호두

1. 머리말

천안은 산업화의 진전과 교통의 발달에 따라 근년 급격히 도시 팽창이 이루어지고 있다. 이에 의하여 유입 인구에 의하여 거주 인구가 급증하고 도시 환경은 급격히 발전하지만, 다른 한편으로는 지역의 정체성이 정립되지 못하고 희석될 수 있다는 우려에 대한 경계심이 필요한 것도 사실이다. 지역문화의 정체성 확보라는 것은 공동체 구성원의 역량과 자원을 집중하고 살기 좋은 도시로 발전시켜 나가는 정신적 토대라고 할 수 있다. 이러한 점에서 급격한 도시 확대가 이루어지고 있는 천안은 문화발전과 제반 지역 자료를 정리하여 지역적 정체성을 확립함으로써 시민의 정체성을 보다 분명히 정립해 갈 필요가 있다. 지역에 있어서 시민 교육, 학교 교육도 이같은 점에 유의해야 할 것이다.

본고의 목적은 천안의 지역 축제와 관련하여 천안의 역사적 정체성과 특성 파악을 추구하려는 것이다. 필자는 천안의 역사적 정체성의 중심에는 고려왕조와 건국자인 태조 왕건이라는 인물이 있다고 생각한다. 무엇보다 행정구역으로서의 천안이 고려왕조의 건국, 후삼국 통일전쟁과 관련하여 왕건에 의하여 출범하였기 때문이다. 여기에는 천안이 갖는 교통상의 요충성이 감안된 것이었다. 한편 고려시대에 근거한 천안의 널리 알려진 브랜드의 하나가 호두이며, 여기에는 유청신이라는 인물이 관련되어 있는 것으로 알려져 있지만 그 역사적 사실에 대한 구체적인 검토는 이제까지 이루어진 바가 없다. 이 때문에 천안 주요 브랜드의 하나인 호두와 호두과자의 연원에 대하서는 어디까지가 사실이고 어디까지가 추정인지 하는 기본적인 사실관계가 밝혀진 적이 없다. 콘텐츠로서의 효용성을 갖기 위해서는 자료의 다양성의 확보가 우선 중요한 것이지만 동시에 자료가 갖는 사실적 측면이 반드시 검토되어야만 한다. 이에 의하여 콘텐츠의 자유로운 활용과 확산이 가능하기 때문이다. 따라서 본고에서는 고려시대에 촛점을 맞추어 성립기 천안 역사의 한 특성과 그 역사적 측면을 검토하고 하고 유청신, 호두 등의 문제에 대해서 역사적 사실관계를 확인하고자 한다.

본고에서의 작업이 천안의 역사적 자원을 풍부히 하고, 지역의 정체성 함양에 기여하며 동시에 지역 발전에 유효한 문화 콘텐츠 개발에 도움이 되었으면 하는 바램을 갖는다.

2. 천안, 태조 왕건의 도시

아마도 마한 목지국의 중심이었을 천안은 백제에 병합된 후 직산, 목천 등의 군현으로 편제되었다. 천안의 북쪽에 위치한 직산은 예로부터 백제 온조왕의 치소, 위례성으로 기록되어 있는 지역으로서, 조선시대 객관 부근의 누정을 '제원루(濟源樓)'라 이름한 것도 '백제의 근원'이라는 이같은 지역 정서를 반영하는 것이다. 신라시대 사산현(蛇山縣)을 거쳐 고려 초에 직산이라는 이름을 갖게 되었다. 동측에 위치한 목천은 백제 때 대목악군(大木岳郡)이며, 신라시대 대록군(大麓郡)을 거쳐 고려 때 목주라는 이름을 갖게 되고, 조선 태종 13년(1413) 목천이라 이름 하게 된다.

백제에 기원을 두고 있는 직산 · 목천과는 달리 '천안군'의 출발은 고려 건국 이후였다. 태조 왕건이 후백제 공략을 위한 군사적 거점도시로서 태조 13년(930) 천안도독부를 설치한 것이 그 출발이기 때문이다. 이 때 태조는 탕정(아산시) · 대목악(목천) · 사산(직산) 등 주변 지역의 땅을 각각 분할하여 천안이라는 새로운 행정구역을 만들었다.

> (왕이) 대목군(목천)에 행차하여 동서 도솔을 합하여 '천안부'라 하고 도독을 두었으며, 대승(大丞) 제궁(弟弓)으로 (도독부)사를 삼고, 원보(元甫) 엄식(嚴式)을 부사로 삼았다. (『고려사절요』 1, 태조 13년 8월)

여기에서 우선 제궁의 임명이 주목된다. 제1대 천안도독부사에 임명된 제궁은 황주 출신이며, 태조의 제4비 신정왕태후(神靜王太后)의 아버지인 황보제궁(皇甫悌恭)이다. 신정황태후는 광종의 비 대목왕후의 모이기도 하고, 5대 경종, 6대 성종과 천추태후는 그 손에 해당한다.[1)] 태조는 황주 출신의 유력한 호족이며 자신의 장인이기도한 제궁을 천안도독부사에 임명함으로써 천안이 가지고 있는 군사적 정치적 비중을 확인한 셈이다.

다음으로 위에서 말하는 '동서 도솔'인데, 이는 구체적으로는 탕정 · 대목(목천) · 사산(직산)의 땅이다. 태조가 이들 지역의 일부를 분할하여 천안부라는 새로운 행정구역을 성립시킨 것은 풍수가 예방(倪方)의 아이디어라고 하

1) 태조의 제4비 신정왕태후 황보씨의 딸이 광종비인 대목황후이며 5대 경종은 광종(4대)과 대목황후 간의 소생이다. 한편 천추태후 황보씨와 헌정왕후 황보씨는 6대 성종과 남매간이며, 이들은 모두 신정왕태후의 아들 旭(戴宗)의 소생이다. 천추태후와 경종 간의 소생인 誦(송)이 7대 목종이므로, 고려의 4대, 5대, 6대, 7대왕이 모두 초대 천안도독부사 제궁(황보제공)의 후손이었던 셈이다. 신정왕태후의 계통은 목종이 쿠데타로 폐위됨으로써 종료되고, 이후 8대 현종이 옹립됨으로써 고려의 왕실 혈통은 태조의 제5비 경주출신 신성왕태후 김씨 계통으로 넘어가게 된다.

였다.[2] 예방은 태조에게 천안지역이 "다섯 용이 구슬을 다투는(오룡쟁주) 형세이므로 3천 호의 고을을 설치하여 군사를 조련하게 되면 백제가 스스로 항복할 것"이라고 설명하였다. 이에 태조는 직접 현지를 답사한 후 천안부 설치를 결정하였다는 것이다.[3] 태조의 천안부 설치는 물론 후백제에 대응하기 위한 군사적 거점의 설치라고 할 수 있지만, 기존의 도시를 이용하지 않고 새로운 도시를 인위적으로 만들었다는 점에서 특별한 점이 있다. 여기에는 목천 지역의 반고려 세력을 견제하는 의미가 포함되어 있었던 것으로 보인다.

목천지역은 반왕건의 정서가 특별히 심하였던 대표적 지역이다. 『신증동국여지승람』에서 목천현의 성씨를 "우(牛)·마(馬)·상(象)·돈(豚)·장(場)·심(沈)·신(申)·왕(王)"이라 열거하면서, 이같은 축성(畜姓)의 존재를 다음과 같이 설명하고 있다.

> 세상에 전하기를 "고려 태조가 나라를 세운 뒤 목주 사람들이 여러 번 배반한 것을 미워하여 고을 사람들에게 모두 축성(畜姓)을 내렸는데, 뒤에 우(牛)는 우(于)로, 상(象)은 상(尙)으로, 돈(豚)은 돈(頓)으로, 장(場)은 장(張)으로 고쳤다"고 한다. (『신증동국여지승람』 16, 목천현 성씨)

이러한 사정은 고려 초 이 지역의 반왕건, 반고려 정서가 얼마나 심각하였는지를 잘 설명해준다. 천안부의 설치는 이같은 지역의 반왕건 정서를 압도하는 동시에 대후백제 제압의 군사적 요충으로, 그리고 충남지역에 있어서 고려의 세력을 확보하는 교두보로서 이를 활용하는 이중, 삼중의 효과

2) "按李詹集 王氏始祖 聽倪方言 乃分湯井大木蛇山之地 置天安府 疑是"(『신증동국여지승람』 15, 천안군 건치연혁)

3) 『신증동국여지승람』 15, 천안군 형승.

를 노린 전략이었던 셈이다.[4)]

태조 왕건이 천안에 직접 행차하여 천안부를 설치한 것은 『고려사』 기록에 의하면 태조 13년(930)의 8월 '기해일(8일)'이라 하였다.[5)] 즉 천안부 설치는 정확히 서기 930년 8월 8일(음력)인 셈이다. 이것은 나라로 말하면 건국 기념일에 해당하는 뜻 깊은 일이다.[6)]

왕건에 의하여 설치된 천안부는 이후 대후백제 군사 작전에 있어서 유효하게 활용되었다. 936년(태조 19) 마지막 후백제와의 전투에 있어서도 천안은 그 전진 거점으로서 활용되었다. 936년 9월 태조는 후백제 정토를 위한 3군을 직접 거느리고 천안에 이르렀다. 그 3개월 전에는 일종의 선발대로서 태자 무(혜종)와 장군 박술희가 보기(步騎) 1만으로 먼저 천안에 내둔하였다.[7)] 말하자면 고려의 최후 통일전쟁은 실제적으로 천안에서 그 마지막 준비가 이루어졌던 셈이다. 이같은 연유로 천안은 태조 왕건과 연관된 여러 가지 연고가 축적되었다. 『신증동국여지승람』에서 이같은 자료를 뽑아보면 다음과 같다.[8)]

---

4) 태조 왕건과 천안에 대한 논문으로 이미영, 「고려 통일전쟁기의 태조 왕건과 천안지역」, 공주대학교 교육대학원 석사학위논문, 2000; 김갑동, 「나말여초 천안부의 성립과 그 동향」 『한국사연구』 117, 2002 ; 김명진, 「태조 왕건의 천안부 설치와 그 운영」 『한국중세사 연구』 22, 2007 참조.

5) 『고려사』 1, 태조세가 13년 8월 기해. 930년 8월 8일(음)을 양력으로 환산할 경우에는 9월 3일이 된다. 심경진 외, 『고려시대 연력표』, 한국천문연구원, 1999, p.11 참조.

6) 계획적인 개발 사업에 의하여 도시가 인위적으로 출범하는 경우는 전통시대에는 흔한 일이 아니다. 천안의 경우는 이점에서 특별한 사례이며, 더욱이 '930년 8월 8일'이라는 '천안부'의 설치 연월일이 명확히 기록되어 있다는 점은 큰 행운이라 하지 않을 수 없다. 이것은 도시의 정체성 확립을 위한 매우 유효한 소재로서 적극 활용할 필요가 있다.

7) 『고려사』 1, 태조세가 19년 6월, 9월.

8) 『신증동국여지승람』 15, 천안군.

왕자산(王字山) : 고을 동북 12리에 있으며 진산이다. 고려 태조가 군사를 이곳에 머물러 두었을 때 윤계방(尹繼芳)이 (이곳을) 5룡이 구슬을 다투는 형세라고 아뢰어 보루를 쌓고 군사를 조련하며, 왕자성(王字城)의 이름을 내렸다. '왕자(王字)'는 그 산의 모양이다.(산천조)

유여왕산(留麗王山) : 고을 동쪽 11리 목천현의 경계에 있다.(산천조)

유여왕사(留麗王寺) : 고려 태조가 유숙하였으므로 이 이름이 되었다.(불우조)

성불사(成佛寺) · 마점사(馬占寺) : 모두 왕자산에 있다. 고려 태조가 말을 머물렀으므로 이름을 마점이라 하였다.(불우조)

고려 태조묘(太祖廟) · 왕자성 · 고정(鼓庭) : 모두 왕자산 밑에 있다. 지금은 옛터만 있다.(고적조)

위의 유적 가운데 특별히 태조묘(太祖廟)와 고정(鼓庭)은 태조 왕건과 천안과의 관계를 상징하는 특별한 공간이었다. 우선 태조묘는 태조의 상을 모신 제사처였다. 천안은 태조에 의하여 창설된 도시였고, 삼한 통합에 있어서도 결정적 역할을 하였던 지역이다. 태조묘는 천안의 이같은 상징성을 반영하는 중심 공간이었던 것이다.[9)]

고려왕조가 기울고 있던 충정왕 원년(1349) 한산 출신의 저명한 학자 가정 이곡(李穀)은 당시 천안의 군수 성원규(成元揆)의 충직한 복무를 칭찬하고 있다. 오랜 전쟁과 뒤이어 원 간섭기라는 어려운 시기를 거치면서 황폐해진 천안고을에서 성군수는 태조 건도(建都)의 천안의 정체성을 확인하며 관사와 공해, 그리고 신궁(태조묘)을 재건하여 천안의 도시적 위신을 회복하려는 그의 노력을 인정한 것이다. 다음은 이곡이 전하는 성군수의 천안 백성들에 대한 설득이다.

9) 왕자산, 태조봉 등 고려 초 왕건과의 관련 지명에 대해서는 장성균, 「천안의 진산 왕자산과 태조봉의 위치 비정 참고」『향토연구』 10, 천안향토사연구소, 1999 참고.

북녘의 문화유산 특별전
(국립중앙박물관, 2006)

천안 특별전(국립공주박물관, 2014)

> (여러분은) 여러분이 이곳에 살게 된 유래를 알고 있습니까. 이곳은 왕업을 일으킨 땅으로서 태조의 신궁(神宮)이 있습니다. 이제 그 건물들이 허물어져서 위로는 비가 새고, 옆은 벽에 구멍이 뚫려서 신령을 모실 수가 없는데도 (신령께서) 돌보고 흠향하신다고 하겠습니까. 사람이 되어서 근본에 보답할 줄 모르면 이는 공경하지 않는 것입니다. 또 관사(館舍)와 공해(公廨)는 손님을 받들고 관부(官府)를 위엄있게 하는 것인데, 이제 모두 황폐하고 수리되지 않았으니 이는 게으름을 나타내는 것입니다. 공경하지도 않고 게으른데 대해서는 떳떳한 법이 있으니, 이는 수령만의 책임이 아니라 여러분들도 어찌 벌을 벗어날 수 있겠습니까. (『가정집』 6, 「寧州懷古亭記」 및 『신증동국여지승람』 15, 천안군 고적)

이같은 성군수의 설득에 상하 모두가 마음이 움직여 관부의 정비 사업에 매진하였다. "먼저 신궁의 예전(禮殿)과 재방(齋房)을 새로 지어 건물을 모두 다 웅장하고 아름답게 한 뒤에 신주를 모시고 제사를 엄숙히 지냈다."[10)]

---

10) 『신증동국여지승람』 15, 천안군 고적, 이곡의 기문.

여기에서 "웅장하고 아름답게" 하여 "신주를 모시고 제사를 엄숙히 지냈다"는 '신궁의 예전과 재방'이란, 다름 아닌 태조 왕건을 신으로 모신 '태조묘(太祖廟)'이다. 즉 태조묘는 1349년 천안군수 성원규의 노력으로 일단의 정비를 하였던 셈이다. 가정 이곡은 한산 출신으로서 개경을 출입할 때 종종 천안을 경유하였던 관계로 천안의 사정을 익히 알고 있었다. 그리하여 천안군수 성원규의 태조묘 정비 사업에 대하여 다음과 같이 평가하고 있다.

> 아, 성 군수는 이 고을 천안을 태조의 유은(遺恩)이 있는 곳이라 하여, 나아가 (태조의) 초상을 뵙고 엄연한 창업의 자세에 대하여 극히 공경하고 황송히 여겼으며, 물러나서는 고정(鼓庭)에 노닐면서 아득한 행군(行軍)의 자취를 길이길이 사모하여, 마음과 힘을 다하여 근본에 보답하고 옛것을 회복하는 일에 힘썼던 것일진저. (『가정집』 6, 「寧州懷古亭記」 및 『신증동국여지승람』 15, 천안군 고적)

천안군수 성원규는 신궁[太祖廟]의 정비에 이어 관사와 공해의 정비 사업에 착수하였으나, 인사 발령으로 인하여 사업을 완성하지 못한 채, 제반 업무를 신관에게 인계하고 이임하였다. 그는 이임을 앞두고 마지막 한 가지 사업만을 완성하였는데 그것은 교통이 발달한 천안의 상징으로, 오가는 이들이 방문하고 쉬어갈 정자 하나를 짓는 것이었다. 그것은 옛날 태조가 군을 사열하였던 고정(鼓庭)에 있는 정자를 새로 복원한 것이었다. 이곡은 성 군수의 청을 받아 그 정자의 이름을 지었다. 정자의 이름은 '회고정(懷古亭)'이었다. 옛날 고려 창업시 천안에 어렸던 태조의 사적(事蹟)을 '회고'한다는 의미이다. 동시에 이 이름은 정자가 위치한 장소인 옛날 '고정(鼓庭)을 생각한다'는 의미도 담고 있다. 처음 이곡에게 정자의 작명을 부탁한 천안군수 성원규는 이곡에게 다음과 같이 그 취지를 설명하였었다.

> 옛날 태조께서 백제를 치려할 제, 풍수가의 말이, '왕자성은 다섯 용이 구슬을 다투는 땅이니 진지를 구축하고 군사를 조련하면 삼국을 통합하여 왕이 될 것을

당장 기대할 수 있을 것'이라 하므로, 풍수를 살펴 이 성을 경영하고 군사 10만을 주둔하여 마침내 견훤을 항복시켰는데, 그 진영을 쳤던 곳이 고정(鼓庭)이라고 군(군)의 문헌에 이렇게 실려 있습니다. 예전에 정자가 고정에 있어서 (거기에서) 관도(官道)를 내려다 보면 이른바 구슬을 다투는 형국이라는 왕자산의 산 밑인데, 왕자(王字)는 산의 모양입니다. 내가 그 정자가 퇴락하고 좁으며 또 이름도 잃어버렸음을 안타까이 여겨, 이제 옛 것을 헐어버리고 새로 확장하여 지었으니, 이름을 지어주시어 사람들로 하여금 이 정자의 지음이 우연이 아님을 알게하여 주시면 고맙겠습니다." (『가정집』 6, 「寧州懷古亭記」 및 『신증동국여지승람』 15, 천안군 고적)

고려 5백 년간 태조묘(太祖廟)는 태조 숭배의 종교적 공간이었을 것이나, 고려조가 무너진 이후로는 자연 돌아보는 이가 없게 되었다. 이 때문에 고려가 망한 지 한 세기도 지나지 않아 태조묘는 옛 터만 남은 '고적'이 되어버렸다. 조선조는 그렇다하더라도, 이씨의 조선왕조가 멸망한 지 한 세기가 지났건만 천안을 성립시킨 고려 태조의 옛 일은 여전히 희미한 그림자로서만이 남아 있을 뿐이다.

천안지도(규장각 소장)의 태조 관련 지명

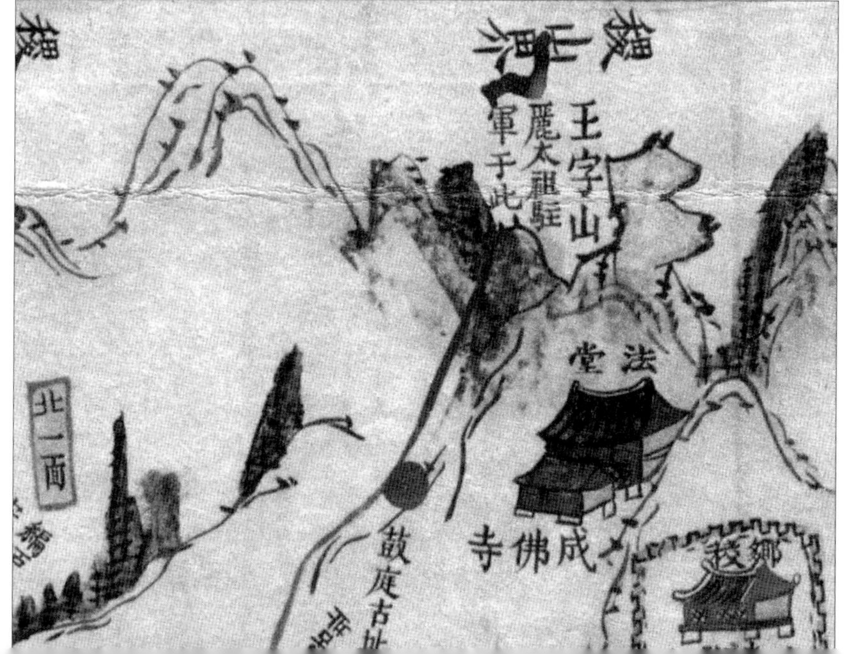

태조 왕건과 천안과의 인연에 대한 논의에서 한 가지 덧붙이면, 29인의 태조비 중 천안 출신의 비가 있다는 점이다. 제11비인 천안부원부인(天安府院夫人) 임씨(林氏)가 그렇다. 『고려사』에서는 그를 '경주인'이라 하였고 이 때문에 일반적으로는 천안부원부인을 '경주' 사람으로 간단히 정리하고 있다. 그러나 태조의 제11비가 경주 출신이라 할지라도 '천안부원부인'이라는 택호로 볼 때 천안에 지역적 기반을 둔 유력인사의 가문일 것임은 의심의 여지가 없다. 천안부원부인은 '태수 임언(林彦)의 딸'이라 하였는데, 임언은 태조 10년(927)에 당에 사신으로 파견된 진주지역 인물로 사서에 등장한다.[11] 천안부원부인 임씨와 태조와의 인연은 천안이 성립한 930년(태조 13)으로부터 통일이 성취된 936년(태조 19)의 사이가 될 것이나 보다 구체적인 내용은 확인하기 어렵다.[12] 근년 이정란은 천안부원부인의 경우 "927년을 기점으로 천안으로 연고지를 옮긴 사례"라고 추정하였다. 연고지의 변동으로 선택된 것이 천안이라는 것이다.[13]

930년 태조 왕건이 만든 도시 천안은 한때 환주(歡州)·영주(寧州)·영산(寧山) 등의 이름을 거쳐 조선 태종 16년(1416)에 천안이라는 이름을 회복하였다. 고려 성종 14년(995)에 환주라는 이름으로 고쳐 도단련사를 파견하였고, 목종 8년(1005) 도단련사를 폐하였으며, 현종 9년(1018) 천안지부사(天安知府事)로 하였다. 충선왕 2년(1310) 영주(寧州)로 고쳤다가 공민왕 11년(1362) 천안부라는 이름으로 다시 돌아와 오늘의 천안시에 이른다.[14]

'천안'이라는 이름이 왕건에 의한 것이라는 점에서 천안은 이중으로 왕건

11) 『고려사』 1, 태조세가 10년.

12) 김명진은 태조 왕건과 임씨의 인연이 936년 통일전쟁 때 천안에서 이루어진 것이며, 당시 임언이 제궁을 대신하여 천안부의 책임자였을 것으로 추측하였다. 김명진, 「태조 왕건의 천안부 설치와 그 운영」 『한국중세사 연구』 22, 2007, pp.56~72 참조.

13) 이정란, 「태조비 천안부원부인과 천안부」 『충청학과 충청문화』 12, 2011, p.51.

14) 『고려사』 56, 지리지, 양광도 천안부.

과 인연을 맺고 있다. 태조는 자신의 연호를 '천수(天授)'라 하였고, 후백제를 무너뜨린 고려 통일전쟁 최후의 현장을 '천호산(天護山)'이라 이름 하였다. 그것은 모두 자신의 왕업이 '하늘의 뜻[天意]'에 의한 것임을 확인하려는 것이었다. '천안'이라는 이름은, 수십 년 지속된 분열과 전란의 시대 속에서 '통일과 평화'의 시대를 대망하는 메시지를 담고 있는 이름이다. 930년 '천안'이 성립한 후 6년이 지난 936년, 태조 왕건은 신라와 후백제를 차례로 통합함으로써 마침내 통일과 평화의 시대를 열었다. 이러한 점에서 '천안'은 '평화와 통일'이라는 오늘 우리시대의 과제와 희망을 상징하고 있는 이름이기도 하다.

3. 부처의 나라, '불도천안(佛都天安)'과 광덕사

태조가 천안부를 설치할 때 "동서 도솔을 합하여 '천안부'라 하고 도독을 두었다"[15]고 한다. 여기에서 '도솔'이란 '부처가 다스리는 정토'를 의미한다. 일종의 불교적 이상향을 의미하는 것이다. 천안의 전신이 되는 이 지역을 '동서의 도솔'이라 한 것은 무엇을 의미하는 것일까. 이에 대해서는 아직 구체적인 논의가 이루어진 바가 없지만, 우선 동서는 태조산의 산줄기를 중심으로 그 동쪽의 목천과 서쪽의 직산, 탕정지역을 의미하는 것으로 생각할 수 있다. '도솔'의 지칭은 여전히 불명확하지만 이 지역이 처음 태봉에 귀속될 때, 궁예에 의하여 특별히 명명된 것은 아닐까하는 추측을 해보게 된다. 그것은 그렇지만 천안이 '도솔'의 땅으로서 지칭되었다는 것은, 이후 천안의 지역적 특성에 비추어 보더라도 의미 있는 사실이다.

고려조에 있어서 천안은 지역적 비중을 반영하듯 많은 사원이 창립 되었

15) 『고려사』 56, 지리지1, 천안부.

다. 성불사, 광덕사, 개천사, 천흥사, 홍경원 등은 잘 알려진 예이거니와 그 대부분은 고려시대에 창건되고, 고려시대에 발전된 절이었다. '도솔'이라는 이름처럼, 천안은 풍부한 불교 사적이 자리잡게 되었던 것이다. 『신증동국여지승람』에는 천안의 불우에 광덕사가 첫 번째로 등장하고 이어 개천사(開天寺), 만복사(萬福寺), 대학사(大鶴寺), 유려왕사(留麗王寺), 성불사(成佛寺), 마점사(馬占寺) 등이 기재되어 있다. 성불사와 마점사는 왕자산에 위치하며, "고려 태조가 말을 주필시키므로 마점이라 하였다"는 것이다.[16] 개천사와 만복사는 광덕사와 가까운 위치이며, 『광덕사사적기』에 의하면, 만복사는 광덕사의 '동령지하(東嶺之下)', 개천사는 '북령지하(北嶺之下)'에 위치하고 광덕사와 "모두 일시에 창건한" 절이라고 하였다.[17] 한편 같은 책의 직산현에서는 구암사(龜菴寺), 만일사(萬日寺), 신암사(新菴寺), 미라사(彌羅寺) 등이 기재되어 있다. 양전산의 미라사를 제외하면 나머지는 모두 성거산에 위치한 것으로 되어 있다. 목천에서는 성거산의 전곡사(轉谷寺), 보문사(普門社), 작성산의 은석사(恩石寺), 흑성산의 등천사(勝天寺)가 기재되어 있다. 천안의 주요 불적 상황을 문화재 조사보고서의 자료에 의하여 간략히 정리, 제시하면 다음과 같다.[18]

성불사 : 천안시 안서동 고려 목종대 혜선국사(惠禪國師) 창건의 구전. 대웅전 뒤 암벽에 미완성의 고려 마애불이 있음(불상 높이 2.2m)

유량동 불당골 사지 : 유량동 불당골에 있는 고려시대의 절터

천흥사지 : 성거읍 천흥리. 5층석탑(보물 354호) 1기와 당간지주(높이 5.4m, 보

16) 『신증동국여지승람』 15, 천안군 불우.

17) 「광덕사사적기」 『충청남도지』 하, 1979, p.779. 그러나 이들 3개의 사찰이 실제 동시에 개창된 절이라고 보기는 어렵다. 고려시대에 이들 절이 함께 전성을 누렸던 상황을 반영한 것이라 보면 좋을 것이다.

18) 국립문화재연구소, 『문화유적 분포지도(천안시)』, 1998 참고.

물 99호) 잔존하며, 통화 28년(1010) 제작 천흥사종이 현전함

만일사 : 성거읍 천흥리. 높이 약 3m의 고려시대 5층석탑(문화재자료 254호) 암벽에 높이 약 6m 고려시대 마애불(자료 255호), 고려시대 석불좌상(높이 164cm, 자료 256호)이 있음

홍경사지 : 성환읍 대흥리. 1021년 건립. 석탑재, 봉선홍경사사적갈비(국보 7호) 있음

개천사지 : 광덕사 사적기에는 광덕사를 창건한 진산화상이 건립한 것이라 한다. 개창한 것은 고려시대

용화사지 : 천안시 목천면 동리. 고려시대의 3층석탑, 여래입상 2구

봉양리사지 : 성남면 봉양리 대사동. 고려석탑

구룡사지 : 수신면 백자리, 구룡사지 부도

삼태리 마애불 : 풍세면. 보물 407호

본고와 관련하여 천안에 있는 사찰 중 가장 관심을 끄는 것은 광덕사이다. 창건시기가 지역에서 가장 빠른 것으로 보이고 비교적 풍부한 소장 문화재를 보유하고 있으며, 천연기념물로 지정된 우리나라에서 가장 오랜 호두나무가 있기 때문이다. 숙종 6년(1679) 안명로가 찬한 『광덕사사적(廣德寺事蹟)』에 의하면 광덕사는 처음 신라 자장(慈藏, 590?~658?)에 의하여 개창된 이후 흥덕왕 7년(832) 진산화상(珍山和尙)에 의하여 중창되었다 한다. 진산화상은 신라의 자장법사로부터 석가의 진짜 치아 1매, 사리 10매, 승가(僧伽) 1령, 불진(拂塵) 1병(柄)을 전수받은 동시에 금자와 은자 화엄경, 법화경, 은중경 각 2부를 받아 광덕사를 창건하였다는 것이다. 자장에 의한 사찰의 창건에 대해서는 확언하기 어려우나, 9세기 중반 신라 진산화상의 중창에 대한 언급은 사실적인 근거를 가지고 있는 것으로 생각된다. 대웅전에서 나왔다는 건물의 초석이 신라 양식을 가지고 있기 때문이다.

광덕사는 그 후 5백여 년이 지난 고려 충혜왕 5년(1344) 새롭게 중창을 하였다. 지금은 남아 있지 않지만, 사적기에서는 그 때의 상량기가 남아 있다

광덕사 대웅전

고 하였다.[19] 조선 세조 3년(1457) 세조가 온천에 유숙하게 되었을 때 광덕사와 개천사를 직접 방문하였다. 그 때 조세 감면에 대한 교지가 남아 있다.[20] 연대는 "천순 원년 팔월 초십일"이라 기재되어 있다. 조선 세조 3년(1457)에 해당한다.[21] 당시 세조는 광덕사와 함께 인근에 소재한 개천사도 방문한 것으로 되어 있다. 세조가 온양 온천에 가는데 백운봉 위에 관음의 영상이 나타나 예정에 없이 광덕, 개천의 절에 들르게 되었다는 것이다.[22] '관음의 영상'은 미화한 이야기일 수도 있으나, 아마 불심이 돈독한 세조가

19) "其後五百四十餘年 至元順帝至正 三創改新之 寺有其時上梁記"(「광덕사사적기」『충청남도지』하, 1979, p.779).

20) 세조 어필로 전하는 교지에는 "忠淸道天安地廣德寺乙良 監司守令曾下傳旨 更審左加完護 雜役減除者 國王 一繼"라 하여 광덕사의 잡역 부담을 감면하는 증서였다. 「華山廣德寺 事實碑銘(幷序)」에 의하면 광덕사는 이때 요역 면제 이외에 位田이라는 토지를 세조로부터 하사받은 것으로 되어 있다(『충청남도지』하, 1979, p.779).

21) 「어필교지」(교지 크기 47×28cm) 『충청남도지』하, 1979, p.779에 의함.

22) 「華山廣德寺 事實碑銘(幷序)」『충청남도지』하, 1979, p.779.

온궁(온양온천)에 행행하면서 인근 고찰에 들러 자신의 신심을 다진 것이라 생각된다.

원래 광덕사의 가람 배치는 종루 8, 금당 9, 범각(梵閣) 2층, 법전 3층이며 동남방에 천불전, 그 옆에 80여 칸 규모 만장각(萬藏閣, 경판각에 해당)이 있었다. 한편 절의 북쪽에는 환희암(歡喜菴), 동쪽으로는 은수암(隱水菴)과 수월암(水月菴), 서쪽으로는 문수대가 있는데 문수대 아래 한산사(寒山寺)가 있고, 문수대 위에는 8개의 작은 암자가 있는데, 보현암(普賢菴)·영선암(詠仙菴)·금선암(金仙菴)·사자암(獅子菴)·하선암(下禪菴)·선정암(禪定菴)·봉두암(鳳頭菴)·영주암(靈珠菴) 등이 그것이다.[23)]

한편 광덕사에는 '진양후인' 유응운(柳應運)의 찬으로 되어 있는 '화산광덕사 사실비명(華山廣德寺 事實碑銘)'(幷序)이 있다. 이 비문에 의하면 광덕사는 고려 신해년(공민왕 20년, 1371 추정)에 청소대사(淸宵大師)가 입적하자 그 문인 상민(尙敏) 등이 사리 3매를 받들어 절 동쪽에 사리탑을 만들었다고 한다.[24)] 광덕사는 임진왜란 때 왜군에 의하여 소실되었다. 그 후 무술년(1598)에 희묵상인(熙默上人)이 소실된 법당과 전각을 다시 중건하였고, 앞서 4년 전인 을미년에 석심화상(釋心和尙)이 먼저 불상을 정비하였다.[25)]

임진왜란 때에는 광덕사가 왜군에 의하여 크게 피해를 입었다고 한다. 1592년 임진왜란 발발 직후 5월 고바야가와[小早川隆景]의 왜군이 천안 인근을 거쳐 상경한 것으로 되어 있고, 정유재란 때에는 모리[毛利秀元]와 쿠로다[黑田長正]의 군이 역시 천안을 거쳤다.[26)] 따라서 광덕사의 소실이 1592년의

23) 「광덕사사적기」『충청남도지』하, 1979, pp.778~779 참고.

24) 이 사실은 청소대사의 탑명에 기록된 것이며, '청소대사의 탑명'(金字)은 광덕사에 보존되어 있는 것으로 되어 있다. 『충청남도지』하, 1979, p.778 참조.

25) 「華山廣德寺 事實碑銘(幷序)」『충청남도지』하, 1979, pp.778~780.

26) 北島万次, 『豊臣秀吉の朝鮮侵略』, 吉川弘文館, 1995 참고.

일이었는지 아니면 1597년의 일이었는지 보다 구체적인 검토를 필요로 하는 문제이다. 그러나 비명의 전후 맥락에 의하면 광덕사의 소실은 임진왜란 발발 직후인 1592년이었던 것으로 보인다. 이렇게 보면 석심화상이 우선 불상을 급한대로 개수하여 절의 면모를 다시 갖추게 한 것이 1595년(을미. 선조 28)이었고, 그 후 1598년(선조 31) 희묵상인이 광덕사를 다시 재건하기에 이른 것이라 정리할 수 있다.[27)]

한편 『고려사』에서는 충혜왕 원년(1331) 6월(기미)에 왕이 광덕사에 행차하여 "물놀이를 관람하였다"고 하였다. 『조선왕조실록』에 의하면 태종 14년(1414) 7월 대장경을 구하려온 일본 승 규주(圭籌) 등에게 광덕사 소장의 대반야경을 모두 하사하였으며[28)] 경종 3년(1723) 3월에는 광덕사가 소실된 사실을 기록하고 있다.[29)] 임진왜란과 경종년간의 화재로 인하여 고려시대의 많은 자료들이 함께 소실된 것으로 생각된다.

광덕사에 현재 남겨진 자료 가운데 가장 저명한 것은 역시 고려 조선조의 사경 자료이다. 보물 390호 고려 사경은 모두 6책으로 『감지은니묘법연화경』 권2,3,4,5, 『상지은니묘법연화경』 권4, 2종 등이 그것이다. 각 권의 첫머리에는 불경의 내용을 요약한 변상도가 금니(金泥)로 그려져 있는 귀중한 자료이다. 보물 1247호 조선시대 사경은 먹으로 쓴 부모은중경과 '장수멸제호제동자다라니경'으로 부모은중경은 태종의 제2자 효령대군(1396~1486)이 부인 예성부부인 정씨, 셋째아들 아들 보성군 등 가족과 함께 발원한 것이다. 그밖에 면역사패교지(보물 1246호), 노사나불괘불탱(보물 1261호), 3층석탑(충남도 유형문화재 120호), 대웅전(1872, 문화재자료 246호), 천불전(문화재자료 247호), 3층석탑(유형문화재 120호), 석사자(문화재자료 252호) 등이 있다. 신라양식이 남아

---

27) 『충청남도지』 하, 1979, p.778 참고.

28) 『태종실록』 28, 태종 14년 7월 임오.

29) 『경종실록』 11, 경종 3년 3월 을미.

광덕사 입구의 호두나무(천연기념물 398호)

있는 3층석탑의 조성 시기는 고려 전기로 추정된다.[30] 한편 신라시대 중창자로 기록되어 있는 진산화상의 부도도 있는데 부도의 형식은 다소 후대의 것으로 생각되어 이 부도가 진산화상의 것인지는 확인하기 어렵다.

광덕사의 지정문화재 가운데 사람들의 흥미를 끄는 것은 천연기념물(398호)로 지정된 우리나라에서 가장 오래된 호두나무이다. 현재 대웅전 경내 입구 밖에 남아 있는 것은 수령 4백 년을 추정하며, 높이는 18.2m이다. 원래는 이곳이 14세기 유청신에 의하여 호두나무가 처음 심어진 것이라 말하고 있다.[31]

30) 광덕사 문화재의 개요는 문화재청 홈페이지의 지정문화재 자료를 참고함.

31) 문화재청 지정문화재 자료에 의함. 한편 광덕사의 호두나무 앞에는 '유청신선생 호두나무 시식지'라는 석주 표지를 세워 놓았다.

4. 외교관 유청신과 호두나무

호두과자의 핵심 재료인 호두는 13, 14세기 원 간섭기 고려의 고급 외교관이던 유청신(柳淸臣, 1257~1329)[32]이 "충렬왕 16년(1290) 원으로부터 호두의 묘목과 종자를 가져와 묘목은 광덕사에 심고 씨는 광덕면 매당리의 자기 집에 심어 퍼뜨린 것"[33]으로 널리 알려져 있다. 이 때문에 유청신이 천안 광덕면 출신의 인물이며, 문익점의 목면 전래처럼, 호두는 유청신에 의하여 비로소 우리나라에 보급된 것처럼 흔히 이해되고 있다. 그러나 정작 유청신은 천안과는 너무 멀리 떨어진 전남 남해안 고흥지역에 대대로 세거하였던 토착의 인물이었다.[34] 더욱이 호두나무의 전래에 대해서도 명확한 전래 역사에 대한 기록을 확인하기 어려울 뿐 아니라, 실제 호두나무는 고려 이전에 널리 분포하고 있던 유실수였던 것으로 보인다. 따라서 우선 유청신이 어떠한 인물이었고 그가 광덕면 혹은 광덕사에 호두나무를 식재 했다는 것은 어느 정도의 사실성을 가지고 있는지 하는 문제부터 검토해 볼 필요가 있다.

유청신의 본래 이름은 유비(柳庇)이며 전라도 장흥 고이부곡(高伊部曲) 사람이고, 선대는 모두 부곡리였다. 원래 부곡 출신의 아전은 높은 관직에 오를 수 없는 제한 규정이 있었음에도 불구하고 그는 고위직에 진출하여 고려 정계의 주요 인물로 부각되었으며 충렬왕의 각별한 총애에 의하여 그의 향리

32) 『고려사』 『조선왕조실록』 등의 역사서에는 출생 연도를 확인할 수 없다. 그러나 고흥류씨의 족보(『고흥류씨 검상공파보』)에 1257년(고종 44)생이라 하였다.

33) 한국문화유산답사회, 『답사여행의 길잡이 4/ 충남』, 1995, pp.34~35 및 문화재청 홈페이지 지정문화재 자료. 이것은 광덕사 부근 유청신 신도비와 호두 사적비에 적혀 있는 것이어서, 호두에 대한 일반화 되어 있는 설명임.

34) 고흥류씨의 시조는 고려 초의 호장 柳英으로, 유청신은 그 6세손에 해당한다(『고흥류씨 검상공파보』).

인 고이부곡이 '고흥현'으로 승격되는 포상을 입었다. 말하자면 유청신은 고흥지역의 중흥조로서의 위치를 가지고 있는 인물이다.

유청신 호두 전래 기념비

유청신은 "어려서부터 사람이 트이고 담력이 있었다"고 하여 매우 활발하고 적극적인 성격의 소유자였던 것 같다. 열 살 때 부모를 따라 왜구를 피하여 고흥군 점암면 팔영산 안양동으로 갔는데 모친이 왜구에 해를 입을 위기에 청신이 몸으로 막아서 위기를 넘겼다고 한다. 이때에 피란했던 동굴은 후대에 '류정승 피란굴'이라는 이름으로 전해지게 되었다고 한다.[35)]

그가 중앙정계에 진출하게 되는 계기는 몽골어를 잘해서라고 하였다. 그러나 남해안의 고흥에서 어떻게 몽골어를 익히고 중앙 정계 진출의 계기를 마련한 것인지 잘 이해되지 않는다. 그런데 고흥류씨의 족보에서는 유청신이 1274년(원종 15) 18세의 나이에 과거에 합격하였다고 하였다.[36)] 그

35) 이색, 『목은집』「고려 선충동덕좌리익조공신 시중 벽상삼한삼중대광도첨의정승 고흥부원군 영밀군 신암유공 행장」 및 『고흥류씨 검상공파보』, p.47. '류정승 피란굴'의 존재는 유청신이 고흥에서 성장하였던 사실을 뒷받침하는 자료이다.

36) 유청신이 무반이었다는 점에서 그가 과거에 합격한 인물이었을지는 의문이다. 부곡민이 과거 응시자격이 없었던 점에서도 과거가 아닌 다른 방법으로 관도에 나갔을 것이다. 『고려사』 유청신전에서도 그가 '不學無知'한 인물로 되어 있다. 고흥이 남해안에 위치하며 조운로를 끼고 있는 지역이라는 점에서 혹시는 조운의 업무와 관련하여 중앙에 진출하는 계기를 만들었을지도 모르겠다. 이에 대해 이남복은 몽골어 譯科 합격을 지칭하는 것으로 추측한 바 있다(이남복, 「유청신과 그 사료에 대하여」 『부산사학』 9, 1985, pp.130~131). 몽골어 역관을 선발하는 역과라 하더라도 그가 어떻게 몽골어를 익히게

는 여러 차례 원 사신단에 참가하였다고 하며, 이것이 인연이 되어 충렬왕의 총애와 신임을 받아 5품 이상의 승진이 제한되어 있는 부곡리의 신분에도 불구하고 특진의 특혜를 입게 된다. 그가 무반 정6품관인 낭장에 보임될 때 충렬왕은 특별히 교서를 내려 신분적으로는 5품까지이나 3품까지 승진이 가능하도록 길을 열었다. 동시에 그의 향리인 고이부곡을 고흥현으로 승격시킨 것이니, 그에 대한 왕의 신임이 얼마나 각별하였는지 짐작할만하다.[37)]

무반으로 관도에 오른 유청신은 원간섭기 원도와 개경을 왕래하며 전문 외교관으로서 당시 대원관계의 핵심적 역할을 담당하면서 고려 국내에서의 정치적 위상을 높여갔던 대표적 외교관 출신의 정치인이다. 유청신은 충렬왕 초(1281) 이미 낭장의 직에 있었고, 이때 여몽군의 일본 원정 결과를 원에 보고하는 책임을 맡을 정도로 비중 있는 외교관의 위치에 있었다. 중랑장, 장군을 거쳐 1287년에 대장군, 1291년 상장군에 올랐으며, 이후 우승지, 좌승지, 부지밀직사, 동지밀직사사, 지밀직사사, 판밀직사사 등 요직을 두루 역임하였다. 충렬왕 말년 한때 정치적 문제로 파면되었으나 다시 복귀하였으며, 충선왕 2년(1310)에는 첨의정승의 직에까지 이르렀다. 이같은 관력의 변화에도 불구하고 대원 관계의 핵심적 역할을 담당한 그의 활발한 외교 활동은 변화 없이 그대로 이어졌다. 국내외에 있어서 그의 영향력이 극대화 되었을 것임을 짐작할 수 있다. 북경(대도)을 수시로 오가는 그의 대원 외교 활동의 궤적을 『고려사』 세가에서 간략히 추려보면 다음과 같다.

충렬왕 6년(1280) 5월 원으로부터 귀국
충렬왕 7년(1281) 5월 동정(東征)에 대한 결과를 원에 보고, 7월 귀국

되었는지는 여전히 의문이다.

37) 『고려사』 125, 유청신전.

	9월	낭장 유비가 원으로부터 귀국
충렬왕 8년(1282)	6월	2차 일본에서 도망온 강남군 포로 6인을 원에 압송
	9월	황제가 왕에게 내린 부마국왕의 금인을 가지고 귀국
충렬왕 9년(1283)	3월	중랑장 유비가 원에서 귀국
충렬왕 12년(1286)		유비 등을 동녕부에 파견함(『고려사』 130, 최탄전)
충렬왕 13년(1287)	5월	내안대왕이 반란에 따른 조군 문제 협의를 위해 원에 파견, 6월 귀국
	7월	군사를 거느리고 원에 출정, 8월 귀국하여 대장군에 임명됨
충렬왕 14년(1288)	9월	원에 들어가 왕의 친조 문제 협의하고 10월 귀국
충렬왕 15년(1289)	6월	대장군 유비를 원에 보내 저포(모시)를 바침, 7월 귀국
	9월	대장군 유비를 원에 파견(『고려사절요』)
충렬왕 16년(1290)	8월	합단 침입에 대한 원병 요청, 9월 귀국
	11월	합단적이 쌍성을 침입한 것을 원에 보고
충렬왕 17년(1291)	12월	상장군 유비를 파견, 세자(충선왕)의 환국을 요청
충렬왕 18년(1292)	8월	세자가 황제 알현을 위해 원에 입국하자 수행함
충렬왕 19년(1293)	12월	세자가 바치는 선물을 가지고 귀국
충렬왕 20년(1294)	12월	원에 신년 하례(『고려사절요』 21)
충렬왕 21년(1295)	5월	원에 파견되어 왕에게 태사중서령을 더할 것을 요청
충렬왕 22년(1296)	1월	원에 세자의 혼인을 요청함
충렬왕 25년(1299)	8월	귀국하였으나 왕이 죄주려 하므로 도망함. 9월 파면
충렬왕 26년(1300)	8월	원으로부터 귀국
충렬왕 28년(1302)	2월	진왕(晋王)의 상사(喪事) 조문을 위해 원으로 출국
	12월	요양성에 고려를 병합하려는 것에 대한 반박문을 원에 전달
충렬왕 29년(1303)	7월	원에 '전왕'(충선왕)의 귀국 조치 요청, 이듬해 4월 귀국
충렬왕 31년(1305)	11월	왕의 원 입조를 수행함
충렬왕 33년(1307)	3월	충선왕이 유비를 도첨의찬성사 판군부사사에 임명

충선왕 원년(1309) 4월 유청신 등을 찬성사에 임명
충선왕 2년(1310) 8월 첨의정승 임명하였으나, 9월에 첨의찬성사로 낮추어짐
충선왕 3년(1316) 11월 원에 신년하례
충숙왕 8년(1321) 3월 원에 입조하는 충숙왕을 수행
충숙왕 10년(1323) 정월 유청신 · 오잠이 원 중서성에 고려의 입성(立省)을 요청

위의 행적을 보면 유청신이 대원 관계에 있어서 얼마나 활발한 역할을 담당하였는지를 알 수 있다. 그 상징이 '유청신(柳淸臣)'이라는 이름이며, 이로 보아 장기간의 대원관계에서 원 조정으로부터의 신뢰가 깊었음을 짐작할 수 있다.

유비가 유청신이 된 것은 다소 명확하지 않다. 『고려사』 세가에서 충렬왕 33년(1307) 3월까지 '유비'라 하였던 것이 충선왕 원년(1309) 4월부터 '유청신'으로 적고 있는데, 이를 근거로 한다면 1307년 3월 이후 1309년 4월 사이가 된다. 한편 고흥류씨의 족보에서는 '유청신'의 이름이 원 성종(재위 1294~1307)의 사명(賜名)에 의한 것이라 하였는데[38] 원 성종은 1307년 1월에 사망하였으므로 앞의 연대와는 서로 어긋나 있다. 1307년의 3월에 무종(재위 1307~1311)이 즉위하였으므로, 유청신은 원 무종에 의하여 내려진 이름일 가능성도 있다. 그러나 1307년의 관직 임용이 충렬왕 충선왕의 갈등이 악화된 비정상적 상태에서의 문서 발신에 의한 것이었다는 점에서, 실제 원 성종으로부터 받은 이름일 가능성도 없지 않다. 후자의 경우라면 1306년(충렬왕 32, 원 성종 10)의 시점이 유력하다. 1305년 11월 유청신은 충렬왕을 수행하여 입원하였기 때문에 이듬해(1306) 원 성종년 간에 그의 여원 외교상의 공로에 의하여 '유청신'이라는 이름을 받았다면 비교적 여러 요소를 만족시

38) 유비가 충렬왕을 따라 원나라에 가서 간곡히 청하여 왕을 돌아오게 하니 원나라 황제 성종이 그 충의를 가상히 여겨 이름을 淸臣으로 고쳐주었다고 한다(『고흥류씨 검상공파보』, pp.86~87).

키는 시점이 된다. 1306년의 가능성이 높다는 것이 필자의 의견이다.

유청신의 사명(賜名)에 대한 장상공(張相公)의 다음과 같은 축하시가 남겨져 있다.

황제께서 어진 재상 알아 보사	聖王知賢相
친히 불러 옛 이름을 고치셨네.	親呼改舊名
천금(千金)은 가볍기가 잎사귀 같고	千金輕似葉
한 글자는 무거워 달아보기 어렵네.	一字重難衡
둥근달이 밝아지니 가을강이 깨끗하고	月白秋江淨
티끌을 닦아내니 옛거울이 밝아졌네.	塵磨故鏡明
원컨대 당신은 이런 덕을 갖추었으니	願君留此德
자손의 영화를 대대로 보리이다.	孫後見孫榮

(『고흥류씨 검상공파보』 卷首)

유청신의 활동은 특별히 대원관계의 외교적 통로 역할이었다. 충렬왕은 그의 공을 치하하면서 "조인규를 따라 진력하여 공이 있었다"고 말하고 있다. 조인규는 몽골어에 능하여 원과의 외교관계에 있어서 통역관으로 활동하며 정치적으로 성장한 가장 저명한 인물이다. 말하자면 유청신은 조인규를 방불하는 외교적 활동으로 각광 받은 인물이며 신분적 장애를 국왕과의 친분으로 해결하며 입신한 인물인 셈이다.

유청신의 활발한 대원 외교활동과 관련하여 고흥류씨의 족보에는 원의 저명한 학자 조맹부의 작이라 하여 다음과 같은 찬문이 실려 있다. 제목은 「신암화상찬(信庵畵像贊)」인데, '신암'은 유청신의 호이다.

원나라에 사신 오시니	自王之西歸聖君
따르는 이 구름 같다	大小之臣從知雲
훤출하신 그 기상이	曰維柳公致忠勳

무리에 뛰어나시고　　磊落耿介氣不群
나라에 공을 세우시니　　上爲皇家立功勳
온 백성이 존경하네　　國人愛敬咸欣欣
금관조복이 환하게 빛을 내니　　虎符龍衣耀朝昕
거룩하신 그 화상이 대원수가 완연하다　　畫像儼若漢官軍
우러러 쳐다만 뵈어도 맑은 덕에 취하네　　載瞻儀容挹淸芬

(『고흥류씨 검상공파보』 卷首)

그에 대한 국왕의 총애는 충선왕대에도 계속되었다. 판밀직사사, 찬성사(충선 1, 1309), 첨의정승의 요직을 두루 거쳤으며 충선왕은 그를 고흥부원군에 봉하며 옥대까지 하사하였다. 충숙왕대 이르러 그는 오잠(吳潛)과 함께 고려를 '삼한행성'이라는 이름의 원의 속령으로 개편하는 청원 운동을 하였다. 충숙왕 10년(1323)의 일이다. 이것은 충숙왕을 배제하고 그가 지지하는 심양왕 고(暠)를 왕으로 옹립하기 위한, 이른바 '입성책동(立省策動)'의 장

유청신 신도비(우측, 광덕면 매당리)

본인으로 유청신을 지목한 것이다.[39] 『고려사』의 유청신전에 의하면 그는 원 조정에서 충숙왕을 비방하며 나라에 도움 되지 않은 언행을 하였다. 심양왕(瀋陽王) 고(暠)를 신왕으로 옹립하고자 한 운동이 실패로 돌아가자(충숙왕 8) 유청신은 9년 간을 원에 체류하다가 결국 고려에 귀국조차 하지 못하고 1329년 사망하였다.[40] 그러나 근년의 연구에 의하면 유청신에 대한 이같은 부정적 사료는 실제와는 달리 왜곡된 것이고, 입성책동이나 충숙왕에 대한 비방이라는 것도 모함에 불과한 것이었다고 한다.[41] 실제로 그는 사후(1337) 오히려 충숙왕으로부터 '영밀공(英密公)'이라는 시호를 받았으며, 아들 유유기(柳攸基), 손자 유탁(柳濯, 1311~1371)은 고려에서 특별한 제한 없이 유력한 정치적 인물로서 활동하였다.

유청신이 광덕사에 호두나무를 식재한 시기는 구체적으로 충렬왕 16년(1290) 9월 원에 갔다가 임금을 모시고 돌아올 때로서, 어린나무와 열매를 가져왔다고 한다. 사실여부는 잘 확인되지 않으나, 유청신이 원을 수시로 드나들었다는 점, 호두의 경우 열매의 휴대 운반이 용이하다는 특성 등을 생각하면 14세기 유청신의 수입설을 부인하기도 쉽지 않다. 만일 유청신이 광덕사에 호두나무를 심었다고 한다면 그것은 지역적 연고라기보다는 광덕사와의 종교적 인연 때문일 것이다. 특히 광덕사에는 14세기의 사경 유물이 전하는 절이라는 점에서 당시 대원관계 유력 인물과의 일정한 연고가 충분히 상정될 수 있을 것으로 생각된다.

호두와 관련하여 유청신이 과연 천안과 인연을 맺고 있었는지, 그리고

---

39) 김혜원, 「원 간섭기 입성론과 그 성격」 『14세기 고려의 정치와 사회』, 민음사, 1994 참조.

40) 『고려사』에는 유청신전이 '간신열전'에 포함되어 있다. 그러나 근년의 연구에서는 유청신이 간신전에 포함될 하등의 이유가 없고, 이것은 조선시대 『고려사』 편찬자의 잘못이라는 것이다.

41) 이남복, 「유청신과 그 사료에 대하여」 『부산사학』 9, 1985, pp.139~141; 이범직, 「원 간섭기 입성론과 유청신」 『역사교육』 81, 2002, pp.134~137.

그 시기가 어느 때의 일이었는지 하는 것이 무엇보다 궁금한 일이다. 이에 대한 관련 자료로서는 고흥류씨 족보 가운데서 지명과 관련한 간략한 설명이 있다.

> 당께울(堂下里) : 천원군 광덕면 매당리에 있다. 영밀공(청신)이 이곳에 사시면서 여러 번 원나라에 사신 가시어 호도 종자를 구하여다가 이곳에 심어서 심히 번창하여 천안의 명물이 되었다. 영밀공 부조묘와 정문이 마을 뒷산 기슭에 있고, 동구에 부조묘비가 있다.
>
> 충효산 : 당하리 뒤에 있다. 영밀공이 이 산 아래에 사셨고, 영밀공 부조묘와 정문 및 그 후손 의신 · 연 · 흥우 · 언 등의 정문(旌門)이 함께 있다.[42]

광덕면 매당리에는 유청신의 신도비와 고흥류씨 정려(충효정문)가 있다. 유청신의 신도비는 높이 210cm(비신 높이 150cm)이며 목은 이색의 찬문으로 조선조 말, 1873년(고종 10)에 건립한 것이다.[43] 부근의 고흥류씨 정문(旌門)은 유청신의 정려를 비롯하여 유연(柳淵), 유흥우(柳興雨), 유의신(柳義臣) 등의 정려이다. 유의신은 조선 선조 때, 유연과 유흥우는 영조 때 정려가 내려진 것으로 되어 있다. 또 역시 같은 매당리(하금곡)에는 숙종조에 정려를 받은 효자 유언(柳堰)의 정려가 별도로 갖추어져 있어 광덕면 일대가 유청신 이하 고흥류씨의 세거지가 되어 있었음을 입증하고 있다.[44] 유청신이 이곳에 거주하였던 적이 있는지는 여전히 확인할 수 없으나 그의 전장(田庄)이 일대에 분포하였을 가능성까지 부인하기는 어렵다.

---

42) 『고흥류씨 검상공파보』 卷首.

43) 목은집에 실린 유청신 행장자료를 비석에 새겨 건립한 것이다.

44) 국립문화재연구소, 『문화유적 분포지도(충남 천안시)』, 1998, pp.155~157.

5. 천안의 지역 브랜드 개발과 호두

광덕면이 중심인 천안 호두의 특징에 대해서는 좀 오래된 것이기는 하지만, 다음과 같은 소개가 있다.

> 이곳 호두는 껍질이 얇아 깨뜨리기가 쉽고 알맹이가 크다. '귀챙이'라고 부르는 껍질이 두껍고 속알이 작아 까먹기도 힘든 호두와는 종류가 다르다. 광덕면 부근에는 호두나무가 25만 그루쯤 있는데 6년 쯤 자라야 열매가 열리므로 실제로 열매가 열리는 것은 8천 그루 뿐이다. 여기서 1980년 한 해에 2천 4백 가마를 생산했는데 이는 전국 생산량의 26%나 된다. 한때는 전국 70%까지 생산하기도 했으나 … 그 비율이 낮아졌다.[45]

'호두과자'의 제조는 처음 일제강점기 천안 거주 일인에 의하여 시작되었다고 한다.

> 참기름 맛과 같이 고소하다는 광덕면의 호두를 원료로 해서 식민지 시절에 일본 사람들이 과자를 만들어 팔기 시작했다. 해방 뒤에 이들의 기술을 이어받은 사람이 '학화 호두과자', '삼거리 호두과자', '능수 호두과자'와 같은 공장들을 차려 계속 호두과자를 만들어 냈다.[46]

한편 천안시의 관광안내 자료(팜플렛)에는 '광덕사 호두나무(천연기념물 398호)'에 대하여 다음과 같이 설명되어 있다.

> 고려 충렬왕 16년(1290) 영밀공 유청신이 원나라에서 왕가(王駕) 모시고 올 때

45) 뿌리깊은나무, 『한국의 발견, 충청남도』, 1983, p.165.

46) 위와 같음.

묘목과 열매를 들여와 묘목은 광덕사 경내에, 열매는 매당리 고향집 뜰 앞에 심었다고 전해지며 『고려도경』, 『동국여지승람』, 『세종실록지리지』 등에 재배 기록이 남아 있다. (이하 생략)

그런데 위의 설명에서처럼 만일 호두가 『고려도경』에 등장한다면 유청신 전래설과는 모순이 된다. 『고려도경』의 저자 서긍은 1123년에 이미 고려를 다녀갔기 때문이다. 『고려도경』을 검색한 결과 호두는 나오지 않는다.[47)]

호두나무와 유사한 것으로 가래나무가 있다.[48)] 같은 가래나무과에 속하는 것으로 열매는 매우 흡사한 점이 있다. 호두나무와 유사한 가래나무는 우리 역사에서 일찍부터 널리 확인된다.

8세기, 경덕왕 14년(755)의 문서로 추정하는 '신라 촌락장적'에는 청주목과 그 인근 각 촌락의 토지와 호구 및 우마수와 함께 유실수의 현황이 파악되어 있다. 유실수 나무에는 뽕나무, 잣나무[柏子木]와 함께 추자목(楸子木)이 포함되어 있다. 이 '추자목'은 보통 호두나무로 번역되었다. 신라 장적문서에 나오는 유실수의 내역을 간략히 정리하면 다음과 같다.[49)]

사해점촌(沙害漸村) :	뽕나무 1,004주
	잣나무 120주 (3년 전에는 86주)
	추자목 112주 (3년 전에는 74주)
살하지촌(薩下知村) :	뽕나무 1,280주 (3년 전에는 1,091주)
	잣나무 69주 (3년 전에는 59주)

47) 권23 토산조에는 개암(榛) · 비자(榧) · 대추(棗) 등이 등장하지만 호두나무는 등장하지 않는다. '棗(조)'를 호두로 착각한 것인지 모르겠다.

48) 학명상으로 호두나무는 Juglans regio, 가래나무는 Juglans mandshurica로 차이가 있다.

49) 이기백 편, 『한국 상대 고문서 자료집성』, 일지사, 1987, pp.28~34 참조.

추자목 71주 (변동 없음)

이름을 모르는 촌 : 뽕나무 730주 (3년 전에는 640주)

잣나무 42주

추자목 107주 (3년 전과 같음)

서원경 내의 어떤 촌 : 뽕나무 1,235주 (3년 전에는 1,166주)

잣나무 68주 (3년 전에는 60주)

추자목 48주 (3년 전과 같음)

서원경(청주)지역이라면 천안과도 멀리 떨어진 곳이 아니지만, 촌락마다 대략 100주 내외의 추자목이 유지되고 있으며, 3년마다 그 수량이 정확히 정부에 의하여 점검되고 있었음을 알 수 있다. 여기에 언급되어 있는 추자목은 호두나무가 아닌 가래나무일 것이다.

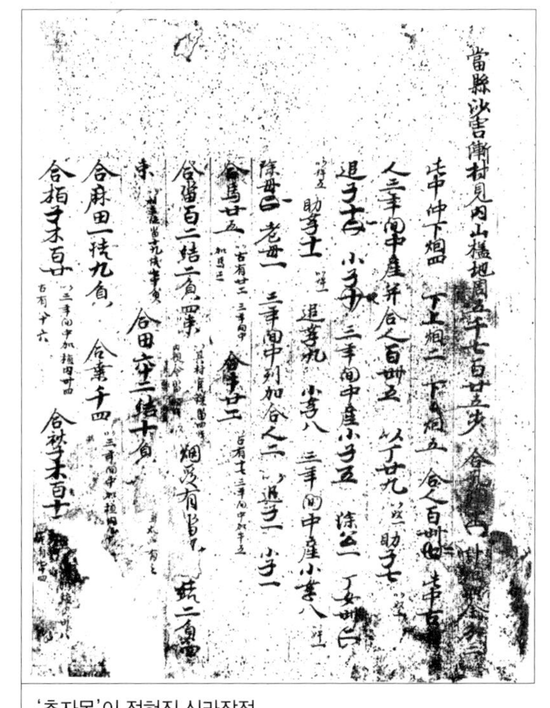
'추자목'이 적혀진 신라장적

한편 고려 숙종 8년(1103) 송 사신단의 서장관으로 고려에 온 손목(孫穆)이 지은 『계림유사』에 고려의 당시 언어가 채집되어 있는데, 여기에 '호도(胡桃)'라는 단어가 이미 등장하고 있음이 주목된다. 당시 고려에서는 '호도'를 '가래(渴來)'라고 하였다는 것이다. 즉 호도는 송에서의 명칭이며 '가래'가 고려의 명칭이었다. 시기를 더 거슬러 부여의 백제 관북리 유적(사적 428호)에서도 가래 열매가 확인되어 현재 부여박물관에 전시되어 있다. 요컨대 추자목은 가래나무의 칭으로서 고려시대에 호두나무를 가래나무라고 하였음을 알 수 있다.[50] 흔히 '호도'는 원 간섭기의 교류 결과, 원으로부터 들어온 것이어서 '호도'라 하였을 것이라 생각하고 있지만 그 이전에 이미 중국(송)에서 '호도'라는 용어가 사용되고 있었다.

요컨대 호두나무 이전에 이와 비슷한 가래나무가 신라, 혹은 그 이전 백제에서도 널리 보급되어 있었다. 그러나 그것이 현재의 호두나무와 같은 종류가 아닌 것은 분명하다. 즉 '호도'의 칭은 원대에 수입된 것일 수 있으며, 이 호두나무는 고려에서 식재되어 있던 가래나무와는 차이가 있다.

15세기 『세종실록지리지』에는 농산물에 대해서 '추(楸)'가 목록 중에 포함되어 있다. 이것이 기왕의 가래나무인지, 새로 전래한 호두인지, 아니면 복합적인 지칭인지 분명하지 않다. 『세종실록지리지』에 의하면, 이 '추목'은 천안 이외에 충청도의 제천, 옥천, 전의, 영동, 황간, 보은, 공주에서 산출되는 것으로 되어 있다.[51] 대체로 충남 이남이며 따라서 천안은 위도상 가장 높은 지역에 해당한다. 현재 호두의 주산지는 천안, 청양, 공주와 충북의 보은, 영동으로 충청도가 생산량의 절반을 넘고 경북, 전북, 경남의 순이라 한다.[52]

50) 이에 대해서는 강신항, 『계림유사 '고려방언' 연구』, 성균관대학교 출판부, 1980에 첨부한 자료 및 논문 참조. 고려시대에는 '나무'를 '남기(南記)'라 하였으므로 호두나무는 '가래남기'가 되는 셈이다.

51) 세종대왕기념사업회, 『세종 장헌대왕 실록 -지리지색인』, 1975, p.224. 호두는 충청도 이외에 강원도에서는 강릉·양양·삼척·평해·울진·간성·고성·통천 등, 경상도는 경주·청도·대구·경산·창녕·영산·현풍·예천·영천·하양·인동·선산·개령·지례·거창, 전라도에서는 무주 등지에서 재배되고 있어서 그 분포 지역이 중부 이남에 상당히 폭넓게 형성되어 있음을 알 수 있다(세종대왕기념사업회, 『세종 장헌대왕 실록 -지리지색인』, p.235·250·264).

52) 한국학중앙연구원, 『민족문화대백과사전』.

이상 호두를 중심으로 고려시대 천안의 역사적 정체성에 대하여 검토하였다. 이제 본고를 마무리하면서 고려 말 14세기 천안군수 성원규의 일을 다시 회고하고자 한다. 천안군수 성원규는 천안에 부임하자 도시의 침체한 분위기를 일신하기 위하여 천안이 태조 왕건의 도시라는 자긍심을 불러일으키고자 하였다. 그는 군민들에게 직접 호소하여 태조의 신궁(태조묘)을 복원하고, 태조가 군사를 조련하였던 바로 그곳에 회고정이라는 정자를 건립하였다. 그것은 천안의 지역적 정체성을 확인하는 작업인 동시에 교통 중심 도시로서의 천안이 가지고 있는 도시적 특성에 근거한 사업이었다. 14세기의 이같은 사례는 21세기 천안에 있어서도 교훈을 주는 일이다. 급격한 도시 발전과 팽창에 직면한 천안이 '시민의 도시'로서 균형적인 발전을 도모하기 위해서는, 도시의 정체성을 보다 분명히 확인하고 그 특성에 기반한 지역 브랜드를 개발해야 한다는 좋은 전범(典範)이라 할 수 있는 것이다.

6. 맺음말

천안은 고려 태조 왕건의 도시이다. 930년 천안의 성립, 그리고 천안이라는 이름이 모두 태조 왕건에 의한 것이라는 점에서 천안은 왕건에게 2중의 빚을 지고 있는 셈이다. '천안'이라는 이름은, 수십 년 지속된 분열과 전란의 시대 속에서 '통일과 평화'의 시대를 대망하는 메시지를 담고 있는 이름이다. 930년 '천안'이 성립한 후 6년이 지난 936년, 태조 왕건은 신라와 후백제를 차례로 통합함으로써 마침내 통일과 평화의 시대를 열었다. 이러한 점에서 태조 왕건이 지어준 '천안'은 '평화와 통일'이라는 오늘 우리시대의 민족적 과제와 희망을 상징하고 있는 이름이기도 하다. 평화와 통일이라는 민족사적 과업에 기여해야 하는 천안시의 도시적 미래상과 이상이 담겨져 있는 것이다.

천안은 1930년에 건도 1천 년을 맞았고, 앞으로 10여 년 후인 2030년에 건도 1100주년이 된다. 그리고 왕건에 의한 천안부의 성립은 930년의 8월 8일(음)의 일이다. 태조 왕건 브랜드를 적극 활용하고, 천안의 건도일 8월 8일을 활용하여 시민들의 정체성 확보와 화합 대동의 계기를 만들어가는 데 도움이 되도록 할 수 있을 것이다.

천안의 가장 잘 알려진 브랜드의 하나인 호두는 14세기 고려의 외교관 유청신의 전래로 알려져 있다. 유청신은 원래 전남 고흥 사람으로서 어떤 연유로 천안과 인연을 맺게 되었는지는 분명하지 않다. 그의 전장(田庄)이 풍세 지역에 있었던 것인지 알 수 없으며, 광덕사와 종교적 인연도 가능성이 있다. 그러나 유청신의 호두나무 전래는 기록으로 확인되는 것은 아니며, 이미 삼국 혹은 신라시대에 호두와 유사한 가래나무의 존재가 널리 확인되고 있다.

광덕사는 고려시대 천안의 도시적 발전을 반영하는 대표적인 불교 사적이다. 고려 후기에 만들어진 국가지정문화재 사경의 존재는 유청신, 호두 등 천안의 상징적 소재와 직접 연관되어 있기도 하다. 따라서 천안의 상징적 콘텐츠로서 이들 연관 요소를 보다 조직적으로 연결하여 자원화하는 노력이 필요하다.

* 본 논문은 『충청학과 충청문화』 12(2011)에 실린 「천안의 호두브랜드와 관련하여」를 수정한 것임.

제4부 내포의 역사문화 콘텐츠

제2장
'홍주 천 년', 그리고 앞으로

1. 2018년, '홍주 천 년'인가

홍성군에서는 금년에 군민들의 아이디어를 공모하는 등 '2018 홍주 천 년 기념사업'을 위한 작업을 시작하였다. 2013년 내포 신도시로 충남 도청이 옮겨진 이후, 새롭게 도약하고자 하는 홍성군민의 의지를 담아 내려는 노력을 구체적으로 시작한 것이다.

2018년이 '홍주 천 년'이라면 홍주라는 지명은 1018년에 등장한 셈이다. 그러나 역사 기록에 홍주라는 지명이 1018년에 시작된 것이라는 점이 다소 모호하게 되어 있다. 바로 이 점 때문에, 2018년이 과연 '홍주 천 년'인가 하는 문제는 우선적으로 짚고 넘어가지 않으면 안된다. 이에 대해서는 『고려사』에서 현종 3년(1012) 관직이 도단련사에서 지주사로의 개편이 이루어진 것을 언급한 데 이어, "뒤에 지금 이름(홍주)으로 고쳤다"고 모호하게 기록되어 있기 때문이다. 그래서 비교적 근년까지 홍주의 지명 등장에 대해서는 1021년 이후 "뒤에 지명을 홍주로 개칭하였으나 그 시기는 분명하지 않다"고 보았던 것이다.

김정호(1804~1866)의 『대동지지』에 홍주의 지명 개정이 현종 9년, 즉 1018

년의 일이었다는 기록이 있기는 하다. "현종 3년 지주사(知州事)로 고치고 (현종) 9년에 홍주로 개정하였다"는 것이다. 『대동지지』에 홍주의 지명 사용 시점이 기록되어 있다는 점은 매우 중요하다. 그러나 그것이 과연 사실적 근거를 가진 것인가는 다시 확인할 필요가 있다. 『대동지지』는 1860년대에 쓰여진 것으로서, 종종 사실에 부합하지 않은 의견을 사실처럼 기록한 경우도 없지 않기 때문이다.

『고려사』에서 '홍주'라는 지명이 처음 보이는 것은 정종(靖宗) 7년(1041) 1월의 "홍주 관내 유성군(杻城郡)"이라는 기록에서이다. 따라서 현종 3년(1012) 이후로부터 정종 7년(1041) 사이의, 11세기 초에 운주는 홍주로 그 이름이 바뀐 것이다. 이 사이 지방제도나 행정구역명을 개편할 특별한 계기는 현종 9년(1018)이 있다. 이 해 2월 여러 도의 안무사(按撫使)가 폐지되고 4도호 8목을 두었으며, 그 아래 56지주군사(知州郡事), 28진장(鎭將), 20현령(縣令)이 두어졌다. 고려 지방제도의 본격적 정비 작업이 이루어진 것이었다. 동시에 홍주를 주현(主縣)으로 하는 주속체제(州屬體制)가 확립되는 것도 같은 해(1018)의 일이었다. 즉 홍주 주변 3군 11현이 홍주의 관할 하에 편제된 것이다. 혜성군(면천), 대흥군, 결성군과 고구현(서산 관내), 보령현, 흥양현, 청양현, 산평현(당진 관내), 덕풍현(예산 관내), 이산현(예산 관내), 당진현, 여미현(해미), 여양현, 정해현(해미) 등이 그것이다. 이때 천안은 1군 7현, 공주는 4군 8현을 그 관하에 두었던 점을 생각할 때, 10세기 이후 등장한 홍주가 일약 충남권의 거점 지역으로 부각되었음을 보여준다.

이러한 점에서 보면 '홍주'라는 행정구역명이 채택되어 '운주'에 대신하게 된 것은 현종 9년(1018)의 시점이었을 가능성이 매우 높다. 앞서 『대동지지』의 기록이 사실성을 갖는 것임을 알 수 있는 것이다.

'홍주 천 년'이 되는 2018년은 마침 태조 왕건에 의한 고려 건국 1100년이 되는 해이기도 하다. 고려 왕조는 우리나라에서 처음으로 실질적 민족통일에의 과업을 완수한 나라이다. 세계에 '코리아'라는 이름을 알린 나라

이기도 하다. 그 고려왕조의 시작에 운주가 있었고, 운주는 곧 홍주가 되었다. '홍주 천 년'에 해당하는 2018년을 전후하여 '인물의 보고' 홍성이 다양한 계기가 겹치고 있다는 점도 흥미 있다. 2016년 최영 장군(1316~1388) 탄생 700주년, 2018년 성삼문 선생(1418~1456) 탄생 600주년, 2019년 한용운 선생(1879~1944) 기미독립선언 100주년, 2020년 김좌진 장군(1889~1929)의 청산리대첩 100주년 등이 그것이다. 그 중심에 '홍주 천 년'이 자리하고 있는 셈이다.

2. 잊혀진 이름, 긍준

'홍주 천 년'을 기념하고자 할 때, 첫째로 기억해야 할 홍성의 인물은 누구일까. 홍성은 역사 인물의 보고이다. 최영, 보우대사, 성삼문, 한원진, 한용운, 김좌진 등 누구든 금방 여러 이름을 금방 입에 올릴 수 있다. 걸출한 인물, 충절 인물, 문화 인물이 기라성처럼 배출된 곳이기 때문이다. 금년 9월에는 〈홍성 역사인물 축제〉가 개최된 바 있다. 이순신이며, 유관순이며 한 사람의 인물을 중심으로 한 축제는 얼마든 있을 수 있지만, 다중의 역사 인물을 함께 기리는 축제가 가능하기는 쉽지 않다. 홍성은 말하자면 그러한 축제가 가능한 인물의 고장인 것이다.

그러나 이 인물의 고장 홍성에서 반드시 기억되어야 하는 인물, 그러나 별로 기억되고 있지 않은 인물이 있다. '홍주의 개조'에 해당하는 인물, 기억되어야 할 인물임에도 아는 이가 많지 않은 '긍준(兢俊)'이 그 주인공이다.

왕건은 태조 10년(927) 홍주를 직접 공격하여 홍성지역을 지배하고 있던 운주성주 긍준을 복속시켰다. 이때 홍주의 이름은 운주(運州)였다. 새 시대의 운을 타고 이루어진 고을이라는 의미인지도 모르겠다. 태조 17년(934) 9월 홍주에서의 일이다. 태조 10년도의 전투가 고려측의 공격에 의하여 이루

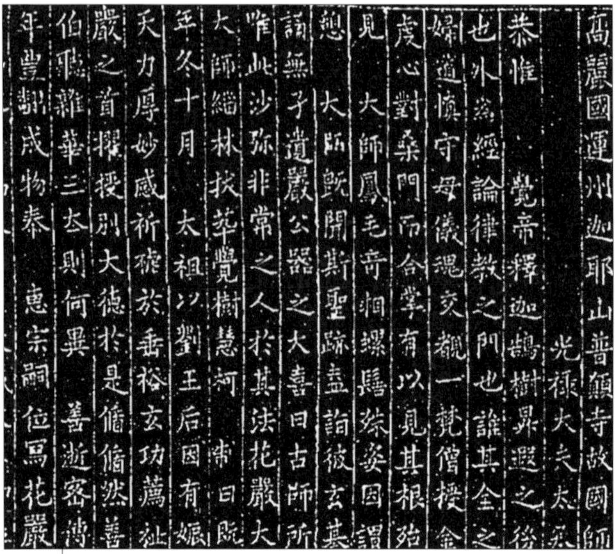

서산 보원사지 탑비에 기록된 '운주(運州)'

어진 싸움이었다고 한다면, 태조 17년도의 재대결은 후백제 견훤군의 반격에 의하여 촉발된 것이었다. 이로써 홍주는 통일의 향배를 가름하는 충남지역의 주도권을 놓고 벌이는 일대회전의 결전장이 되었다. 그러나 승패는 비교적 쉽게 결판이 났다. 『고려사』 태조세가의 기록은 이에 대하여 "9월 정사일에 왕이 친히 군사를 거느리고 운주를 정벌하였다. 여기에서 견훤과 싸워 크게 격파하였다"고 적고 있다. 고려군은 이 전투에서 후백제군 천여 명을 죽이거나 포로로 삼았다고 한다. 왕건의 일방적 승리였다. 934년 왕건과 견훤의 홍주싸움은 충남지역을 둘러싼 고려와 후백제의 각축전에서 고려의 승리를 확실히 결정짓는 분수령이 되었다. 그 결과 웅주(공주) 이북 30여 성이 이 소식을 듣고 제풀에 항복하였다고 한다. 왕건에 고려 통일이 눈앞으로 박두한 것이다.

홍주 읍성 내에서 신라 말 고려 초의 연대관을 보여주는 토성의 유구가 확인된 것은 이 시기 호족 긍준과 관련하여 매우 흥미로운 일이다. 토성은 50m 정도 잔존상태가 확인되었는데 훼손이 심하여 전체적 구도는 확인하기 어렵지만 복원둘레 400~500m로 추정되었다. 여기에서 신라 말 고려 초에 걸치는 다량의 기와류, 당송대의 중국자기 및 해무리굽 청자편, 신라기의 유호(油壺) 등 유물이 확인되어 이 유적의 중심 시기가 신라 말 고려초, 9세기 후반 이후 10세기에 해당하는 것임을 입증하고 있다. 그리고 이것은 정확히 운주성주 긍준의 활동기에 해당하는 시기라는 점에서 매우 의미 있는 자료이다.

태조 왕건의 홍주에서의 전투와는 별도로, 29인의 태조 왕비 중에 홍주 출신이 포함되어 있다는 사실이 주목 된다. 왕건의 제12번째 부인인 흥복원부인(興福院夫人) 홍씨(洪氏)이다. 충남지역 출신으로서는 유일한 태조의 왕비이다. 흥복원부인 홍씨에 대해서는 "홍주인으로 삼중대광(三重大匡) 규(規)의 딸"이라 하였다. 홍규가 유력한 공신임을 암시한다.

『고려사』의 후비열전에 의하면 왕건은 29명의 부인과 결혼하였다. 이들은 각기 혼인의 시기와 출신을 달리하고 있고, 특히 왕건의 후삼국 통일과정에서 각 지역의 유력한 호족세력과 연대를 형성하기 위한 정략적 결혼도 적지 않게 포함되어 있었다. 흥복원부인 홍씨와의 혼인도 바로 홍주세력과의 연대를 의도한 태조의 정략이 작용하였다고 보아야 한다. 홍주의 완전한 확보는 후백제와의 경쟁구도에서 전략상 매우 중요한 관건이 되었기 때문이다. 태조 왕건이 홍주 출신 홍규의 딸을 왕비로 맞이한 것에서 생각하면, 홍규 역시 태조대 홍주의 유력한 호족이었을 것이다. 홍규를 바로 '운주 성주 긍준'으로 보는 이유는 여기에 있다. 즉 나말여초 홍주의 유력한 지도자였던 운주성주 긍준, 그리고 태조의 장인이 된 홍규라는 인물은 동일인물이었을 것이다. 성씨가 없던 고려의 개국공신들이 건국 후 모두 이름을 바꾸었던 점에서 이름의 개명은 전혀 특별한 일이 아니었다.

운주성주였던 홍주의 지도자 긍준은 왕건에 귀부한 이후 태조 휘하에서 고려의 부장(部將)으로 활동하였다. 이같은 사실은 태조 19년(936) 일리천(경북 선산) 전투에서 확인된다. 왕건은 견훤을 앞세우고 936년 9월 천안부를 경유하여 경북의 일선군(선산)으로 나아갔다. 이때 고려군의 병력 규모는 8만 7천 5백 명인데, 여기에서 주목을 끄는 것은 중군(中軍)의 마군(馬軍) 지휘관으로 운주성주였던 긍준이 등장하고 있다는 사실이다. 다른 마군이 1만 명 규모인데 비하여, 중군의 마군은 2만 명이라 하였다. 백제 이래의 거읍, 요충이면서도 고려에 끝까지 대항하였던 인근 임존군(대흥)의 몰락과 대조되는 홍주의 번영과 영광은 긍준과 왕건과의 특별한 관계에 의하여 설명이 가능하다.

용봉사에는 신라 고려 초에 이르는 2구의 마애불 입상이 있다. 하나는 절 입구에 '정원(貞元) 15년'이라는 명이 있는 '용봉사 마애불'이고(충남도 유형문화재 118호) 다른 하나는 용봉사의 뒷산 중봉에 세워진 '신경리 마애불(보물 355호)'이다. 용봉사 마애불은, 소성왕 원년(799)에, 그리고 신경리 마애불은 고려 초 제작으로 믿어진다. 신경리 마애불과 용봉사 마애불은 1세기라는 조성 시기와 및 크기의 격차가 있기는 하지만 공통점과 차이점이 있다. 조각의 수법에 있어서는 신경리 쪽이 보다 세련된 느낌을 주며, 위치도 용봉사를 중심으로, 앞과 뒤, 또는 아래와 위라는 상대성을 갖는다. 무엇보다 큰 차이는 신경리의 경우 그 규모와 위치 등에 있어서 권력의 크기가 훨씬 강조된 인상을 받는다. 산의 정상부 개방된 공간에 4m의 크기로 조성된 이 불상은 각종 불사를 독자적으로 거행할 수 있는 충분한 공간까지 확보하고 있다. 정치적 혹은 종교적 권력에 뒷받침되지 않고서는 이러한 입지에 이러한 수준의

홍성 미륵사지의 당간지주

불상 조성이란 가능하지 않았을 것이다. 10세기라는 불상의 양식적 측면에 대한 견해를 함께 고려할 때, 이 작품이야말로 운주성주 긍준의 후원에 의하여 가능한 것이었을 것이다.

『신증동국여지승람』(홍주목 고적조)에는 홍주의 치소에서 동쪽 1리 지점에 '미륵사'라는 절의 터에 당간지주가 남겨진 사실을 전하고 있다. 고려시대 홍주의 중심을 차지하였을 이 미륵사는 15세기에 이미 그 터만 남겨지고 폐사가 되어 있었는데, 절의 본래 이름은 '미륵사'였던 것이다. '미륵사'야말로 새로운 시대에의 소망을 담은 고려 초 운주성주 긍준의 등장과 연관된 사원이었을 것이다.

긍준은 말하자면, 홍주의 창업주에 해당하는 인물이다. '수성'과 '발전적 계승'이 중요하지만, 그것은 창업에서부터 비롯되는 것이다. '시작이 반'이라는 말이 있는 것처럼, 시작은 매우 중요한 것이다. 우리가 2천 년 전 백제의 온조, 고구려의 주몽을 기억하는 이유는 다른 무엇보다 그가 한 왕조의 창업주이기 때문이다. 홍주는 1100년 전에 '운주'라는 이름으로 돌연히 역사의 전면에 부각된 지역이다. 그것은 바로 '운주성주' 긍준의 존재 때문이었다. 이러한 점에서 운주성주 긍준은 홍주의 창업주에 해당하는 인물이다. 홍주 천 년을 맞이하여, 무엇보다 창업주 긍준의 동상이 홍주에 세워져야 하는 것은 아닌가 생각된다. 그가 수 만의 기병을 지휘하는 용장이었다는 점에서, 그리고 고려의 통일전쟁 주역의 한 사람이라는 점에서 홍주의 역사성을 대표하기에 부족함이 없다는 생각이다.

3. 내포에서 충남으로

2013년은 충남 역사에서 대단히 중요한 전환점이다. 내포 신도시에서의 충남 도청시대가 시작된 해였기 때문이다.

내포는 예로부터 사람이 살기 좋은 지역으로 널리 알려진 곳이다. 이중환의 『택리지』에서 “충청도에서는 내포가 가장 좋다”라고 하였고, “지세가 한 모퉁이에 멀리 떨어져 있고, 또 큰 길목이 아니므로 임진, 병자의 두 차례 난리에도 여기에는 미치지 않았다. 땅이 기름지고 평평하다. 또 생선과 소금이 매우 흔하므로 부자가 많고 여러 대를 이어 사는 사대부 집이 많다”고 하였다.

내포는 자연환경에 의하여 구분되어진 일정 지역이다. 내포를 대표하는 자연환경은 가야산과 삽교천이다. 가야산은 계룡산에 비견되는 지위의 산으로 신라 이래 국가적 제사의 대상이었다. 삽교천은 내포를 연결하는 교통 간선로이다. 삽교천과 연안 해로의 존재에 의하여 내포지역은 하나의 문화권으로 묶여졌던 것이다.

‘내포’라는 명칭이 사용된 것은 적어도 고려 후기부터의 일이었던 것 같다. 가령 공민왕 13년(1364) 4월에 “전라도 도순찰사 김횡(金鋐)이 조선(漕船)으로 내포에 이르러 왜와 싸워 대패하여 죽은 자가 태반이었다”고 하고, 공민왕 19년(1370) 2월에는 왜가 ‘내포’를 침입하여 병선 30여 척을 태우고, 여러 곳에서 식량을 약탈하였다. 여기에서의 내포는 대략 오늘날의 내포를 지칭한다. 그러나 ‘내포’라는 지명이 담고 있는 의미, 혹은 포함하는 지역적 범위는 일정하지 않았다. 법에 의한 개념이 아니고 사람들의 주관적 인식 속의 지역이었기 때문이다. 15세기인 『세종실록』 19년 11월에 “내포등처 10여 관(官)”이라 하였고, 이중환의 『택리지』에서는 11개 읍이었는데 18세기 『영조실록』(13년 8월)에 “호서 내포 18읍”이라 칭하고 있다. 그것은 시간이 지날수록 그 범위가 확대되어 간 경향이 있으며, 그것은 결국 홍주 관하의 고을이었다.

조선시대 홍주가 갖는 비중 때문에 충청도는 종종 ‘홍주’의 ‘홍’을 넣어서 ‘홍충도’ ‘홍청도’ ‘공홍도’ 혹은 ‘충홍도’라 하였다. ‘홍’자가 들어간 ‘공홍도’가 처음 쓰인 것은 1613년(광해군 5)의 일이다. 1895년 충청도는 잠시 공주부, 충주부, 홍주부로 나뉘었고, 이듬해(1896) 바로 충청남도와 충청북도로 조

홍주읍성의 동문, 조양문(朝陽門)

정되었다. 앞에서 언급한 바와 같이 1914년 지방제도의 대폭적 개편에 의하여 '홍주'라는 이름은 소멸되었던 것이다.

삽교천과 함께 연안 해로는 내포의 정체성에 큰 영향을 미친 요소이다. 백제는 물론 대략 통일신라까지, 중국과의 교류가 이루어지는 해로는 거의 연안 항해의 방식이었다. 이 때문에 서해 연안은 국내 각지의 교통만이 아니고 중국, 혹은 일본과의 교류에 있어서도 전적으로 유효한 항해로였다. 다시 말해서 충남 서해 연안은 고대 이래 국내외 다양한 인물의 왕래 혹은 물류 이동의 간선로였던 것이다. 근년의 태안 해안 수중조사에서는 중국 송원대의 유물도 확인되었는데, 이는 국제적 교통로서의 일정한 역할을 입증하는 것이기도 하다.

내포는 다양한 물류가 이동하는 교통의 연결점에 위치하기도 하였지만, 지금까지 단위의 광역 행정구역의 거점이 되었던 적이 없다. 475년 백제의 왕도가 금강 중류, 공주로 옮겨진 이래 작금에 이르기까지 충남지역의 중심지가 그 인근을 벗어난 적이 없었기 때문이다. 이러한 점에서 홍성 · 예산지역이 충남의 새로운 도청 입지로 결정되고 도청이 이전되어 2013년 내포 신도시의 시대가 시작된 것은 충남 역사에 새로운 장을 연 것이라 할 수 있다.

4. '천 년 홍주', 앞으로

최근의 통계에 의하면 충청권의 인구가 전라도의 호남 인구를 앞섰다. 1980년 607만 명이었던 호남권 인구는 2014년 6월 현재 525만 명으로 감소하였다. 이에 비해 충청권은 같은 시기 438만 명에서 528만 명으로 증가하여 인구의 역전 현상이 야기된 것이다. 이미 정치권에서 충청권이 캐스팅 보트를 가진 것이 오래되었으며, 이제는 대통령에 대한 기대도 어느 때보다 높아진 것이 작금의 상황이다. '핫바지'는 이미 오래 전에 잊혀진 단어가 되었다. 충청권의 정치적 결정력이 극대화되고 있는 것이다. 충청권에는 충남, 충북, 대전, 세종이 있지만, 인구로나 면적으로나, 그리고 인구의 증가세로 보나 절대적으로 충남이 중심이다. 충남도청의 소재지는 말하자면 충청권의 거점이라는 데서, 홍주의 새로운 위상을 재인식 할 필요가 있다.

2014년은 '홍성'이라는 지명이 사용된 지 100주년이 되는 해였다. '홍성'이라는 지명은 홍주와 결성의 통합에 의하여 만들어진 지명이기 때문에 지

1358년 공민왕때 심어진 것으로 전하는 홍성군청의 느티나무

명 그 자체로서는 문제가 없다. 그럼에도 불구하고, 지역에서는 홍성이 '홍주'여야 하지 않는가 하는 의견이 적지 않다. 결성을 가볍게 생각해서 나오는 의견은 아닐 것이다. 지명이 주는 특성상 대표성과 이미지 메이킹에 어떤 것이 유리할까 하는 전략적 차원에서의 의견이라고 생각된다.

'홍주 천 년' 학술세미나(청운대학, 2015)

근년의 시군지역 통합에 의하여 시의 이름이 바꾸어진 예들이 없지 않다. 인근의 보령시는 대천시가 바꾸어진 것이고, 아산시는 온양시가 아산군과 통합하면서 선택한 이름이다. 이리시가 익산시로 바뀐 것도 같은 경우이다. 최근 통합된 청원군과 청주시는 청주시라는 이름으로 통합하였고, 완주군과 전주시는 전주시로 통합하였다. 중심 도시의 이름을 선택한 것이다. 역사성이 다른 3개의 행정구역이 합친 경우는 통합행정구역의 이름 때문에 산고를 겪었다. 마산, 창원, 진해의 통합시이다. 마산은 인구가 가장 많은 도시, 창원은 도청 소재지, 진해도 나름 이름이 널리 알려진 도시이다. 산고 끝에 이름은 '창원'으로 정리되었다. 창원이 아니었던 지역민들의 상심이야 적지 않았겠지만, 더 큰 발전과 다음 세대의 미래를 염두에 둔 합의였다고 할 수 있다.

만일 홍성이라는 이름을 대신하여 '홍주'를 선택할 의사가 지역에서 충분히 공감 된다고 하면, 2018년은 홍주 지명을 회복할 수 있는 좋은 계기이다. '홍주 천 년'을 맞는 특별한 해이기 때문이다. 그러나 행정구역 이름을 변경하는 것은 쉬운 일은 아니다. 지역민의 공감이 충분히 뒷받침되어야 하고 가능하다면 적절한 보상도 필요하기 때문이다.

100년 전 '홍성'이라는 이름은 지역민의 동의에 의한 것이 아니라 행정편의적 관점에서 강제된 이름이었다. 흔히는 홍성의 옛 이름이 홍주라는 정도이지만, 잘 생각하면 '홍성'과 '홍주'는 글자의 차이만 있는 것이 아니다. '홍성'은 충남 15개 시군의 하나라는 의미를 갖는 것이고, '홍주'라는 이름은 18읍, 혹은 22읍을 관할하던 홍주목의 위상을 포함하는 이름이기 때문이다.

2013년 충남도청의 내포 신도시 시대가 개막되고, 2018년에 '홍주 천 년'을 맞게 된 것은 지명 회복의 현실적 시점이 다가온 것을 의미한다. 물론 그것은 단순히 지명의 변경에 그치는 것이 아니라, 새로운 천 년을 내다보는 시민들의 결단의 출발점이어야 할 것이다.

* 이 글은 청운대학 주최, 홍주 천 년 기념사업 학술심포지움(2015.11.27)에서 발표한 원고임.

제4부 내포의 역사문화 콘텐츠

제3장

환황해권 시대의 역사적 맥락과 현재적 의미

–'해양강국 백제'의 전통과 충남–

충청남도는 대전에서의 도청시대 80년을 마감하고 2012년 내포 신도시에 새로운 둥지를 틀었다. 내포 도청시대는 충남의 지역 균형 발전이라는 측면에서 획기적 변화라 할 수 있다.

충남은 지리적으로 두 개의 상이한 권역으로 구성되어 있다. 금강문화권은 금강 내륙수로를 축으로 형성된 지역으로 계룡산이 상징적 공간이다. 내포문화권은 삽교천의 내륙 수로를 축으로 하여 가야산을 상징 공간으로 하고 있다. 이 두 권역의 중간을 비스듬히 가로 막고 있는 것이 차령산맥의 줄기이다. 다시말해서 금강의 권역과 삽교천의 권역에 의하여 충남이 나누어져 있는데, 백제 이래 1천 5백 년간 그 중심 치소는 내내 금강유역권에 두어져 있었다. 대전에서 내포 신도시로의 도청 이전은 단순한 균형의 측면을 넘어서, 처음으로 내포지역이 행정 중심점이 되었다는 점에서 커다란 변화라 할 수 있는 것이다.

도청의 지리적 위치는 실제로 도 전체의 정책 혹은 발전방향에도 상당한 영향을 미친다. 그동안의 충남의 인식은 철저히 내륙적 세계관에 의한 것이었는데, 이는 금강이 갖는 내륙 수로의 기능이 중지됨으로써 초래된 상황이었다. 내포지역은 바다와 훨씬 가깝게 연계되어 있다는 것이 중요한 지리적 특징이다. 이러한 점에서 내포지역으로의 도청 이전은 바다와 해양을 충남의 발전 자원으로 진지하게 인식할 수 있게 되었다는 점에서 중요한 의미가 있다. 21세기 내포시대의 전개에 따라 차별화되어야 하고, 차별화 할 수 있는 가장 중요한 요점이 해양 자원에의 재인식이라 할 수 있다는 것이다.

'환황해권시대'[1])를 맞은 21세기 충남의 발전을 견인하는데 가장 중요한 요소의 하나가 바다라는 점을 인식하고 목표를 구체화하고 실천하는 것은 앞으로 충남 발전의 요체라 할 수 있다. 이러한 전제에서 본고는 충청남도의 해양적 전통에 대한 재인식을 추구한다는 데 목표를 두고 정리하고자 한다.

1. 백제, '해양강국'의 전통

충남의 역사적 정체성의 뿌리가 되는 백제는 '문화대국', 그리고 '해양강국'으로 칭해진다. 그 가운데 '해양강국'이라는 전제에 대해서는 다소 의문스러운 눈길을 보내는 사람도 없지 않다. 그 이유는 '해양강국'의 실체를 보여주는 문헌과 자료가 명확하지 않은 점이 있기 때문이다. 가령 '해양강국'의 실제적 자료로서, 백제의 선박이 어떤 모습이었는가에 대해서도 잘 알고 있지 못한 것이 사실인 것이다. 그러나 '백제'라는 나라 이름이 '백가제해(百

1) '환황해'라는 용어에 대해서는 '환한국해'가 적절하다는 의견이 있다. '황해'라는 용어 자체가 18세기 서구에서 사용하기 시작한 옐로우 씨(Yellow Sea)를 번역한 용어라는 것이다. 김보한, 「한국중심 '환한국해' 해역의 설정과 역사적 전개」『도서문화』 41, 목포대학교 도서문화연구원, 2013, pp.120~127.

'해양강국 백제'(제61회 백제문화제)

家濟海)'를 의미한다는 것은[2] 단적으로 그 해양적 특성을 말해주고 있다.

'해양강국 백제'의 역사적 성격을 뒷받침하는 것은 '문화대국'으로서의 백제의 위상이다. 백제가 어떻게 해서 동아시아의 '문화대국'이 될 수 있었는가, 그것이 가능했던 것은 발달한 해양강국으로서의 위상이 이를 뒷받침하였기 때문이라 할 수 있다. 백제 문화의 발전은 그 핵심이 바다를 통한 국제적 교류에 있었던 때문이다. 해양을 통한 선진문물의 빠른 도입에 의하여 백제는 선진적 문화 국가로서 발전하였으며, 그 문화적 성과가 다시 바다를 격해 있는 일본 열도에 전해짐으로써, 일본 고대국가의 성립과 발전에 절대적 영향을 미친 것이 백제였다는 점은 잘 알려져 있는 바와 같다.

백제는 해로를 통하여 중국과 밀접히 연결되어 있었다. 중국의 선진적 문물은 한반도의 어느 곳보다 일찍 백제에 유입되었으며, 백제문화로 재정립된 이 선진 문물은 일본 야마토지역까지도 연결된다. 특히 내륙수로가 이 해로와 직접 연결되어 있어서 공주 혹은 부여의 백제 도성은 중국, 일본의

2) "初以百家濟海 因號百濟"(『수서』 백제전)

왕도와 직접적 연결이 가능하였던 것이다. 공주의 옛 이름 '고마나루'는 해로와 수로교통에 연결된 교통 거점으로서의 공주의 역사성을 담고 있는 지명이다. '백제'를 일본에서 부르는 이름 '구다라'가 부여의 관문 항구, '구드래'와 같은 어원이라는 점은 시사하는 바가 적지 않다. 중국의 역사서인 『수서(隋書)』에서 백제에는 신라인, 고구려인, 일본(왜)인, 그리고 중국인이 함께 섞여 살고 있다고 한 것은 당시 백제의 특별한 국제성을 지적한 것이라 할 수 있다.[3)]

강봉룡 교수는 백제의 해양강국으로서의 특성을 특별히 강조하여 제시한 바 있다. 4세기 중반 이후 백제는 고구려와 연안 항로를 둘러싼 치열한 경쟁 끝에 주도권 장악에 성공하였다는 것이며, 이 점에서 근초고왕을 '제1대 해상왕'이라 칭하였다. 또 5세기 초 무령왕을 '백제 해양왕국'을 재건한 왕으로 평가한 바 있다.[4)] 이에 의하여 중국 혹은 일본 열도는 백제와 해로 교통에 의하여 밀접하게 연계되었다. 『송서』, 『양서』 등에 기록되어 있는 이른바 백제의 요서 진출 및 '백제군(百濟郡)'의 설치,[5)] 일본 오사카 등지에 풍부하게 발견되는 백제 계통의 유적이 이러한 사정을 뒷받침한다. 『일본서기』에는 백제가 성왕대에 동남아시아와 직접 교류한 흔적도 기재되어 있다.[6)] 백제의 대외교류에 있어서는 도성 이외에 영산강유역과 내포지역이 일정한 역할을 담당하였다. 바다를 통한 이러한 교류의 결과에 의하여 백제는 중국 혹은 일본으로부터의 인물도 내주하여 있었다.

백제는 물론 대략 통일신라까지, 중국과의 교류가 이루어지는 해로는 거의 연안 항해의 방식이었다. 이 때문에 서해 연안은 국내 각지의 교통만이

---

3) "其人 雜有新羅·高麗·倭等 亦有中國人"(『수서』 백제전)

4) 강봉룡, 『바다에 새겨진 한국사』, 한얼미디어, 2005, pp.50~72 참조.

5) 강종훈, 「4세기 백제의 요서지역 진출과 그 배경」 『한국고대사연구』 30, 2003.

6) 이도학, 「백제의 해외활동 기록에 관한 검증」 『충청학과 충청문화』 11, 충청남도 역사문화연구원, 2010, pp.306~313.

아니고 중국, 혹은 일본과의 교류에 있어서도 전적으로 유효한 항해로였다. 심지어 삼국시대 고구려조차 대일 교통로로서 충남의 서해안을 이용해야만 했다. 다시 말해서 충남 서해 연안은 고대 이래 국내외 다양한 인물의 왕래 혹은 물류 이동의 간선로였던 것이다. 해양 교류 거점으로서의 백제의 역할은 세가지로 요약된다. 각종 선진 문화와 최신 기술을 주변국에 전파한 것이 그 첫째이고, 대중국 교통의 안내와 통역 기능이 그 둘째이다. 셋째는 문물교류의 거점 역할을 백제가 담당 하였다는 점이다. 이는 지리적으로 대중국 교통로의 중심 구간이 백제였기 때문이다.[7] 신라, 가야, 왜의 사신과 상인들은 백제의 항구를 이용하는 것이 필수적이었고, 이에 의하여 도성 공주와 부여는 백제의 대표적 하항도시(河港都市)로 발전하였고, 충남의 연안과 내륙수로는 동아시아 교류의 핵심적 노선이 되었던 것이다.

국내 여러 지역간 물류 이동 혹은 중국, 일본과의 교류에 핵심적 도구가 되었던 선박 건조 기술에 있어서도 백제시대는 큰 전환이 있었던 시점이다. 종래의 선박은 통나무를 간단히 가공하여 사용하는 환목주(丸木舟), 일종의 통나무 배였다. 환목주는 간단한 조립

백제문화제 국제학술회의

7) 노중국, 「고대 동아시아의 문화교류와 백제의 위치」『충청학과 충청문화』 11, 2010, pp.65~66.

을 시도하는 준구조선의 과정을 거쳐 구조선(構造船) 단계로 옮겨진다. 백제시대는 판목을 조립하여 선박을 건조하는 이른바 '구조선'의 단계로의 기술적 진전이 있었던 것으로 보이며, 동시에 노의 사용만이 아니고 돛을 장착하여 바람을 항해에 이용하는 방식이 등장한 것으로 보인다. '백제박(百濟舶)'이라는 용어가 기록에 남겨진 것은[8] 특별한 기술적 진전에 의한 '백제선'의 등장에 의하여 가능했을 것이다. 이같은 선박 건조 및 항해 기술의 발전이 바로 백제의 활발한 국제 교류를 뒷받침했던 것이다.[9]

백제문화제 학술회의에서 국제교류가 자주 다루어지는 것도 백제의 이상과 같은 국제적 성격 때문이다. 2008년 제54회 백제문화제에서 '대백제국의 국제교류사', 2009년 세계대백제전에서는 '교류왕국, 대백제의 발자취를 찾아서' 등이 주제로 채택된 것이 그 예이다.[10]

2. 조운 1천 년, 그리고 대외교통과 충남

'조운(漕運)'이라는 제도는 고려 · 조선 중세 1천 년을 지속한 대표적 관영 물류운송 제도이다. 선박을 이용한 해운 혹은 수운의 유통체계였던 때문에 '조운'이라 하였다. 개성을 수도로 한 고려는 한반도의 지리적 중심을 도읍으로 선택하여 5백 년을 지속하였다. 각 지방에서의 여러 형태로 수취한 조세를 중앙으로 운송하여 국가 재정을 비롯하여 왕실과 관서, 그리고 귀족들의 수요를 충당하였던 것이다. 고려시대 운용된 조세 운송체계로서의 조운제도는 조선조에 계승됨으로써 1천 년간 한국의 중세를 일관한 기본적

8) 『일본서기』 22, 白雉 원년.

9) 윤용혁, 「백제의 대왜 항로와 가카라시마」 『백제문화』 51, 2014, pp.151~153.

10) 서정석, 「백제문화제와 백제연구」 『백제, 축제로 부활하다』, 최석원 외 편, 서경문화사, 2014, pp.142~146.

물류체계로서 국가 운영의 기본 틀의 일부를 구성하였다.

고려시대의 조운제는 지방의 조운 거점 13처에 '조창'이라는 기구를 설정하여 개성에 이르는 조세의 운송 등을 집중적, 체계적으로 담당하는 전형적인 관영 운송체계였다고 할 수 있다. 충남에서는 서산에 '영풍창'이, 그리고 아산만에 하양창(현재는 평택시 관할)이 소재하였다. 고려시대의 조운제는 약간의 변천과정을 거치고 일정한 차이가 있기는 하지만 기본적으로는 유사한 목적과 방식에 의하여 조선조 5백 년으로 다시 이어졌다.[11] 이러한 점에서 조운제는 1천 년을 유지한 우리나라의 대표적 제도의 하나라 할 수 있다. 이처럼 조운제가 장기적으로 유지된 데에는 제도 자체가 그만큼 유효했다는 점을 말해주는 것이다.

조운제 운영에 있어서 핵심은 서울 중심의 물류 체계라 할 수 있다. 개성과 한양은 모두 한반도의 중간지점에 위치하여 있는데, 조운제를 적용받는 생산지는 사실상 경기 이남의 3남(영남, 호남, 호서)지방이 중심이었다. 다시 말해서 경상, 전라, 충청도의 세곡과 각종 물산이 남해로부터 서해 연안을 거쳐 개성 혹은 서울에 이르고 있는 것이다. 따라서 물류의 대부분이 결국 충남의 서해 연안을 통과하는 결과가 되는 셈이다. 국내의 조운선 만이 아니고 개성 혹은 한양에 이르는 외국의 선박도 거의 충남의 연안을 거치게 되었다. 이러한 점에서 충남의 서해 연안은 삼국 고대만이 아니라 고려와 조선, 1천 년 조운의 해로에 있어서도 가장 중요한 지점이 되었던 셈이다.

충남 연안이 갖는 교통상의 중요성을 입증하는 한 가지 사례가 태안반도에 운하를 개착하는 시도가 고려시대 이래 조선조에 이르기까지 여러 차례 시도되었다는 사실이다. 안흥량에서의 격한 물살, 자주 끼는 안개, 암초의 발달은 항해의 안전을 저해하는 요인이었다. 이 경로를 피하여 개경으로 들

11) 고려시대 조운제에 대해서는 윤용혁, 「중세의 관영 물류시스템, 고려 조운제도」『고려, 뱃길로 세금을 걷다』, 국립해양문화재연구소, 2013 참고.

복원된 고려 선박(마도1호선, 국립해양문화재연구소)

어가는 방법으로 착안된 것이 운하 개착이었다. 태안과 서산의 경계, 태안 반도의 중간지대 잘록한 목이 가장 짧은 거리였다. 운하 개착의 논의는 12세기 초에 처음 이루어졌는데, 실제 운하 개착이 추진된 것은 1134년(인종 12)의 일이었다. 인종은 정습명(鄭襲明)을 파견하여 공사를 감독케 하여 태안 및 인근 지역에서 수천 명을 동원하였다. 공사는 공양왕 3년(1391) 다시 재개되었지만 이 시도는 성공하지 못하였다. 미완의 운하 개착 사업은 1412년(태종 12) 하륜(河崙)의 건의로 시작된 운하 개착의 논의는 종래의 관류식(貫流式)과 다른 일종의 갑문식(閘門式) 비슷한 형태를 채택, 2년 후에 일단 공사를 종료하였다. 도합 5개의 저수지를 만들어 물길을 연결시키는 것이었는데 실용성은 거의 없었다. 서산, 태안 두 지역에 걸쳐 운하 굴착의 흔적은 지금까지 남겨져 있다.[12)]

12) 곽호제, 「고려-조선시대 태안반도 조운의 실태와 운하 굴착」『지방사와 지방문화』 12-1, 2004; 윤용혁, 「서산·태안지역의 조운관련 유적과 고려 영풍조창」『백제연구』 22, 1991.

백제는 중국 혹은 일본과 활발한 교류를 전개하였다. 중국과의 교류는 황해도 연안으로 북상하여 산동반도 혹은 강남에 이르는 연안 해로를 이용하였다. 대체로 이러한 경향은 통일신라시대에도 이어졌다. 영흥도선의 경우도 충남 연해를 오르내리던 통일신라기의 선박이었다. 신라의 배만이 아니라 중국을 향하던 일본의 선박도 시기에 따라 종종 한반도의 서해 연안의 뱃길을 이용하였다.

고려시대 대외 교통로의 실제를 가장 잘 보여주는 것은 1123년 송 사신 서긍(1091~1153)의 고려 방문이다. 그가 귀국 후 펴낸 『고려도경』은 고려시대 뱃길에 대해서도 매우 중요한 자료를 담고 있다. 서긍이 고려에 온 것은 인종 원년(1123)의 6월의 일이다. 1년 전 홍거한 예종의 조문, 그리고 송 휘종의 조서를 고려 국왕에게 전하는 것이 이들의 중요 임무였다. 신주(神舟) 2척, 객주(客舟) 6척 등 8척의 선단으로 절강지역(영파)을 경유하여 고려에 내항한 이들은 1123년 5월 16일 명주(경원, 영파)를 출발, 6월 3일 흑산도 인근을 경유하고 6월 6일 군산도의 군산정에서, 그리고 8일에는 충남 태안의 안흥정에서 정박한 다음 북상하여 13일 개경에 도착하였다.[13] 태안 연안이 국내외 선박의 항해로에 위치한 것임을 입증한 안흥정은 원래 보령의 고만도에 소재한 것이었다.

보령, 태안 등 충남의 연안 해역에서는 종종 중국의 자기와 닻돌 등이 확인되고 있다. 이는 이들 연안 해역이 대외교통로로 이용되기도 하였음을 암시하는 것이다. 보령 원산도 해역에서는 중국 원대의 항아리, 삽시도리 밤섬 앞바다에서는 중국 청대의 청화백자가 나온 바 있다. 태안 마도 해역에서도 중국의 닻돌을 비롯하여 중국 원대의 항아리들이 출수한 바 있다.[14]

13) 서긍, 『고려도경』 34-39, 해도 1-6. 『고려도경』의 번역은 민족문화추진회, 『국역 고려도경』. 이후에 근년 조동원 등이 번역한 『고려도경』(황소자리, 2005)이 간행 되었다.

14) 충남 서해 연안의 이들 중국자기에 대해서는 국립해양문화재연구소, 『바닷속 유물, 빛

서긍으로부터 200년 뒤인 1323년, 영파(닝보)에서 일본으로 향하던 한 척 무역선이 전남 신안의 증도 해역에서 침몰하였다. 650년 세월이 지나 '신안선'이라는 이름으로 조사된 이 유적에서는 2만 점이 넘는 중국의 고급도자기, 30톤에 달하는 중국 동전을 비롯한 막대한 양의 각종 유물과 함께 복원 길이 34m에 이르는 선체가 인양됨으로써 동아시아 수중고고학 초유의 성과로 꼽힌 바 있다.[15] 이 배가 신안 해역에서 침몰한 것은 흔히 태풍으로 인한 정상 항로 이탈로 추정되고 있지만, 이는 납득되지 않는 점이 많다. 고려 기항설이 여전히 제기되고 있는 것도 그 때문이라 할 수 있다. 이점에서 필자는 동아시아 3국을 연결하는 가장 오래된 뱃길인 한반도 서해, 충남 연안을 경유하는 노선이 고려시대에도 종종 이용된 것은 아닌가 하는 생각을 가지고 있다. 그것을 전제하지 않고서는 신안선의 침몰 위치가 이해되지 않기 때문이다.

3. 충남 바다, 수중 문화유산의 보고

충남은 가장 붐비던 해로를 2천 년 이상 줄곧 유지해왔던 지역이다. 해로를 이용하는 과정에서 종종의 사고가 야기되는 것은 피할 수 없는 일이었다. 조운의 과정에서 일어나는 해난사고가 그것인데, 그 경우 선박의 침몰만이 아니고 선적된 많은 물품이 함께 수장된다. 이들의 대부분은 오래 전 유실되어 지금은 그 흔적을 찾을 수 없지만, 여러 요인에 의하여 소수의 사례가 흔적으로 남겨진 것도 없지 않다. 유물이 산포된 채로 남은 경우도 있

을 보다』, 2010; 『태안 마도해역 탐사보고서』, 2011 등 참고.

15) 윤용혁, 「14세기 동아시아 세계와 신안선」 『동아시아 국제관계사』, 김준엽선생 기념서 편찬위원회 편, 아연출판부, 2010; 서동인·김병근, 『신안 보물선의 마지막 대항해』, 주류성, 2014.

고 선체의 일부가 뻘흙에 박힌 상태에서 수습되는 경우도 있다. 침몰 이후 선체와 물품은 유실되어 없어지는 것이 당연한 것이지만, 바닥이 얕고 뻘흙이 특히 발달한 서해 연안의 경우는 종종 그 자료가 확인되고 있다. 이같은 자료를 조사하는 작업은 사실상 목포의 국립해양문화재연구소에서 전담된다.

한국 수중문화유산 발굴 현황(국립해양문화재연구소)16)

연번	발굴연도	발굴유적	조사 지역	발굴유물	유적연대
1	1976~1984	신안선	전남 신안군 증도면 방축리	원대 선박, 동전 28톤, 송원대 도자기 등 22,000여 점	14세기 (1323)
2	1980, 1983, 1996	제주 신창리	제주도 북제주군 현경면 신창리	금제 장신구, 도자기	12~13세기
3	1981~1987	태안반도	충남 보령군, 태안군	고려 청자, 조선 백자 등	14~17세기
4	1983~1984	완도선	전남 완도군 약산면 어두리	고려 선박, 도자기 3만여 점, 선원 생활용품	12세기
5	1991~1992	진도선	전남 진도군 고군면 벽파리	중국 통나무배	13~14세기
6	1995~1996	무안 도리포	전남 무안군 해제면 송석리	고려 청자 638점	14세기 후반
7	1995	달리도선	전남 목포시 충무동 달리도	고려 선박	13~14세기
8	2002~2003	군산 비안도	전북 군산시 옥도면 비안도	고려 청자 등 2,939점	12~13세기
9	2003~2004	십이동파 도선	전북 군산시 옥도면 십이동파도	고려 청자 등 8,122점	12세기
10	2004~2005	보령 원산도	충남 보령군 오천면 원산도	청자 편 1천여 점	13세기 초
11	2005	안좌도선	전남 신안군 안좌도 금산리	고려 선박, 상감 청자 등 4점	14세기

16) 윤용혁, 「고려의 뱃길과 섬, 최근의 연구동향」『도서문화』 42, 목포대학교 도서문화연구원, 2013의 표를 보완함.

연번	발굴연도	발굴유적	조사 지역	발굴유물	유적연대
12	2006~2009	군산 야미도	전북 군산시 옥도면 야미도	고려 청자 등 4,547점	12세기
13	2006	대부도선	경기 안산시 대부도 서부해안	선체 편 일괄	12~13세기
14	2007~2008	태안선	충남 태안군 근흥면 정죽리 대섬 인근	고려 선박, 고려 청자, 목간, 선상 생활용품 등 24,887점	12세기 중엽
15	2008~2010	마도 1호선	충남 태안군 근흥면 신진도리	고려 선박, 고려 청자, 목간 등 940점	13세기 초 (1207, 1208)
16	2009~2010	마도 2호선	충남 태안군 근흥면 신진도리	고려 청자, 목간, 선상 생활 도구 등 974점	13세기 초
17	2010	태안 원안 해수욕장	충남 태안군 근흥면 용신리	고려 청자 등 106점	고려시대
18	2011	마도 3호선	충남 태안군 근흥면 신진도리	고려 청자, 도기호 목간, 선상 생활도구 등 309점	13세기 중엽 (1265~1268)
19	2012~2013	영흥도선	인천시 옹진군 영흥도 섬업벌 근해	쇠솥, 고려 청자 등	8~9세기 / 12세기
20	2012~2013	진도 오류리	전남 진도군 오류리	고려 청자, 총통 등	고려/조선
21	2014~현재	마도 4호선	충남 태안군 근흥면 신진도리	분청사기, 백자 등	조선 초

1976년 신안선의 발견에서 출발한 한국의 수중고고학은 2015년 현재 21개소의 유적을 조사하였는데, 그 가운데 충남 서해안이 가장 많은 8건을 차지하고 있다. 도별 통계를 보면 국립해양문화재연구소가 소재한 전남의 7건보다 많은 수치이다. 그리고 전북이 3건, 제주, 인천, 경기 등이 각 1건이다. 한편 조사에 의하여 확인된 선박은 13척인데, 13척 중 5척이 충남 태안 해안에서 확인된 중세 선박이다. 2007년 태안선이 그 출발인데, 태안 마도에서의 작업은 현재도 진행 중에 있다. 태안 신진도에는 2013년부터 국립해양문화재연구소의 '서해수중유물보관동'이 건립 중이고, 여기에서 태안

해역에서 발굴된 선체에 대한 보존 처리작업이 진행되고 있다. 향후 국립 태안 해양문화재연구소로 발전하여 한국을 대표하는 해양문화유산의 센터로 기능할 수 있도록 뒷받침하여야 할 것이다.

태안 해역에서 인양된 닻돌

4. 21세기, 다시 살아나는 충남 바다

20세기 근대 이후 1세기 기간 동안 충남은 바다를 잊고 살았다. 대전 도청시대의 1세기 동안 충남에는 바다라는 것이 없었다. 충남은 서, 북 2개 방면으로 바다가 전개되고, 리아스식 지형 여건에 의하여 가장 해안선의 길이가 긴 지자체 가운데 하나이다. 서천에서 보령, 홍성, 서산, 태안, 당진, 아산 등 무려 7개 시군에 걸쳐 충남의 바다는 펼쳐져 있다. 그런데도 불구하고 충남은 바다가 없는 것처럼 지냈던 것이다.

충남이 바다에 대하여 소홀한 이유는 몇 가지가 있다. 전남, 혹은 경남에 비하여 연안 도서의 수가 상대적으로 적다는 점이 그 하나이다. 도서 거주 인구가 적다는 점은 바다에 대한 관심을 약화시킨 것이다. 조선시대 5백년간의 해금 정책은 충남의 대외교통로서의 기능을 크게 상실시킨 것이었다. 더욱 결정적인 것은 1945년 해방 이후의 동아시아 정세 변동으로 서해 연안이 갖는 대외교통로로서의 기능이 소멸한 점이다. 남북의 분단과 중국의 공산화가 그것이다. 이에 의하여 대외교통로로서 한국의 서해 바다는 그 의미가 완전 소멸하고, 식민지시대 번성했던 서해 연안의 항구는 크게 위축

되었다. 이러한 분위기에서 충남의 서해 연안은 매립과 간척에 의한 대규모 농지 개간이 적극 추진되었다. 1980년에 착공, 1995년 완공된 서산 AB지구를 비롯하여 당진 석문간척지, 보령 남포 간척지 등이 그것이다. 농업용지의 확장에도 불구하고 천연의 해양 자원의 보고를 스스로 파기해갔다는 문제점을 피할 수 없다.

한국 서해 연안의 항구가 되살아나기 시작한 계기는 역시 중국과의 국교 수립이라 할 수 있다. 1992년 한중 수교 이후 양국의 무역 규모는 놀라운 속도로 증대되었고, 관광 등의 교류 인구도 그에 상응하였다. 2015년 양국 무역 규모는 3천억 불에 이를 것으로 추산되고, 2014년도 한중 관광객 수는 1천만 명을 넘어섰다.[17] 이것이 반드시 바다를 통하여 이루어지는 것은 아니지만, 환황해권 활성화의 중대한 계기가 된 것 만은 부인하기 어렵다.

서해 바다가 열리는 것을 겨냥하여 수도권에 인접한 아산만과 태안반도 일대에는 대규모 공업생산시설이 입지하게 되었다. 1988년부터 조성된 서산의 대산산업단지, 1991년에 지정된 당진 석문산업단지 등이 그것이다. 여기에서 산출되는 막대한 물류를 처리하기 위하여 1991년 대산항이 개항하고, 이어 평택당진항이 서해의 주요 대외교통 거점으로 확충되고 있다. 대략 1990년대 이후 황해 바다의 경제적 기능이 다시 회복되기 시작한 것이다. 이러한 추이에서 2013년 이후 내포시대의 개막은 바다를 충남 발전의 견인차로 활용하는 새로운 계기를 맞게 한 것이라 할 수 있다.

'환황해권' 개발이라는 과제는 충남만이 아니고 전남, 북, 경기, 인천 등 다른 지자체에 있어서도 현안이 되어 있다. 중국에 있어서 야심차게 추진될 아시아와 유럽을 연결하는 신실크로드 프로젝트, '일대일로(一帶一路)'와 연계되어 '환황해권' 사업은 향후 더욱 큰 시너지 효과가 기대되고 있다. 충남의

17) 2014년도 중국 방문 한국인 관광객 411만 명, 한국 방문 중국인 관광객 612만 명 등 총 1023만 명으로 집계되었다(htttp//blog.naver.com/shkonews/220255062421).

경우, 2011년 착공되어 2018년을 목표로 진행되고 있는 보령-안면도 연륙교 사업은 환황해권 시대를 맞은 충남의 구도를 크게 바꾸게 될 사업이다.

'환황해권의 중심'을 표방한 충청남도

환황해의 새시대를 맞이한 시점에서 몇 가지를 제안하고 본고를 마무리하고자 한다. 우선 해양을 산업 발전으로 연계하고, 해양을 테마로 하는 관광 전략을 재정비해야 한다, 열리는 바다를 경제적으로 적극 활용하는 일은 물론 충남 발전의 최대 과제가 될 것이다. 그러나 문화적 측면에서도 해양 관련 유적과 문화유산의 중요성을 재인식하고 이를 활용할 수 있도록 해야 한다.[18] 경제적, 문화적 측면 이외에, 바다가 국제 교류의 통로로 확산되는 계기로 연계되어야 한다는 점을 강조하고 싶다. 중국의 신실크로드 '일대일로'가 경제적 효과를 주목표로 하고 있지만, 동시에 국제적인 민간교류와 인문교류에도 방점이 두어지는 것을 생각하면, 환황해권 개발 역시 복합적 자원 활용으로 연계되어야 할 것이다.

* 이 글은 충남연구원 주최 학술세미나, 환황해권 시대 충남의 시대(2015.6.12)에서 발표한 원고임.

18) 한 가지 예로 우리나라 최초의 가장 본격적 운하 유적인 서산 태안 소재 굴포유적이 아직도 정확한 현지조사를 결한 채 문화재 지정이 이루어져 있지 않다. 조사 이후 일정 공간을 국가 사적으로 지정하고 아울러 이를 해양 문화 관광 자원의 하나로 활용할 방도를 연구해야 한다.

참고문헌

1. 사료

『수서』, 『일본서기』, 『고려사』, 『고려사절요』, 『고려도경』, 『동국이상국집』, 『가정집』, 『목은시고』, 『동안거사집』, 『양촌집』, 『세종실록지리지』, 『신증동국여지승람』, 『동사강목』, 『우정집』, 『호산록』, 『호서읍지』, 『여지도서』, 『서산정씨 가승』, 『충청도읍지』, 『동국여지지』, 『증보문헌비고』, 『도로고』, 『대동지지』, 『향천사사적』, 『태조실록』, 『태종실록』, 『문종실록』, 『세조실록』, 『숙종실록』, 『경종실록』

김용선, 『역주 고려묘지명집성』, 한림대학교 아시아문화연구소, 2001.
민족문화추진회, 『국역 신증동국여지승람』, 1969.
서천문화원, 『진포구대첩 학술대회』(〈왜구관련 이색선생의 시〉), 2007.
성균관대학교 박물관, 『고려시대 금석문 탁본전』, 2005.
세종대왕기념사업회, 『세종 장헌대왕 실록 -지리지색인』, 1975.
이기백 편, 『한국 상대 고문서 자료집성』, 일지사, 1987.
이상현 번역, 『국역 가정집』, 민족문화추진회, 2006.
임정기 · 이상현 번역, 『목은집』, 민족문화추진회, 2000~2003.
조동원 등 번역, 『고려도경』, 황소자리, 2005.
태안군 · 충청남도 역사문화원, 『사료로 읽는 태안의 역사』, 2006.
한국고대사연구소 편, 『역주 한국고대금석문』 1, 1992.

2. 보고서, 시, 군지류

고덕면지 편찬위원회, 『고덕면지』, 2006.

고흥류씨 검상공파, 『고흥류씨 검상공파보』.

공주군 유도회, 『공주군지』, 1957.

공주대학교 박물관, 『백제의 조각과 미술』, 1991.

공주대학교 박물관, 『문화유적 분포지도(태안군)』, 2000.

공주대학교 박물관, 『문화유적 분포지도(홍성군)』, 2002.

공주대학교 백제문화연구소 주관, 서천군 주최 『백제 부흥운동과 백강전쟁』(발표자료집), 2003.

국립문화재연구소, 『문화유적 분포지도(충남 천안시)』, 1998.

군산대학교 박물관, 『문화유적 분포지도(전북 군산시)』, 2001.

국립해양문화재연구소, 『고려청자보물선』, 2009.

국립해양문화재연구소, 『태안 마도1호선 수중발굴조사보고서』, 2010.

국립해양문화재연구소, 『태안 마도2호선 수중발굴조사보고서』, 2011.

국립해양문화재연구소, 『태안 마도3호선 수중발굴조사보고서』, 2012.

국외소재문화재재단, 『한일간 문화재 반환 문제의 과거와 미래를 말하다』, 2015.

백제문화개발연구원, 『충남지역의 문화유적(예산군편)』, 1995.

보령군, 『오천성(충청수영성) 지표조사 보고서』, 1990.

뿌리깊은나무, 『한국의 발견 -충청남도』, 1983.

서산군, 『서산군지』, 1909.

서산문화발전연구원, 『서산 부석사 금동관세음보살조상 봉안 학술발표회』, 2013.

서산문화원, 『서산민속지』, 1987.

서산문화원, 『서산 · 태안문화유적』, 1991.

심경진 외, 『고려시대 연력표』, 한국천문연구원, 1999.

안면도지 편찬위원회, 『안면도지』, 1990.

예산군, 『예산군지』, 2001.

예산군, 『예산의 문화재』, 2015.

이남석 · 서정석, 『남포읍성』, 공주대학교 박물관, 2003.

이남석 · 조원찬, 『홍성의 문화유적』, 1997.

중앙문화재연구원, 『홍성 월산리유적』, 2001.
충남대 마을연구단 편, 『예산 동서 · 상중리(상)』, 민속원, 2009.
충남대학교 인문과학연구소, 『충청남도 내포지역 지역엘리트의 재편과 근대화』(Ⅳ), 2004.
충남발전연구원, 『문화유적분포지도(서산시)』, 1998.
충청남도지편찬위원회, 『충청남도지』, 1979.
태안문화원, 『고려 해상 뱃길과 안흥정』(세미나 발표 자료집), 2015.
한국문화유산답사회, 『답사여행의 길잡이 4 / 충남』, 1995.
한글학회, 『한국지명총람』 4, 충남(하), 1974.
홍성군, 『홍주대관』, 2002.

3. 저서

강신항, 『계림유사 '고려방언' 연구』, 성균관대학교 출판부, 1980.
국방군사연구소, 『왜구토벌사』, 1993.
김갑동, 『고려의 후삼국통일과 후백제』, 서경문화사, 2010.
김경임, 『서산 부석사 관음상의 눈물』, 곰시, 2015.
김명진, 『고려 태조 왕건의 통일전쟁 연구』, 혜안, 2014.
김상기, 『신편 고려시대사』, 서울대학교 출판부, 1985.
김성호, 『중국진출 백제인의 해상활동 천 오백년』, 맑은 소리, 1996.
김인, 『광산김씨 상계사의 고찰』, 광산김씨 제주도종친회, 2003.
김의원, 『한국 국토개발사 연구』, 1983.
김중규, 『군산역사 이야기』, 도서출판 안과밖, 2009.
도현철, 『목은 이색의 정치사상 연구』, 혜안, 2011.
문경호, 『고려시대 조운제도 연구』, 혜안, 2014.
민현구, 『조선초기의 군사제도와 정치』, 한국연구원, 1983.
박기현, 『우리 역사를 바꾼 귀화성씨』, 역사의아침, 2007.
박성묵, 『예산 동학혁명사』, 화담, 2007.
박윤진, 『고려시대 왕사 · 국사 연구』, 경인문화사, 2006.
박은경 · 정은우, 『서일본지역 한국의 불상과 불화』, 민족문화, 2008.

서동인 · 김병근, 『신안 보물선의 마지막 대항해』, 주류성, 2014.
서정석, 『백제 성곽 연구』, 학연문화사, 2002.
성부재, 『예산 대흥 임존성』, 예산문화원, 2008.
심정보, 『한국 읍성의 연구 -충남지방을 중심으로』, 학연문화사, 1995.
양종국, 『의자왕과 백제 부흥운동 엿보기』, 서경문화사, 2008.
엄기표, 『신라와 고려시대 석조부도』, 학연문화사, 2003.
엄기표, 『한국의 당간과 당간지주』(개정증보판), 학연문화사, 2007.
윤경진, 『고려 군현제의 구조와 운영』, 서울대학교 박사학위논문, 2000.
윤용혁, 『고려 대몽항쟁사 연구』, 일지사, 1991.
윤용혁, 『고려 삼별초의 대몽항쟁』, 일지사, 2000.
윤용혁, 『충청 역사문화 연구』, 서경문화사, 2009.
윤용혁, 『한국 해양사 연구』, 주류성, 2015.
이성무, 『변안열 평전』, 글항아리, 2015.
이영, 『잊혀진 전쟁, 왜구』, 에피스테메, 2007.
이영, 『왜구와 고려 · 일본 관계사』, 혜안, 2011.
이영, 『황국사관과 고려 말 왜구』, 에피스테메, 2015.
이익주, 『이색의 삶과 생각』, 일조각, 2013.
이정신, 『고려 무신정권기 농민 · 천민 항쟁연구』, 고려대학교 출판부, 1991.
이종영, 『조선전기 사회경제사 연구』, 혜안, 2003.
정은우, 『고려후기 불교조각 연구』, 문예출판사, 2007.
조영록 편, 『한중문화 교류와 남방해로』, 국학자료원, 1997.
차용걸, 『고려 말 · 조선 전기 대외관방사 연구』, 충남대학교 박사학위논문, 1988.
최석원 외 편, 『백제, 축제로 부활하다』, 서경문화사, 2014.
최성은, 『석불 · 마애불』, 예경, 2004.
최성은, 『고려시대 불교조각 연구』, 일지사, 2013.
충청남도역사문화연구원, 『백제의 정치제도와 군사』, 2007.
한국해양재단, 『한국해양사』 Ⅲ, 2013.
한정훈, 『고려 교통운수사 연구』, 경인문화사, 2013.
허흥식, 『한국 중세 불교사연구』, 일조각, 1994.

矢木 毅, 『高麗官僚制度研究』, 京都大學 學術出版會, 2008.
北島万次, 『豊臣秀吉の朝鮮侵略』, 吉川弘文館, 1995.
森平雅彦, 『中近世の朝鮮半島と海域交流』, 汲古書院, 2013.
李領, 『倭寇と日麗關係史』, 東京大學出版會, 1999.
村上四男, 『朝鮮古代史研究』, 開明書院, 1978.
九州の中の朝鮮文化を考える會 編, 『九州のなかの朝鮮』, 明石書店, 2002.
永留久惠, 『盜まれた彿像』, 交隣舍出阪企劃, 2013.

4. 논문

김갑동, 「백제 이후의 예산과 임존성」『백제문화』 28, 1999.
김갑동, 「나말여초 천안부의 성립과 그 동향」『한국사연구』 117, 2002.
김갑동, 「고려초기 홍성지역의 동향과 지역세력」『사학연구』 74, 2004.
김기섭, 「고려 우왕대 왜구의 동향과 최무선의 활약」『진포구대첩 학술대회』, 서천문화원, 2007.
김명진, 「태조 왕건의 천안부 설치와 그 운영」『한국중세사 연구』 22, 2007.
김명진, 「고려 태조 왕건의 운주전투와 긍준의 역할」『군사』 96, 2015.
김보한, 「한국 중심 '환한국해' 해역의 설정과 역사적 전개」『도서문화』 41, 목포대학교 도서문화연구원, 2013.
김용선, 「신자료 고려묘지명 17점」『역사학보』 117, 1988.
김종수, 「진포대첩의 역사적 의의」『전라문화연구』 12, 전북향토문화연구회, 2000.
김혜원, 「원 간섭기 입성론과 그 성격」『14세기 고려의 정치와 사회』, 민음사, 1994.
나선화, 「태안 대섬 침몰선 청자 인양조사의 성격과 의미」『고려청자보물선』, 국립해양문화재연구소, 2009.
노도양, 「가적운하 개착의 역사지리적 고찰」『청파집』, 1979.
도원석, 「서산 부석사 금동관음보살좌상의 이해」『서산의 문화』 25, 2013.
도현철, 「이색의 유교교화론과 일본인식」『한국문화』 49, 2010.
도현철, 「목은 이색 연구의 어제와 오늘」『충남향토사대회(서천대회)』, 충남향토사연구연합회, 2012.
문경호, 「안흥량과 굴포운하 유적 관련 지명 검토」『도서문화』 43, 2014.

문경호, 「1123년 서긍의 고려 항로와 경원정」『한국중세사연구』 28, 2010.
문경호, 「고려도경을 통해본 군산도와 군산정」『지방사와 지방문화』 18-2, 2015.
문경호, 「고려 진성창 연구 -조창의 위치와 구조를 중심으로」『한국 중세사 연구』 43, 2015.
문명대, 「대마도의 한국 불상 고찰」『불교미술』 8, 동국대학교 박물관, 1985.
문명대, 「홍성 용봉사의 정원15년명 및 상봉 마애불입상의 연구」『삼불 김원룡교수 정년기념논총』, 1987.
박광성, 「김포굴포와 전조창에 대하여」『기전문화연구』 1, 1972.
박정현, 「한국 중세의 조운과 태안 조거 -굴포 및 조창유적을 중심으로」, 공주사범대학 교육대학원논문, 1988.
박태우, 「통일신라시대의 지방도시에 대한 연구」『백제연구』 18, 1987.
변동명, 「고려 충렬왕대의 만호」『역사학보』 121, 1989.
변태섭, 「고려 전기의 외관제」『한국사연구』 2, 1968.
손병화 외, 「태안선 선체의 연륜연대와 방사성탄소연대 분석」, 한국문화재보존과학회 제33회 춘계학술대회, 2011.
오석민, 「내포의 지명 유래에 대한 일고」『충청학과 충청문화』 16, 충청남도 역사문화연구원, 2013.
윤경진, 「고려 태조대 진 설치에 대한 재검토 -예산진 · 신광진을 중심으로」『한국사학보』 40, 2010.
염혜희, 「고려 퇴화청자 연구」, 홍익대학교 대학원, 2007.
윤용이, 「고려 청자의 생산과 소비. 항로」『청자 보물선 뱃길 재현기념 국제학술심포지움』, 2009.
윤용혁, 「서산 · 태안지역의 조운관련 유적과 고려 영풍조창」『백제연구』 22, 1991.
윤용혁, 「나말여초 홍주의 등장과 운주성주 긍준」『한국중세사연구』 22, 2007.
윤용혁, 「14세기 동아시아 세계와 신안선」『동아시아 국제관계사』, 아연출판부, 2010.
윤용혁, 「중세의 관영 물류시스템, 고려 조운제도」『고려, 뱃길로 세금을 걷다』, 국립해양문화재연구소, 2013.
윤용혁, 「고려의 뱃길과 섬, 최근의 연구동향」『도서문화』 42, 목포대학교 도서문화연구원, 2013.

윤용혁, 「백제의 대왜 항로와 가카라시마」『백제문화』 51, 2014.
이남복, 「유청신과 그 사료에 대하여」『부산사학』 9, 1985.
이도행, 「충남 서북부 지역의 동학농민전쟁」『역사와 역사교육』 1, 웅진사학회, 1996.
이범직, 「원 간섭기 입성론과 유청신」『역사교육』 81, 2002.
이미영, 「고려 통일전쟁기의 태조 왕건과 천안지역」, 공주대학교 교육대학원 석사학위논문, 2000.
이영, 「홍산 · 진포 · 황산대첩의 역사지리적 고찰」『일본역사연구』 15, 2002.
이영, 「진포대첩의 현장은 어디인가」『서천지역 역사문화 자원의 연구』(제2회 서천역사문화 심포지움), 2004.
이영무, 「태고보우국사의 인물과 사상」『건대사학』 5, 1976.
이영무, 「한국 불교사에 있어서 태고 보우국사의 지위」『한국불교학』 3, 1977.
이영하, 「천수만 도비산과 고찰 부석사 상고」『서산의 문화』 27, 서산향토문화연구회, 2015.
이재준, 「고려 말 김성우 부대의 왜구 토벌에 관한 군사학적 검토」『군사』 80, 2011.
이정란, 「태조비 천안부원부인과 천안부」『충청학과 충청문화』 12, 2011.
이정란, 「왜구의 충청지역 침구의 시기별 추이와 고려의 대응」『사림』 52, 2015.
이종영, 「안흥량 대책으로서의 태안조거 및 안민창 문제」『동방학지』 7, 1963.
이종영, 「의항고(蟻項考)」『사학회지』 2, 1963.
이희관, 「대섬 해저 인양 청자화로형향로와 관련된 몇 가지 문제」『해양문화재』 4, 2011.
임경희, 「마도 3호선과 여수」『제3회 전국 해양문화학자 회의(자료집 2)』, 목포대학교 도서문화연구원, 2012.
임경희, 「태안선 목간의 새로운 판독」『해양문화재』 4, 2011.
임경희, 「마도3호선 목간의 현황과 판독」『목간과 문자』 8, 2011.
임진아, 「태안 대섬 출토 음각앵무문 · 양각연판문 대접 · 접시의 특징과 제작시기 고찰」『해양문화재』 4, 2011.
장남원, 「조운과 도자생산, 그리고 유통 –해저인양 고려도자를 중심으로」『미술사연구』 22, 2008.

장성균, 「천안의 진산 왕자산과 태조봉의 위치 비정 참고」『향토연구』 10, 천안향토사연구소, 1999.
장원규, 「조계종의 성립과 발전에 관한 고찰」『불교학보』 1, 1963.
정은우, 「서일본지역의 고려불상과 부석사 동조관음보살좌상」『동악미술사학』 14, 2013.
정해준, 「예산지역 백제산성의 특징」『역사와 역사교육』 5, 2000.
조성열, 「계룡산 성터와 출토 문자기와」『웅진문화』 26, 공주향토문화연구회, 2013.
조은정, 「태안 해저인양 청자의 성격과 제작시기」『고려청자보물선과 강진』, 국립해양문화재연구소 · 강진군, 2009.
조은정, 「태안 대섬 해저 인양 소형접시의 조형적 특징과 제작양상」『해양문화재』 4, 2011.
최명지, 「태안 대섬 해저출수 고려청자의 양식과 제작 시기 연구」『미술사학연구』 279 · 280, 2013.
최근성, 「고려 만호부제에 대한 연구」『관동사학』 3, 1988.
최병헌, 「태고보우의 불교사적 위치」『한국문화』 7, 1986.
한건택, 「홍성 미륵사의 폐사와 홍주성 축성」『웅진문화』 21, 2008.
한기문, 「고려시대 자복사(資福寺)의 성립과 존재 양상」『민족문화논총』 49, 2011.
허흥식, 「1262년 상서도관첩의 분석」 하, 『한국학보』 29, 1282.
吉田光男, 「十九世紀忠淸道の海難 −漕運船の遭難190事例を通して」『朝鮮學報』 121, 1986.
北村秀人, 「高麗初期の漕運についての一考察」『古代東アジア論集』 上, 吉川弘文館, 1978.
森平雅彦, 「高麗における宋使船の寄港地馬島をめぐって」『朝鮮學報』 207, 2008.
森平雅彦, 「高麗群山亭考」『年報 朝鮮學』 11, 九州大學 朝鮮學硏究會, 2008.
森平雅彦, 「黑山島海域における宋使船の航路」『朝鮮學報』 212, 2009.
丸龜金作, 「高麗の十二漕倉に就いて」『靑丘學叢』 21 · 22, 1935.

충남, 내포의 역사와 바다

찾아보기

ㄱ

_ㄴ_

_ㄷ_

_ㅁ_

_ㅂ_

_ㅅ_

_ㅇ_

_ㅈ_

_ㅊ_

_ㅌ_

_ㅍ_

_ㅎ_